AF493601

BIBLIOTHÈQUE

DES MERVEILLES

PUBLIÉE SOUS LA DIRECTION

DE M. ÉDOUARD CHARTON

NINIVE ET BABYLONE

PRINCIPALES PUBLICATIONS ASSYRIENNES
DE M. JOACHIM MENANT

Le Syllabaire assyrien. Exposé du Système phonétique de l'Écriture assyrienne. (Extrait du tome VII des Mémoires présentés par divers savants à l'Académie des Inscriptions et Belles-Lettres.) 2 vol. in-4°, avec tableaux. Paris, 1869 et 1873.

Manuel de la Langue assyrienne, comprenant : I. Le Syllabaire ; — II. La Grammaire ; — III. Choix de Lectures. 1 vol. grand in-8°. Imprimerie nationale. Paris, 1880.

Annales des rois d'Assyrie, traduites et mises en ordre sur le texte assyrien. 1 vol. grand in-8° avec 7 cartes et planches. Paris, 1874.

Les Pierres gravées de la Haute-Asie. Recherches sur la Glyptique orientale. 2 vol. grand in-8° avec 11 planches et 266 gravures. Paris, 1883-1886.

13406 — Imprimerie A. Lahure, rue de Fleurus, 9, à Paris.

BIBLIOTHÈQUE DES MERVEILLES

NINIVE ET BABYLONE

PAR

M. JOACHIM MENANT

OUVRAGE ILLUSTRÉ DE 107 GRAVURES

PARIS
LIBRAIRIE HACHETTE ET Cie
79, BOULEVARD SAINT-GERMAIN, 79

1888

NINIVE ET BABYLONE

I

NINIVE

I

LE PAYS D'ASSUR

Ninive est une révélation des temps modernes. Il y a quelques années, on pouvait douter de son existence. Qu'était-elle devenue, cette grande cité? Fallait-il la chercher sur le Tigre ou sur l'Euphrate?[1] Hérodote (I, 193) et Ctésias (Frag. I, 2) n'étaient pas d'accord[2].

L'histoire d'Assyrie qu'Hérodote avait lue aux Jeux olympiques était perdue, et les récits de Ctésias étaient déjà tenus pour suspects au temps d'Aristote ; mais la légende de Sémiramis n'était pas encore reléguée au rang des fables les plus intéressantes de ce charmant conteur. Ctésias les avait recueillies à la cour d'Artaxerxès et les

1. Voyez la restauration que nous empruntons au Père Kirker (fig. 1).

2. Tous les passages relatifs à la destruction de Ninive sont réunis dans un Mémoire de Ferd. Hoefer, *Sur les ruines de Ninive*, adressé à l'Académie des inscriptions, le 20 février et le 24 mai 1850.

avait acceptées ; elles se propagèrent sous son nom. Voici comment il raconte la fondation de Ninive. — Les Assyriens, alors soumis aux rois de Babylone, voulurent secouer le joug de la Chaldée. Ninus, un de leurs chefs, assura la victoire, et, pour consacrer son triomphe, il fonda une capitale qui n'avait point d'égale dans le monde et à laquelle il donna son nom. Ninus, dans le cours de ses conquêtes, rencontra Sémiramis. Cette princesse était née des amours de la déesse Derceto et d'un simple mortel. Exposée à sa naissance, elle fut recueillie par le berger Simas. Oannès, un gouverneur de Syrie, l'avait épousée, séduit par sa beauté. Dans une des guerres de Ninus contre la Syrie, Sémiramis, éprise du hardi conquérant, escalade les remparts de la ville où elle était enfermée et lui ouvre les portes de la forteresse. Ninus, séduit à son tour par la beauté et le courage de Sémiramis, l'enlève à Oannès, l'associe à l'empire et meurt quelque temps après. Sémiramis lui fit élever un tombeau superbe, et, donnant libre cours à son ardeur guerrière, elle soumit la Chaldée. Babylone fixa alors son attention; elle voulut en faire la seconde capitale de son royaume et y créa des merveilles dont les historiens grecs se sont faits les narrateurs. A la suite d'une conspiration de son fils Ninyas pour arriver au pouvoir et dont elle découvrit l'intrigue, la reine abdiqua en faveur de l'ingrat et disparut bientôt, changée en colombe[1].

Ctésias nous dépeint Ninyas comme un prince efféminé qui ne se signala par aucune action d'éclat. Ses successeurs, imitant son indolence, ne firent point sortir l'empire d'Assyrie de l'obscurité dans laquelle les conteurs de la cour d'Alexandre l'ont enseveli.

La Bible n'est pas mieux renseignée sur les premières années de l'histoire de Ninive ; elle fait mention de la grande cité au chapitre x de la Genèse, parmi les

1. F. Lenormant, *La légende de Sémiramis*, 1872.

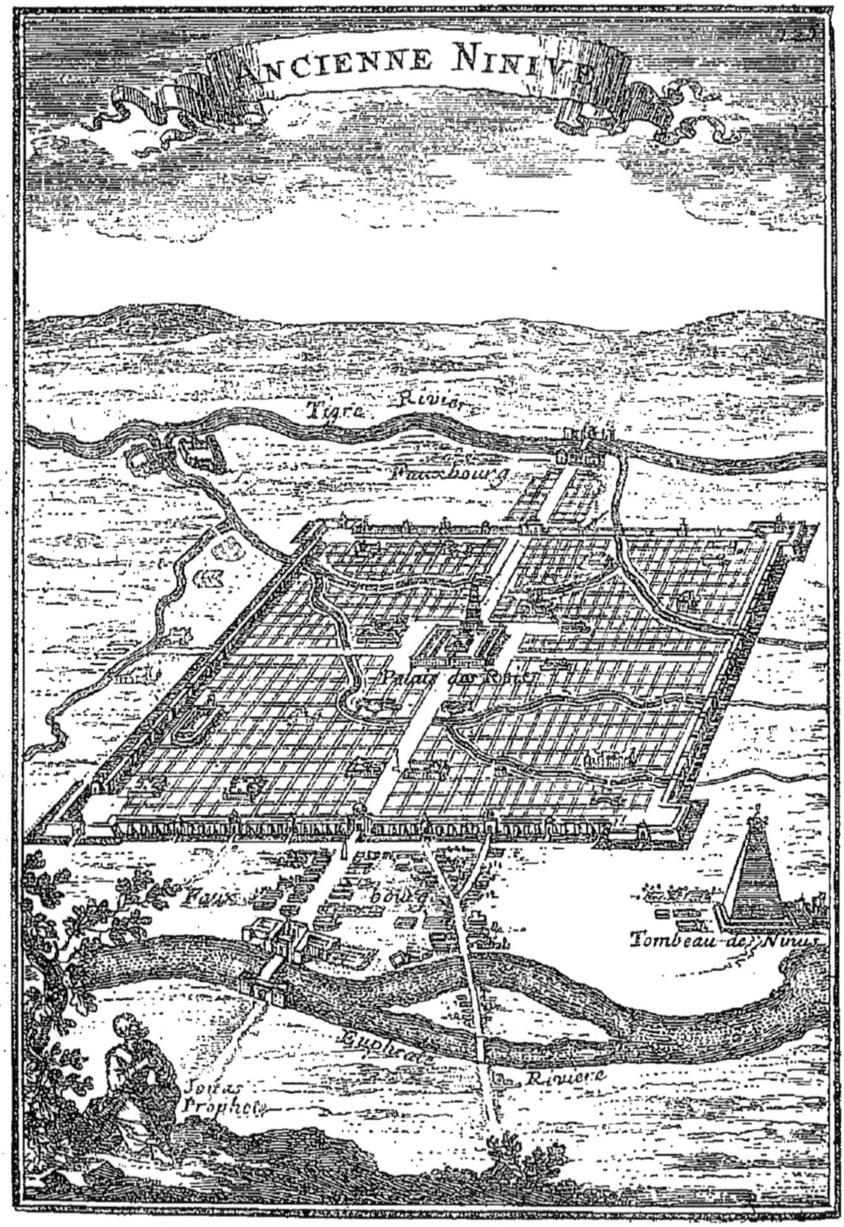

Fig. 1. — Kirkeri, *Turris Babel*. Lib. II, sect. 2, cap. 1 et ii, p. 48, etc.

villes que Nemrod et Assur fondèrent sur le cours supérieur du Tigre, en même temps que Resen, Elassar et Calach.

D'après les inscriptions, Assur (fig. 2) est la grande divinité de l'Assyrie, qui a donné son nom à la contrée. Le pays d'Assur[1] (*mat Assur*) occupait la partie moyenne

Fig. 2. — Assur.

du bassin du Tigre ; il était borné à l'Est par le Grand-Zab et quelques contreforts du Zagros ; au Nord, il s'étendait jusqu'au Djebel-Makloub et Khorsabad ; au Nord-Ouest jusqu'aux ruines de Chérif-Khan; enfin au Sud-Ouest, il s'allongeait vers le Khabour et l'Euphrate; au Sud, il rejoignait la Chaldée. C'est dans ces limites que cette province était restreinte à l'origine, et qu'elle s'est confinée après la chute du grand Empire assyrien.

La première capitale de l'Assyrie dut être *El-Assur*, « la ville d'Assur », l'Elassar de la Genèse. Aujourd'hui ses ruines sont cachées sous l'immense monticule de Kala'at-Schergat, sur la rive gauche du Tigre, à soixante kilomètres au-dessous de sa jonction avec le Zab. La seconde capitale fut Calach dont les ruines ont été retrou-

1. Le nom d'Assyrie a servi dans l'antiquité à désigner des régions d'étendue fort diverse. Hérodote l'applique à la Chaldée, I, 106, 192 ; III, 92; Pline à toute la Mésopotamie, H. N., 26. Cf. Strabon, XVI, 1.

vées sous les grands monts de Nimroud. La troisième fut Ninive (fig. 3).

Les textes assyriens sont muets sur l'origine de ces grandes cités. C'est entourées de l'obscurité légendaire qui accompagne la naissance de l'empire d'Assyrie, que ces trois capitales se sont développées.

Plus tard, lorsque la Bible parle des Assyriens, ces terribles adversaires du peuple de Dieu, Ninive ne nous apparaît plus que comme un thème qui se prête à toutes les fictions. L'auteur inspiré va s'en servir pour frapper l'imagination par l'exemple d'un grand repentir et d'un grand pardon. La Bible raconte, en effet, comment le prophète Jonas fut chargé par le Seigneur d'aller annoncer sa colère aux habitants et de menacer la cité perverse d'une destruction complète, si elle n'obéissait à sa voix. (Jonas, I, 2.)

Après des péripéties que chacun connaît et dans lesquelles le merveilleux domine, Jonas accomplit l'ordre du Seigneur; sa parole, entendue du peuple et du roi, amène un repentir salutaire qui sauve la ville! (Jonas, III, 10.)

Cependant Ninive devait périr un jour; elle avait commis des forfaits impardonnables! Nahum appelle contre elle toutes les vengeances célestes. (Nahum, c. II, 6, 7, 8, 9, 10, 11, etc.)

« Les portes de Ninive sont ouvertes par l'inondation des fleuves, dit-il, son temple est détruit jusqu'en ses fondements. Tous ses gens de guerre sont pris; ses femmes sont emmenées captives, gémissant comme des colombes et dévorant leurs plaintes au fond de leur cœur. Ninive est toute couverte d'eau comme un grand étang; ses citoyens prennent la fuite; elle crie : au combat! au combat! et personne ne se retourne. Pillez, continue le prophète, pillez l'argent, pillez l'or; ses richesses sont infinies, ses vases et ses meubles précieux inépuisables.

« Ninive est détruite, elle est renversée; elle est dé-

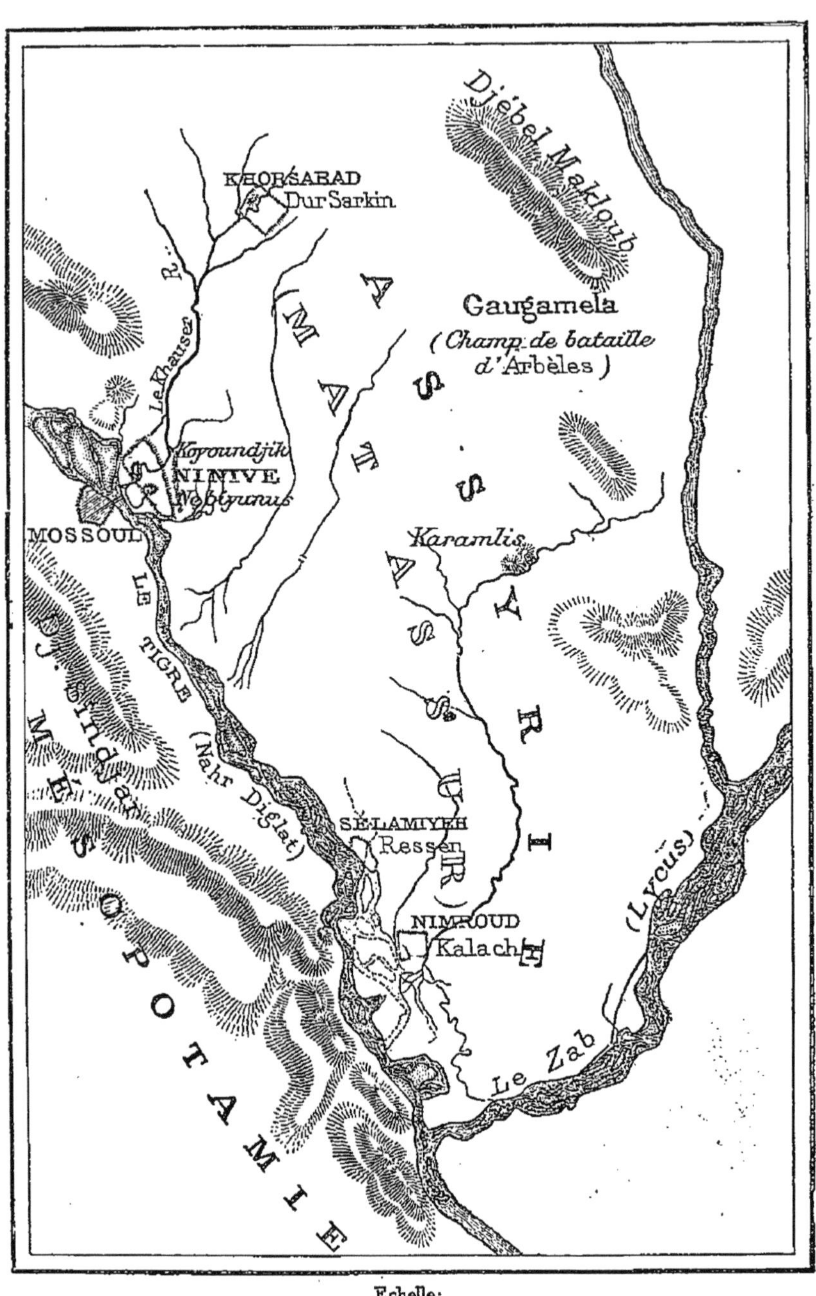

Fig. 5. — L'Assyrie.

chirée ; on n'y voit que des cœurs séchés d'effroi, les genoux tremblent, les corps tombent en défaillance, les visages paraissent tout noirs et défigurés. Où est maintenant cette caverne de lions? où sont ces pâturages de lionceaux? cette caverne où le lion se retirait avec ses petits, sans que personne vînt les y troubler? »

Le prophète énumère alors les causes de la colère divine; cependant cette colère ne paraît pas très clairement motivée. D'après quelques passages, on pourrait croire qu'on reproche surtout aux Assyriens la destruction de Samarie? Dans tous les cas, le moment de la ruine était arrivé, et Ninive allait disparaître pour toujours.

Les auteurs qui nous ont transmis la légende de Ninus et de Sémiramis, ainsi que l'histoire des premiers souverains de Ninive, ont également raconté les fables dont on a entouré la fin de la ville fameuse. Les traditions classiques rapportent deux destructions de Ninive. On place la première au huitième siècle av. J.-C. Un prince efféminé, Sardanapale, régnait alors; poursuivi par ses vassaux révoltés, Arbacès et Bélésys, il s'enferme dans son palais avec ses courtisans et ses femmes; puis, pour ne pas tomber au pouvoir de l'ennemi, il allume lui-même l'incendie qui détruisit son palais et sa ville tout entière[1].

La seconde destruction de Ninive aurait eu lieu vers 625 av. J.-C. Ruinée par les Scythes, la ville succomba sous les coups des Chaldéens et des Mèdes, ayant à leur tête Cyaxarès et Nabopolassar. Nous voyons encore un roi trahi qui se brûle dans son palais[2].

De quelque manière que cette catastrophe arriva, les ruines même de la grande cité disparurent bientôt. A l'époque d'Alexandre, les historiens n'en font pas men-

1. Voy. Ctésias, *Frag.*, édit. Didot, p. 39-41; cf. Diodore, II, 23-28; Athénée, XII, 7, etc.

2. Voy. Diod. II, 23, 28, d'après Ctésias. — Abydène dans Eusèbe, Chron. Can., 1, p. I, c. IX; — Polyhistor, dans le même, p. I, c. V.

tion. Une armée victorieuse passe à Arbèles sans soupçonner qu'il y avait eu, non loin du champ de bataille, une ville florissante.

L'existence d'un peuple civilisé se révèle pourtant à la postérité par des témoignages certains ; la tradition, les auteurs sont là pour l'attester. Mais sur Ninive, la tradition était muette, et les auteurs ne nous racontaient que des fables.

Cependant, si l'on prenait au sérieux les récits qui parlaient des palais de Ninive, de ses temples, du luxe de ses rois, on pouvait se demander où en étaient les débris. — Un peuple qui a vécu pendant des milliers d'années, doit laisser quelques traces de son existence. On avait recueilli dans les Musées des vestiges de toutes les civilisations du monde oriental. Egyptiens, Phéniciens, Juifs, Chaldéens, chacun de ces peuples avait fourni des inscriptions, des statuettes et des intailles. On voyait encore des ruines sur la terre de la Confusion des Langues, et des monceaux de briques témoignaient de l'existence de Babylone sur les bords de l'Euphrate ; mais l'art assyrien, où était-il ? en avait-on vu des vestiges ? avait-on jamais démontré l'existence d'un art assyrien ?

Il y a quarante ans à peine, lorsqu'on a voulu rechercher les traces de Ninive, des esprits vraiment sérieux croyaient l'entreprise impossible, ou au moins téméraire. Les prophètes l'avaient annoncé : Ninive ne devait pas sortir de ses ruines ! et ces décourageantes paroles trouvaient un écho dans la presse qui les propageait. Lorsque les palais furent déblayés, on se vit en présence de nombreuses inscriptions aux caractères étranges ; mais il fallait avant tout apprendre à les lire, pour savoir ce qu'elles raconteraient sur la ville détruite. C'était une œuvre gigantesque que les savants allaient tenter ; de décourageantes paroles se firent encore entendre pour accueillir les premiers efforts de ceux qui voulaient faire parler les ruines.

Les chercheurs ne furent pas rebutés; ils poursuivirent cette œuvre patiemment, sans regarder en arrière, affirmant, démontrant la valeur de chaque signe au prix de leurs veilles. Or dans cette écriture, les signes se comptent par centaines! Il faut avoir partagé ces laborieux efforts pour comprendre tout le prix du succès; il est si facile de se servir de ces premières découvertes, et on

Fig. 4. — Kouffe, navigation sur le Tigre.

entend dire aujourd'hui : Est-ce que quelqu'un en a jamais contesté la réalité?

Maintenant que Ninive a fait mentir toutes les prédictions sinistres qui voulaient entraver sa résurrection, nous allons raconter comment elle est sortie de ses ruines et ce qu'elle était au moment de sa splendeur.

II

EXPLORATIONS

Ninive était oubliée. C'est à Rich qu'il faut faire remonter les premières observations sérieuses sur le site que la grande capitale de l'Assyrie avait occupé jadis[1].

Vers l'année 1810, Rich, résident de la Compagnie des Indes à Bagdad, se rendait dans le Kurdistan pour remettre sa santé éprouvée par le climat de la Mésopotamie. Sa curiosité fut éveillée à l'aspect de certains monts qui se dressent en face de Mossoul, sur la rive gauche du Tigre. C'est d'abord, vers le Nord, un tumulus qui porte le nom de *Koyoundjik* (le petit agneau), auprès duquel s'élève un village dont le nom *Ninioua*h semble conserver le souvenir de l'existence de Ninive. Un peu plus au Sud, se trouve le tumulus de *Nebbi-Younous*, ainsi nommé à cause d'une tradition très autorisée qui désigne cet endroit comme le théâtre des prédications du prophète Jonas; on y montre son tombeau. — Sur ce tertre, on a construit un village qui contient une vieille église chrétienne et une mosquée en ruine; tout autour s'élèvent de nombreuses tombes musulmanes.

Rich apprit qu'on avait découvert sur ce dernier point, peu de temps avant sa visite, un fragment de bas-relief

1. Rich, *Narrative of a residence in Kurdistan and on the site of ancient Nineveh*, t. II, p. 39.

en gypse marmoriforme représentant d'étranges figures d'hommes et d'animaux. Cette trouvaille avait excité la curiosité et l'étonnement des populations; mais, pour prouver leur foi musulmane et obéir à l'Uléma, le bas-relief avait été immédiatement détruit. L'explorateur anglais examina soigneusement les deux tertres de Nebbi-Younous et de Koyoundjik; il remarqua sous la mosquée d'étroits passages antiques, et recueillit des fragments de poterie, des briques couvertes d'écriture cunéiforme et quelques menus objets qui furent envoyés à Londres, au Musée Britannique. C'était tout ce que l'Occident connaissait alors de la splendeur de la civilisation assyrienne.

L'attention publique était désormais appelée sur les choses de l'Orient. — Vers 1840, un homme d'une grande sagacité, d'une vaste érudition et d'un esprit très droit, M. Jules Mohl, entraîna le mouvement intellectuel vers les explorations scientifiques. Il avait entrevu et deviné les richesses réservées à celui qui fouillerait le sol d'une contrée livrée depuis si longtemps à l'oubli; il fut le promoteur d'une proposition qui amena le gouvernement français à créer à Mossoul un vice-consulat, dans le but de fonder une station archéologique en Orient. Cette situation fut confiée à P.-E. Botta, alors consul à Alexandrie, avec la mission spéciale de rechercher les restes de Ninive. De son cabinet de travail, M. Mohl surveillait avec un soin jaloux les envoyés du gouvernement français, ardent à exciter leur zèle, à éclairer leurs investigations, à les soutenir dans leurs moments de défaillance et à applaudir à leurs succès.

Mossoul est situé sur la rive droite du Tigre, et paraît occuper une partie de l'emplacement de l'antique Ninive. La ville actuelle n'est pas très ancienne; elle existait comme cité importante lors de la construction du nouveau Bagdad. — Abulfaradji constate, en effet, que le khalife Almansour choisit Bagdad pour siège du khalifat, parce que cette ville se trouve entre Bassora et Mossoul, non loin de Koufa et de Wasit.

Botta prit possession du consulat le 25 mai 1842, et pour se conformer au désir de M. Mohl et aux instructions de l'Académie des inscriptions et belles-lettres, il se prépara immédiatement à explorer les vastes plaines qui entourent Mossoul.

En quittant cette ville, si l'on franchit le Tigre sur un pont de bateaux qui réunit les deux rives, on se trouve en présence d'un terrain aride sur lequel s'élèvent les deux collines artificielles couvertes d'habitations, qui portent le nom de Nebbi-Younous et de Koyoundjik. Rien ne pouvait révéler à l'extérieur les ruines que ces monticules cachaient dans leurs flancs; pas une colonne, pas un pan de mur, nulle trace de ces palais splendides dont la tradition seule semblait avoir conservé le souvenir. Les ruines de l'Assyrie ne ressemblent d'aucune manière à celles de l'Asie Mineure, de la Syrie ou de l'Iran. Palmyre, Balbek, Persépolis, offrent des débris qui sont encore debout; mais, dans les plaines de l'Assyrie, rien n'émerge au-dessus du sol, si ce n'est quelque tumulus, tombeau d'une ville antique. C'est la pioche à la main qu'il faut interroger la terre, pour savoir ce qu'elle recèle depuis plus de trois mille ans!

III

KHORSABAD

Cependant des mouvements de terrain réguliers semblaient désigner aux explorateurs l'emplacement des remparts d'une grande cité. Ces mouvements formaient une vaste enceinte pentagonale d'environ trois kilomètres de longueur, dans laquelle se trouvent les deux monticules que nous avons indiqués. Celui de Koyoundjik s'élève à plus de vingt mètres au-dessus du niveau du Tigre; il présente une forme ovale aplatie vers l'orient, d'une étendue de huit cents mètres environ. Nebbi-Younous est un peu moins grand. Il était très naturel de songer d'abord à suivre les premières indications de Rich; elles semblaient promettre un certain succès, mais le tumulus était sacré. Les musulmans le nommaient *Tell el Toubet*, « la Colline du repentir »; c'était le théâtre des prédications de Jonas, et cette tradition avait été la cause de l'établissement d'une mosquée auprès de laquelle des maisons avaient été bâties, de sorte que le tumulus portait à la fois le tombeau du prophète, une mosquée, un village et une grande quantité de sépultures. L'exploration en était dès lors impossible. Rebuté par la difficulté d'entreprendre des fouilles sur un terrain consacré, Botta s'attaqua tout d'abord à la partie méridionale du tumulus de Koyoundjik (décembre 1842) et aux mouvements de terrain qui semblaient dessiner l'enceinte de la ville. Ses premières recherches ne firent apparaître que des débris de brique et d'albâtre sur lesquels on voyait quelques caractères cunéiformes; mais rien n'annonçait un gisement considérable de constructions antiques.

Botta ne fut pas découragé par la pauvreté de ces découvertes. Une partie des ouvriers avait même attaqué plus sérieusement l'exploration du monticule, quand un paysan du petit village de Khorsabad, passant près des fouilles et voyant avec quelle attention on recueillait les moindres débris qui sortaient du sol, demanda le motif de cet empressement? Les ouvriers le lui ayant expliqué tant bien que mal, cet homme leur dit que chez lui les débris étaient plus communs, et qu'on ne creusait pas les fondations d'une nouvelle maison sans en rencontrer en abondance. Botta avait été souvent trompé par de semblables indications; toutefois il ne voulut rien négliger, et il envoya immédiatement quelques employés vérifier ce renseignement.

Le village de Khorsabad est situé à 16 kilomètres de Mossoul, sur la rive gauche d'une petite rivière, affluent du Khauser qui vient lui-même se jeter dans le Tigre, en face de Mossoul. Ce village est bâti sur un monticule allongé de l'Est à l'Ouest; l'extrémité orientale se relève et forme un cône artificiel, tandis que l'extrémité occidentale se bifurque. C'est sur la pointe la plus occidentale de cette bifurcation que les émissaires de Botta firent leurs premières découvertes; ils revinrent bientôt confirmer la sincérité du récit du paysan de Khorsabad. Ils avaient appris que cet homme était teinturier, et qu'il construisait son four avec des briques couvertes d'inscriptions en caractères cunéiformes; d'un autre côté, en attaquant le monticule par son sommet, ils n'avaient pas tardé à rencontrer un pan de mur, et en creusant plus avant, ils s'étaient aperçus que ce mur était orné de sculptures.

Les travaux furent alors abandonnés à Koyoundjik, et entrepris avec ardeur sur ce nouveau point (20 mars 1843). Quelques embarras surgirent et interrompirent les fouilles; mais Botta avait déjà la certitude d'être sur les traces d'une construction importante. Il n'eut que plus de courage pour combattre ces difficultés, et lorsqu'elles furent toutes aplanies, il se trouva en présence des ruines d'un palais assyrien.

Un monde inconnu apparut alors devant lui, comme sous la baguette magique d'une fée; à mesure qu'il ouvrait la terre, de belles figures immobiles, sculptées sur les parois des salles, le long des corridors ou sous les portiques, semblaient attendre un signal pour renaître à la vie, et de nombreux textes en caractères cunéiformes allaient raconter les événements dont elles avaient été témoins.

Le fléau destructeur, qui avait passé sur ces monuments, s'était heureusement pressé dans son œuvre, et n'en avait accompli que la moitié; il avait seulement touché le sommet de l'édifice. Le palais n'ayant été détruit que dans sa partie supérieure, les bas-reliefs avaient été respectés; ils se composaient généralement d'un rang de figures de trois pieds de hauteur, surmontées d'une inscription; au-dessus du tableau, l'histoire, et au-dessus de l'histoire, un nouveau bas-relief plus ou moins endommagé. Parfois on ne voyait plus que les pieds des personnages qui touchent aux inscriptions. Çà et là, de gigantesques figures, qui devaient s'élever de toute la hauteur des salles, étaient souvent coupées au niveau des hanches; puis, comme si le vainqueur avait voulu faire servir tous ces débris à élever un monument à sa haine, il avait comblé les salles et les avait ensevelies sous une couche de terre. A la place d'un palais, il avait élevé une montagne de ruines!

Le 5 avril 1843, Botta fit connaître à M. Mohl le résultat de sa découverte; sa lettre fut communiquée à l'Académie le 7 juillet de la même année. Ce message fut bientôt suivi d'un second (2 mai 1843) et d'une série d'autres non moins importants qui mettaient pour ainsi dire, jour par jour, l'Académie au courant des explorations[1].

Ces communications excitèrent le plus vif intérêt C'était la première révélation qui eût été produite de toute une branche d'archéologie dont la perte, jugée jusqu'alors irréparable, était regardée comme une des

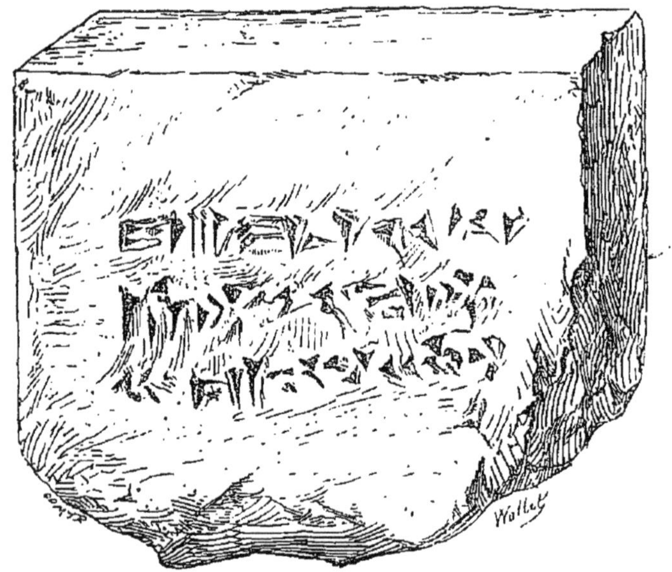

Fig. 5. — Brique du palais de Sargon, à Khorsabad

plus grandes et des plus fâcheuses lacunes de l'histoire. Sur les instances de plusieurs membres de l'Académie, par décision des 5 et 12 octobre 1843, de nouveaux crédits furent accordés, ce qui permit d'acheter, pour le compte de la France, tout le village de Khorsabad, et d'envoyer à Mossoul un auxiliaire, M. Flandin, désigné par l'Aca-

1. Voy. *Lettres de M. Botta sur ses découvertes à Khorsabad* publiées par M. J. Mohl, 1845. (Ex. du *Journal asiatique*, années 1843-1845.)

démie des inscriptions et belles-lettres comme étant à même de rendre à Ninive les mêmes services qu'il avait rendus en Perse. Le 4 mai 1844, Flandin arriva à Mossoul, apportant des firmans nouveaux. Les fouilles recommencèrent avec activité; elles furent terminées en octobre 1844.

Que résultait-il de cette laborieuse campagne? — Elle avait doté le monde savant du premier palais assyrien dont on venait d'exhumer les ruines. Ninive était rendue à l'histoire ; le palais de Khorsabad était, en effet, une dépendance de la capitale des rois assyriens. L'heureuse lecture du nom de Sargon, déchiffré sur les briques par A. de Longpérier, permit de connaître le fondateur de ce magnifique monument (fig. 5).

L'ensemble des sculptures, que Botta avait mises en lumière, consistait en une série de décorations distribuées à l'intérieur et à l'extérieur de l'édifice; — dans l'intérieur des salles, des bas-reliefs exécutés sur des dalles de marbre d'environ 33 centimètres d'épaisseur étaient disposés, tantôt sur un seul rang, tantôt sur deux registres, laissant entre eux un intervalle rempli par des inscriptions; — à l'extérieur, sur le développement des façades, les reliefs avaient plus de saillie; ils étaient exécutés en partie en ronde bosse et en partie engagés dans la construction. Cet ensemble ne mesurait pas moins de 2000 mètres de longueur. Flandin en dessina près de 1200 mètres, et le nombre de ses dessins monte à plus de 130.

La plupart de ces glorieux débris ne devaient pourtant revoir le jour que pour disparaître à jamais. Le palais avait péri par suite d'un incendie, de sorte que la violence du feu, calcinant les dalles de gypse, en avait fait une chaux fragile que la pluie et l'humidité ne tardèrent pas à détruire. Quand Flandin arriva à Mossoul, une partie de ces richesses, réduites en poudre, étaient déjà perdues, mais les inscriptions étaient sauvées. Botta, avec une admirable patience et une grande sagacité, les avait copiées à mesure qu'elles apparaissaient; comme il devait les reproduire un jour, il avait mis dans l'accomplissement de cette tâche l'attention scrupuleuse que l'on apporte au chevet d'un mourant pour recueillir ses dernières paroles et les redire à ceux qu'il laisse après lui.

Quelques salles privilégiées, plus éloignées du foyer de l'incendie, n'avaient pas subi l'action du feu, et les marbres résistaient à l'altération de l'air. Les fragments qu'on put détacher furent soigneusement envoyés en France et classés ensuite dans les galeries du Louvre.

Le transport des sculptures donna beaucoup de mal à l'explorateur, à cause de leurs dimensions; elles furent amenées à grand'peine jusqu'à Bagdad. — Dans le parcours, on fut souvent obligé d'employer les bras des Nestoriens pour aider les bêtes de trait, et de traîner ainsi ces colossales figures qui décorent aujourd'hui les salles de notre Musée.

Botta, fort soucieux du sort de ses précieuses trouvailles, les confia à la vigilance du baron Lœwe de Veymars, consul général de France, qui les dirigea sur le Tigre jusqu'à Bassora, où le commandant Cabaret (mars 1846) amenait la gabare *le Cormoran* pour les recueillir. Au mois de décembre, on débarquait au Havre la première collection d'antiquités assyriennes qui eût encore été apportée en Europe.

Pendant que Botta fouillait avec tant de succès le tumulus de Khorsabad, un homme d'une grande valeur et d'une activité remarquable passait par Mossoul; il se rendait aux Indes pour explorer la route de terre qui pouvait relier le plus rapidement les colonies anglaises à la métropole. C'était Austen Henry Layard, Esq., aujourd'hui Sir A. Henry Layard, K. C. B., etc.

Témoin des heureux résultats des fouilles de Botta, il les étudia avec soin; puis, en descendant le Tigre, il remarqua les monticules de Nimroud et de Kala'at Schergat qui lui parurent également des tumulus artificiels, élevés comme celui de Khorsabad sur les ruines de quelques antiques palais. Dès que sa mission dans l'Inde fut accomplie, il résolut de conduire à son tour des travaux analogues sur d'autres points de l'Assyrie. Son enthousiasme trouva d'abord peu d'écho en Angleterre ; tandis que les belles découvertes de Botta étaient reçues en France avec le respect dû à la persévérance, au zèle et aux sacrifices personnels de l'illustre chercheur, Sir H. Layard désespérait de réunir des fonds suffisants pour pratiquer des fouilles en Assyrie. Dans ces circonstances, Sir Stratford Canning mit à sa disposition une certaine somme pour commencer une exploration sur le sol même de Ninive. Le savant voyageur partit en hâte de Constantinople (octobre 1845); désireux d'atteindre promptement le but de son voyage, il traversa les montagnes du Pont et les steppes d'Usun-Ylak, descendit des plateaux dans la vallée du Tigre et atteignit Mossoul en douze jours.

Les recherches infructueuses de Botta sur les tumulus de Koyoundjik et de Nebbi-Younous éloignèrent tout d'abord l'attention de Layard qui préféra s'attaquer aux monticules de Nimroud et de Kala'at-Schergat. Le succès dépassa toutes les espérances qu'on avait pu concevoir, et le Musée Britannique s'emplit à son tour des débris des palais de Calach. Les subsides de l'Angleterre ne tardèrent pas à arriver, et les explorations furent continuées sur une grande échelle[1].

1. Layard, *Nineveh and its remains*. London, 1850.

IV

LECTURE DES TEXTES

Avant d'aller plus loin, il est bon de jeter un coup d'œil sur les travaux qui ont permis de déchiffrer les inscriptions de l'Assyrie et de la Chaldée. Le point de départ se trouve dans la lecture des inscriptions de la Perse. Nous avons exposé l'histoire de cette glorieuse découverte dans un livre spécial; celle des travaux relatifs à l'Assyrie n'est pas moins intéressante. Nous en rappellerons les traits principaux[1].

On sait que les inscriptions des Achéménides se présentent par groupes de trois colonnes; dans chacune, on soupçonna une langue et un système graphique différents. Grâce aux travaux de Grotefend, de Burnouf, de Rawlinson et de Lassen, la première colonne avait livré la langue des Achéménides. La seconde devait renfermer celle des Mèdes, et la troisième l'assyrien.

Dans l'ordre des découvertes, le texte médique céda le second aux efforts des savants qui furent amenés à s'en occuper, parce que l'examen des signes de l'écriture de cette colonne fournissait des combinaisons moins nombreuses que celles de la troisième; on conclut que ce texte était plus facile à étudier. On ne tarda pas à isoler des groupes qui devaient évidemment reproduire des

1. Voy. *Les Langues perdues de la Perse et de l'Assyrie.* Première partie, *Perse*, 1885; — deuxième partie, *Assyrie*, 1886.

noms propres identiques à ceux du texte perse. On *les voyait*; ils se succédaient dans le même ordre et se répétaient parfois. Ces observations établirent que le second système se lisait également de gauche à droite, et de plus qu'il offrait la traduction de la première colonne.

Le texte arien devenait ainsi, pour les recherches ultérieures, ce que la Pierre de Rosette avait été pour les égyptologues; aussi s'appliqua-t-on, d'abord, à bien déterminer les noms propres, à se rendre compte des signes qui les exprimaient, de leur rôle et du parti qu'on pourrait en tirer pour la lecture.

Cependant les combinaisons de l'élément radical se prêtaient à la formation de plus de cent caractères; elles parurent trop nombreuses pour n'exprimer que des *lettres*. On chercha des valeurs syllabiques, et les travaux ultérieurs confirmèrent plus tard la réalité de cette supposition.

Westergaard, savant danois, publia le premier sur ces inscriptions un travail étendu, qui fut l'objet d'un examen rigoureux de la part de F. de Saulcy. Celui-ci déclara que ce travail révélait une grande sagacité et une insigne bonne foi. Hincks et Norris achevèrent d'établir la lecture de ces textes qui n'ont apporté, d'ailleurs, aucun renseignement nouveau; ils ont simplement donné la certitude qu'on était en présence d'une traduction, et qu'il devait en être ainsi du contenu de la troisième colonne.

Tout en s'occupant des inscriptions perses, on n'avait pas complètement négligé cette dernière; mais la complication du système graphique paraissant désespérante, on l'avait bientôt abandonnée.

Les inscriptions rapportées par Rich, Bellino, Michaux, celles qui figurent sur les briques et les pierres gravées, particulièrement cette belle inscription découverte par Sir Hartford Jones, tentaient bien la perspicacité anxieuse des savants; mais ceux-ci n'arrivaient qu'à constater les divergences d'un système graphique si compliqué. La plus grande confusion paraissait régner, et les formes devenaient à chaque document nouveau plus nombreuses et plus variées. Si l'on s'en tenait aux textes de la troisième colonne de Persépolis, on comprenait facilement qu'ils devaient renfermer également une traduction du texte arien. Les mêmes raisons, qui avaient guidé les savants dans leurs études sur la deuxième colonne, s'appliquaient à celle-ci; mais on n'allait pas plus loin.

A quoi bon se livrer au fastidieux travail d'une assimilation de groupes et de caractères, pour arriver à retrouver une langue inconnue qu'on ne pourrait peut-être rattacher à aucun idiome? qu'apporterait-elle à l'histoire, en plus de la traduction d'un texte déjà compris, expliqué, interprété, et qui ne paraissait conduire alors à aucune découverte historique? Rien ne venait donc convier à l'étude de la troisième colonne de Persépolis.

Cependant quelques travaux s'ébauchaient sur les inscriptions de la Babylonie; on commençait à entrevoir une certaine liaison entre ces documents. Grotefend comprit que la grande inscription de Sir Hartford Jones, écrite avec ces beaux caractères d'une complication désespérante, devait être la même que celle qui figure sur un prisme d'argile dont Sir R. Ker-Porter avait publié un fragment et qui présentait des caractères analogues, mais moins compliqués. C'était une grande découverte; néanmoins elle paraissait vouée à la stérilité.

Lorsque les nombreuses inscriptions mises au jour par les fouilles de Botta stimulèrent la curiosité avide des savants, on soupçonna que le système graphique de toutes ces inscriptions de provenances si diverses, trouvées soit en Assyrie, soit en Chaldée, devait se rapporter à celui de la troisième colonne de Persépolis.

On se mit résolument à l'œuvre. Löwenstern tenta cette entreprise hardie. Aujourd'hui, on a oublié ses travaux; mais son initiative a été fructueuse. Il ne tarda pas, en effet, à découvrir le lien qui rattachait les inscriptions de Khorsabad à celles de la troisième colonne de Persépolis; il affirma que ces textes étaient écrits, comme ceux de Babylone, avec le même système graphique, et qu'ils devaient renfermer la même langue. L'étude des inscriptions de la troisième colonne n'était donc pas inutile; c'est dans cette direction que les travaux ont marché, et c'est ainsi que les savants sont arrivés, après avoir surmonté des difficultés sans nombre, à lire les inscriptions de l'Assyrie et de la Chaldée. Je ne raconterai pas ici les travaux dont elles ont été l'objet, avant que la valeur des signes n'ait été définitivement fixée et qu'on soit arrivé, par la lecture des textes, à reconstituer le vocabulaire et la grammaire de la langue qu'ils expriment; aujourd'hui, c'est un fait acquis. Cette langue est l'*assyro-babylonien*, et la lecture des inscriptions de Babylone et de Ninive ne souffre plus de discussion de nature à modifier gravement le sens auquel on s'était primitivement arrêté [1].

L'écriture cunéiforme paraît être née en Chaldée, à une époque antérieure à la période connue sous le nom d'*occupation sémitique*; de là, elle s'est répandue dans la haute Asie, où elle a subi de nombreuses transformations, suivant les temps et les localités. Nous sommes obligé d'indiquer sommairement ces faits, pour nous rendre compte des monuments sur lesquels nous allons la rencontrer.

Le système graphique dont les Chaldéens se servaient procéda, comme partout, de l'image de l'objet qu'on voulait désigner, et, par une métaphore toute naturelle, exprima l'idée qui en dérivait; le *hiéroglyphe* fut donc le point de départ. Il y a des spécimens de cette première manière dans lesquels on reconnaît encore l'objet que le plinthographe voulait copier (fig. 53).

1. Voyez *Les Langues perdues*. Seconde partie, c. VI, pages 123 et suiv.

Combien de temps ce mode d'écriture fut-il en vigueur chez les Chaldéens? On l'ignore; mais on voit bientôt le scribe tracer avec précipitation l'image qu'il connaissait si parfaitement. Quelques traits lui suffirent pour l'indiquer; des lignes droites, perpendiculaires ou obliques, présentèrent alors un souvenir assez net de l'image pour être comprise. Nous avons également sur des briques, particulièrement sur des pierres dures, des spécimens de cette écriture que nous saisissons ainsi dans son *état archaïque* (fig. 53).

Rien de plus facile, du reste, que d'obtenir ces caractères sur la brique; les calligraphes antiques en ont laissé la preuve. Ils écrivaient sur la terre humide à l'aide d'un *style*, dont nous avons retrouvé des échantillons; puis quand la tablette était couverte d'écriture, ils la soumettaient à une cuisson intelligente qui la rendait inaltérable. Le *livre* défiait ainsi les éléments; il ne craignait ni l'eau, ni le feu, et se dérobait aussi bien à l'altération lente du temps qu'à la destruction brutale des hommes. On rangeait ces livres dans de vastes bibliothèques, à Babylone, à Erech, à Agadé (Sippar) où les savants de Ninive venaient à leur tour les copier pour les conserver dans les bibliothèques des palais assyriens.

Peu à peu, l'écriture tracée sur la brique servit de modèle. Le style, en appuyant plus fortement à l'origine du trait, y laissa un *apex* que l'ouvrier imita dans ces belles inscriptions gravées sur les murs des palais, les stèles, les intailles, et que nous appelons l'écriture *monumentale* (fig. 85).

Lorsque le scribe traçait les caractères sur l'argile et qu'il se trouvait en présence de longs récits, obligé de ménager la place et le temps, son écriture fine et serrée se débarrassait, dans les signes les plus compliqués, de certains traits qui lui paraissaient superflus. C'est ainsi que l'écriture atteignit son dernier état, telle que nous la trouvons sur les tablettes. Nous lui donnons alors le nom *d'écriture cursive*, bien qu'elle figure également avec cette forme simplifiée à côté de l'écriture monumentale (fig. 54).

Nous ne suivrons pas plus loin les altérations des signes chez les divers peuples qui ont adopté l'usage de ce système graphique. Elles n'empêchent pas de le reconnaître; au fond, c'est toujours le même qui s'est répandu dans toute la haute Asie et qui a servi à exprimer des idiomes différents[1].

Encore un mot pour être bien au courant des documents que nous aurons à invoquer. Les Assyriens, comme les Chaldéens, leurs maîtres, se servirent de l'écriture à profusion. Les ruines en offrent des exemples; partout où il est possible d'écrire, nous trouvons une inscription: sur les portes, les linteaux des fenêtres, sur les objets les plus divers, tels que des vases, le haut d'un sceptre, la lame d'un poignard, etc. Dans les palais, à Nimroud, une large bande d'écriture court sur les bas-reliefs, traverse la robe et la figure des personnages. A Khorsabad, le scribe respecte les sculptures, et le texte se déploie tout autour des salles; le même est répété deux, trois, quatre fois, et souvent plus. On l'écrit jusque derrière les grandes dalles de gypse enfermées dans les murailles, et qui ne devaient voir le jour qu'après la destruction des palais.

Dans toutes les constructions explorées, chaque brique portait le nom du roi, tantôt tracé à la main, tantôt imprimé à l'aide d'un timbre, qui en reproduisait des milliers d'exemplaires (fig. 5, 18 et 61).

Le prince ne se contentait pas de faire graver ses exploits sur les murs de son palais, les rochers et les stèles, aux frontières de ses États; il faisait écrire sur des

1. On compte déjà quatorze dialectes écrits avec les caractères cunéiformes. Voy. Pinches, *Report on the progress of cuneiform researches*, dans les *Transactions of the philological Society*, 1882-1884.

barils d'argile (fig. 13) ou des *prismes* (fig. 15) la même inscription qu'on cachait dans la muraille pour la retrouver un jour, lorsque le palais tomberait en ruine. Place a recueilli ainsi quatorze barils identiques dans les fondations du palais de Khorsabad; il y découvrit en plus des inscriptions commémoratives gravées sur des plaques de cuivre, d'argent et d'or.

Tels sont les documents que nous aurons occasion de citer. On n'est pas seulement attiré vers ces études par un sentiment de curiosité bien légitime; on entrevoit bientôt l'intérêt qu'il y a à connaître l'histoire d'une nation avec laquelle le peuple juif a été si longtemps en rapport, au milieu de laquelle il a vécu et souffert, qui a voulu l'anéantir et à laquelle il a néanmoins survécu. Cet intérêt a été dans certains pays une des causes de l'extension des études assyriennes; les savants qui s'y étaient montrés d'abord indifférents et même hostiles, en sont devenus aujourd'hui les plus zélés propagateurs.

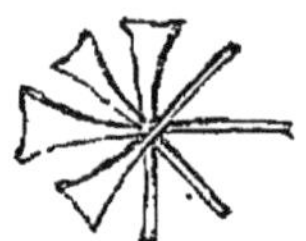

V

FOUILLES A NINIVE

Revenons maintenant aux explorateurs. Les succès de Layard à Nimroud l'engagèrent à entreprendre des fouilles sur les tertres qui paraissaient s'élever sur l'emplacement même de Ninive. Une circonstance toute particulière avait porté Botta à abandonner le tumulus de Koyoundjik ; il avait ouvert sa première tranchée précisément dans l'épaisseur d'un mur, mur énorme construit en briques séchées au soleil et qui ne présentait plus qu'une masse compacte de terre. Les ouvriers s'avançaient ainsi parallèlement aux plaques de gypse qui en faisaient de chaque côté le revêtement, sans pouvoir soupçonner qu'il y avait à droite et à gauche les bas-reliefs d'un palais assyrien.

Les tranchées étaient abandonnées par notre consul, lorsque Layard résolut de les explorer à nouveau. L'expérience l'avait rendu habile, et tout le portait à croire que si Botta avait persévéré dans ses fouilles à Koyoundjik, elles auraient pleinement réussi. On se rendait compte désormais de la méthode employée par les Assyriens pour construire leurs monuments. On savait que lorsqu'ils voulaient édifier un palais, ils bâtissaient d'abord une plate-forme en brique sur laquelle ils élevaient l'édifice. Lorsque le monument était ruiné, les débris tombaient sur la plate-forme, et la terre s'amoncelait peu à peu pour les recouvrir tout à fait. Il fallait donc rechercher cette plate-forme; puis, quand on l'avait dégagée, en ouvrant des tranchées dans différentes directions, on ne devait pas tarder à rencontrer un mur.

A Koyoundjik, l'accumulation des décombres et de la terre était considérable. Layard pénétra à plus de vingt pieds de profondeur avant d'arriver à la plate-forme. Il attaqua d'abord le monticule à l'angle Sud-Ouest; après plusieurs jours de travail, il se trouva effectivement en présence de nouvelles sculptures et bientôt d'un palais, avec une série de chambres longues et étroites, ornées de bas-reliefs et de nombreuses inscriptions. L'architecture était la même que celle de Khorsabad, mais le style indiquait une époque plus avancée; comme on pouvait distinguer déjà la filiation du roi par la lecture de la formule qui renfermait son nom, on reconnut que ce monument avait été bâti par Sennachérib, fils de Sargon, fondateur du palais de Khorsabad.

Des fouilles furent pratiquées à la partie opposée du monticule de Koyoundjik, et on y trouva également des sculptures; mais ces fouilles ne furent pas poussées très activement, bien qu'il fût déjà évident que la colline renfermait d'autres ruines. — Les fonds alloués étant épuisés, il fallait s'arrêter pour attendre de nouveaux crédits.

En 1848, les *Trustees* du Musée Britannique résolurent d'entreprendre une nouvelle exploration en Assyrie; ils en confièrent la direction à Sir H. Layard et lui adjoignirent MM. F. Cooper et Hormuzd Rassam. Le 28 août 1849, l'expédition quittait le Bosphore, pénétrait en Asie par Trébizonde et arrivait à Mossoul où M. Ch. Rassam avait maintenu des ouvriers sur les premières tranchées, pour consacrer le principe de l'occupation. On reprit activement les fouilles sur différents points; Koyoundjik et Nimroud furent l'objet des plus minutieuses recherches. On doit à cette période la découverte, dans les tumulus de Nimroud, des plus nombreux monuments de l'architecture et de la sculpture assyriennes; puis l'habile explorateur revint à Mossoul et se décida à poursuivre les fouilles sur le sol de Ninive[1].

On ouvrit à Koyoundjik une large tranchée à l'angle Sud du monticule, et on y déblaya une série d'édifices qui se reliaient au palais de Sennachérib précédemment découvert. — La disposition était toujours la même : de grandes salles longues et étroites, ornées de bas-reliefs et d'inscriptions. Deux de ces salles (salles XL et XLI du plan I de Layard) attirèrent particulièrement l'attention; elles renfermaient une quantité considérable de briques chargées d'une écriture fine et serrée. On avait déjà recueilli çà et là quelques tablettes analogues, mais nulle part en si grande abondance; le sol en était couvert à la hauteur de plus d'un pied. Quelques-unes étaient encore entières, les autres brisées par la chute des murs; elles étaient de différentes dimensions; les plus grandes avaient environ neuf pouces sur six. Malheureusement le temps pressait; personnne ne pouvait alors mettre de l'ordre dans cette masse de documents. On en remplit à la hâte des caisses et des paniers, et on expédia le tout en Angleterre. Ces briques n'étaient autre que les restes d'une vaste bibliothèque composée de ces *coctiles laterculi* dont Pline nous a conservé le souvenir.

Les fouilles furent encore suspendues; l'accumulation des antiquités, leur transport, leur installation dans les musées, tout cela demandait un moment de répit. Cependant les explorations n'étaient pas abandonnées; elles furent bientôt reprises par la France et l'Angleterre.

En 1852, le gouvernement français résolut d'entreprendre de nouvelles recherches en Assyrie; il chargea Victor Place, nommé consul à Mossoul, de continuer l'œuvre de Botta. Les Anglais avaient confié de leur côté

1. Layard, *Nineveh and Babylon*. London, 1853.

à MM. Loftus et Rassam le soin de poursuivre les fouilles. M. Rassam avait connu Layard en 1846, et avait assisté à la première campagne; nul ne pouvait, mieux que lui, reprendre les travaux de l'illustre voyageur.

La France et l'Angleterre se retrouvèrent ensemble sur l'emplacement de Ninive. A cette époque, Sir H. Rawlinson, qui avait toujours apporté aux agents de l'Angleterre le concours de ses lumières, retournait en Orient muni de pleins pouvoirs. Il offrit à Place de partager en deux le monticule déjà entamé par Botta et Sir H. Layard; une ligne de démarcation fut tracée qui plaça la partie Nord à la disposition des Français. Place parut d'abord flatté de cette proposition; mais, esprit timide, il préféra continuer à Khorsabad le déblayement qui lui assurait un succès, plutôt que de tenter de nouvelles chances avec toutes les incertitudes qu'elles pouvaient présenter. Il abandonna Koyoundjik pour Khorsabad, si bien qu'il négligea, pendant deux ans, de profiter de l'arrangement conclu avec les Anglais. Ceux-ci se décidèrent alors à attaquer la partie Nord du tumulus de Koyoundjik; ils se trouvèrent bientôt en présence d'un nouveau palais. On reconnut qu'il avait été construit par Assur-bani-pal, petit-fils de Sennachérib. — Ce palais a donné les plus beaux spécimens de la sculpture assyrienne.

Le tumulus de Nebbi-Younous, qui restait encore à explorer, promettait des trésors archéologiques analogues à ceux de Koyoundjik; mais nous savons les difficultés que les Européens avaient rencontrées sur ce point. Les fouilles, à peine commencées, furent suspendues à cause des plaintes des habitants. Cependant les Turcs n'étaient pas restés spectateurs indifférents des recherches de la France et de l'Angleterre; ils entreprirent de fouiller eux-mêmes, à leur profit, le tumulus de Nebbi-Younous, et mirent au jour une partie du palais construit par Assarhaddon, fils de Sennachérib.

L'ère des explorations paraissait définitivement close,

lorsqu'un incident historique fit rouvrir un instant les tranchées, en 1875. George Smith, jeune attaché au Musée Britannique, s'était voué avec ardeur à l'étude des textes assyro-chaldéens ; parmi les tablettes qu'il consultait, il avait découvert un récit du Déluge chaldéen auquel il manquait un passage important. La découverte de G. Smith avait passionné le public anglais. Le directeur du *Daily Telegraph* lui proposa d'aller, aux frais du *Journal*, rechercher dans les tranchées de Koyoundjik le passage désiré; il accepta, et accomplit avec succès cette difficile mission. Les *Trustees* du Musée Britannique confièrent à leur tour au jeune savant une seconde mission qui fut non moins fructueuse ; il rapporta des centaines de tablettes nouvelles, et mourut à Alep en allant, pour la troisième fois, interroger le sol de l'Assyrie [1].

1. G. Smith, *Assyrian discoveries : an account of explorations and discoveries on the site of Nineveh during* 1873 *and* 1874. London 1875.

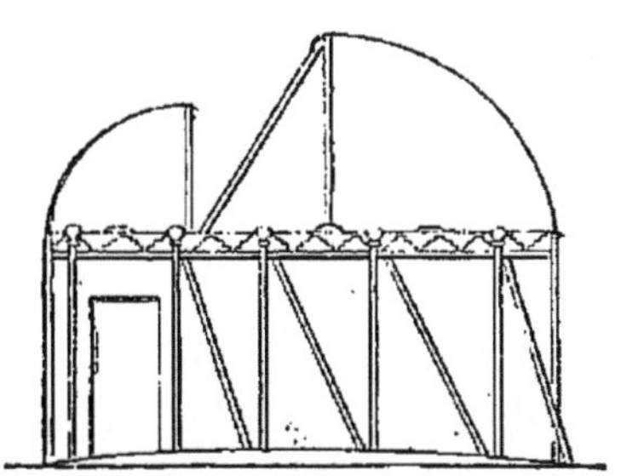

Fig. 6. — Tente assyrienne.

VI

RÉSUMÉ DE L'HISTOIRE D'ASSYRIE

La lecture des inscriptions en caractères cunéiformes de l'Assyrie et de la Chaldée a eu un résultat immédiat, celui de permettre de tracer les grandes lignes de l'histoire de ces deux empires. — Nous nous occuperons, pour l'instant, des documents qui ont trait à l'histoire d'Assyrie; nous en résumerons sommairement les faits[1].

On a pu établir la succession des rois, d'abord par leur filiation, et ensuite par l'ordre chronologique des événements; l'histoire de chaque souverain nous est parvenue, dans certains cas, d'une manière très complète.

Les dates sont fournies par des *calendriers* qui donnent l'ordre des jours et des mois, puis par des *tables* dans lesquelles les années sont marquées par les noms de certains personnages portant le titre de *Limmu*, qui jouent un rôle analogue à celui des *Eponymes*[2]. Les événements sont souvent ainsi datés; de sorte qu'en se référant à ces tables, la chronologie se trouve arrêtée de la manière la plus rigoureuse.

Nous n'avons pas à faire ici une histoire complète de

1. Il est superflu de rappeler ici que certaines listes de rois parvenues par les Grecs sont erronées de tous points.

2. Ces listes présentent une succession non interrompue de 248 noms qui comprennent 248 années, depuis l'an 892 à l'an 644 avant J.-C.

l'Assyrie ; mais il est indispensable de rappeler quelques faits qui se rattachent plus spécialement à celle de Ninive. Quant aux lecteurs qui voudraient se renseigner sur les

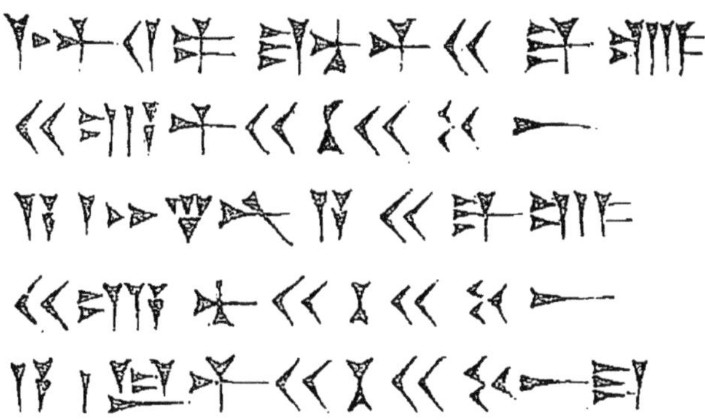

Fig. 7. — Inscription généalogique de Salman-Asar, fils d'Assur-nazir-habal.

détails que les inscriptions ont fait connaître, nous nous bornerons à les renvoyer aux auteurs qui en ont publié des traductions [1].

Malgré son importance, Ninive ne paraît pas avoir été toujours la capitale de l'empire. El-Assur et Calach semblent avoir été tour à tour avant elle le siège du gouvernement ; aussi nous ne pouvons les détacher de la vue d'ensemble offerte dans ce résumé, que nous nous efforcerons de rendre très succinct.

L'origine de l'empire d'Assyrie est assez obscure ; son histoire commence à une époque où l'Assyrie et la Chaldée étaient divisées en petits États gouvernés par des *patési* ou *vice-rois*, parmi lesquels nous trouvons le nom d'*Ismi-Dagan* qui régnait à El-Assur et qui avait étendu son empire jusqu'en Chaldée (1800 av. J.-C.). Vers le seizième ou dix-septième siècle avant notre ère, on voit *Bel-Kapkapi* s'attribuer le titre de *roi* (*sar*). Nous rencon-

1. Voyez les travaux de *Rawlinson*, *Hincks*, *Oppert*, *Fox-Talbot*, *Ménant*, *Lenormant*, *G. Smith*, *Sayce*, *Schrader*, *Delitzsch* et autres.

trons ensuite une série de souverains dont il est impossible de suivre l'histoire d'une manière précise, à cause de la rareté des documents.

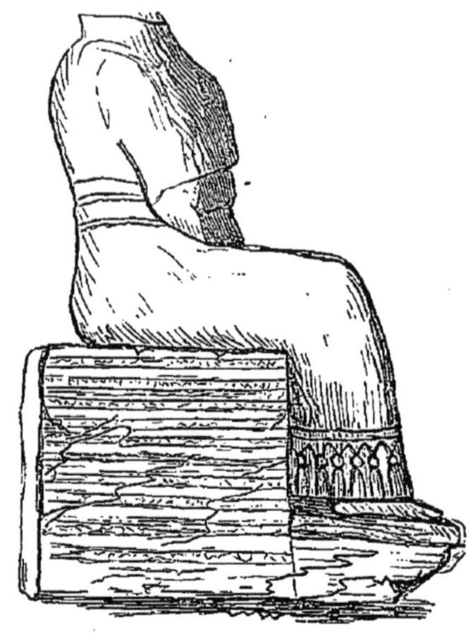

Fig. 8. — Statue de Salman-Asar. (Musée Britannique.)

Un prince *Salman-Asar*, qui serait le premier du nom[1], paraît avoir été le fondateur du grand Empire d'Assyrie. On a retrouvé sa statue mutilée dans les ruines d'El-Assur; cependant sa capitale était alors Calach (fig. 8).

Nous voyons ensuite son fils, *Tuklat-Samdan*, dont le règne est fixé par un passage des inscriptions de Sennachérib qui reporte 600 ans avant lui[2], par conséquent vers l'an 1270 av. J.-C. G. Smith a trouvé dans les ruines de Ninive une inscription de ce prince. — Après quelques rois, qui avaient conservé Calach comme capitale, nous arrivons à un prince du nom de *Mutakkil-Nébo* (1150 ans av. J.-C.), dont G. Smith a recueilli également une inscription à Ninive.

Son petit-fils *Tuklat-pal-Asar*, le Ier du nom, avait El-Assur pour capitale; mais il a laissé à Ninive des traces de son séjour, entre autres un fragment de stèle sur lequel il n'est pas nommé, et qui vraisemblablement

1. Plusieurs princes ont porté des noms que nous traduisons de la même manière, bien qu'ils soient rendus par des idéogrammes différents. — Nous ne pouvons donc les distinguer qu'en leur donnant un numéro d'ordre.

2. Nous verrons plus tard que les dates du règne de Sennachérib sont rigoureusement fixées

doit lui appartenir[1]. Le règne de Tuklat-pal-Asar est fixé également par un passage des inscriptions de Sennachérib[2] qui remporta une victoire sur les Chaldéens et s'empara des statues des dieux Bin et Sala qu'un roi de Chaldée, *Marduk-nadin-usur*, avait arrachées de la ville de Hékali 418 ans avant lui. Tuklat-pal-Asar régnait donc à Ninive vers l'an 1130 av. J.-C.

Conquérant infatigable, il porta ses armes jusqu'en Cilicie à l'Ouest, et chez les tribus sauvages du Kurdistan à l'Est; il défit les *Mouskai* (Moskhiens) ; puis les *Khatti*, (Hétéens) et leurs alliés, et érigea aux sources du Tigre un monument pour commémorer l'étendue de ses conquêtes[3]. La ville de Péthor, à la jonction de l'Euphrate et du Sajour, reçut une garnison assyrienne. Pendant qu'il séjournait sur la côte de Syrie, l'inscription mutilée de la stèle nous apprend que ce prince s'embarqua sur un vaisseau d'*Arvada* (Aradus), et qu'il tua un dauphin dans la grande mer.

Au retour de ses expéditions lointaines, il s'appliqua à l'administration de son royaume ; il reboisa le pays d'Assur et utilisa, à cet effet, les essences rares qu'il avait rapportées de ses campagnes. En 1130, il marcha contre Babylone ; après un léger insuccès, il défit son rival et occupa momentanément la Babylonie.

Les successeurs de Tuklat-pal-Asar continuèrent d'habiter El-Assur ; les textes qui les concernent sont très rares et ne donnent souvent que leur généalogie.

Citons particulièrement un monument que l'on considéra pendant longtemps comme le plus ancien représentant de la sculpture assyrienne ; il a été trouvé dans

1. Sir H. Rawlinson croit que ce monument a été élevé d'abord à El-Assur, et qu'il fut transporté plus tard à Ninive.

2. W. A. I. III, pl. 14, *Ins. Bavian*, l. 48. (C'est ainsi que l'on désigne le grand recueil de Sir H. Rawlinson, *Western Asia Inscriptions*.)

3. Voy. *Inscriptions du prisme de Kala'at-Sherghat*, W. A. I. I, pl. 9 à 16 et les quatre traductions publiées dans le *Journal of the Royal Asiatic Society*, London 1857.

le palais de Koyoundjik et figure aujourd'hui dans les galeries du Musée Britannique. C'est une statue mutilée en calcaire gris qui porte sur le dos une inscription au nom de *Assur-bel-kala*, fils de Tuklat-pal-Asar Ier.

Cette inscription est incomplète ; cependant elle prouve que le roi d'Assyrie, Assur-bel-kala, avait un palais à Ninive dans lequel on avait érigé cette statue[1]. Le règne de ce monarque est fixé par la date de celui de son père, Tuklat-pal-Asar Ier ; il régnait donc à Ninive vers l'an 1080 av. J.-C.

Avec *Assur-nazir-habal* (882 av. J.-C.), l'empire d'Assyrie reprend son importance. Nous voyons en ce prince un des plus grands conquérants de la haute Asie, à cette époque. Calach était alors la capitale de l'Assyrie. C'était une ville ancienne, mentionnée avec Ninive dans la Genèse biblique ; mais elle tombait en ruine, lorsque Assur-nazir-habal entreprit de la restaurer (fig. 7). On a trouvé sa statue dans les ruines de son palais ; elle porte sur la poitrine une inscription qui fait connaître le nom et la généalogie du roi (fig. 9).

Les monuments élevés par ce prince sont très nombreux et les inscriptions très étendues[3]. Il est souvent question de Ninive comme d'une grande ville où le roi fixait quelquefois sa résidence ; elle devait être alors dans un état prospère, bien que l'on ne parle pas de ses monuments. Assur-nazir-habal y envoyait les rois vaincus expier le crime de leur trahison. Ses conquêtes dépas-

1. Cette statue n'a rien qui rappelle l'art assyrien ; aussi nous serions porté à croire que c'est une statue chaldéenne apportée à Ninive, et sur laquelle on avait inscrit le nom d'Assur-bel-kala.

2. On a quelquefois assimilé ce nom à celui de Sardanapale, ainsi que le nom de plusieurs princes auxquels nous conserverons leur forme assyrienne ; aucun d'eux ne peut se rapporter au Sardanapale que les Grecs font connaître.

3. Voyez la grande inscription du palais de Nimroud dans W. A. I. I, pl. 17-26 et pour la traduction *Annales des rois d'Assyrie*, p. 64.

sèrent celles de Tuklat-pal-Asar. Sa marche était marquée par les plus horribles cruautés; ainsi il se vante (C. I, l. 92) d'avoir élevé un mur devant les grandes portes de la ville et de l'avoir couvert avec la peau des chefs de la révolte qu'il avait fait écorcher; certains étaient enfermés dans la maçonnerie, d'autres mis en croix sur le mur ou exposés sur des pals. « Enfin, s'écrie le vainqueur dans un transport de joie, j'ai fait des couronnes de leurs têtes, et des guirlandes de leurs cadavres transpercés !.... » Plus loin, il crève les yeux des prisonniers, leur coupe les mains et la tête, et déshonore leurs fils et leurs filles. L'Arménie, la Mésopotamie et le Kurdistan furent réduits à nouveau; les Babyloniens furent forcés de demander la paix. Sangara, roi de Karkemish, paya tribut, et les villes opulentes de la Phénicie déversèrent leurs richesses dans les trésors de Ninive. Le roi releva Calach de ses ruines et en fit sa résidence favorite.

Fig. 9.—Statue d'Assur-nazir-habal. (Musée Britannique.)

Son fils, *Salman-Asar* II, lui succéda; il avait un palais à El-Assur, mais sa capitale était encore Calach. Les documents qu'il nous a laissés sont nombreux également; ils présentent un intérêt très direct, car c'est lui que nous voyons pour la première fois en rapport avec le peuple juif[1]. Salman-Asar habitait Calach; sur un magnique obélisque en basalte découvert dans les ruines de son palais[2], des textes font connaître son histoire[3] (fig. 10). Ses expéditions partent, tantôt de Calach, souvent de Ninive, pour aller au Nord dans l'Arménie et le Pont; il ne paraît pas avoir été de ce côté plus loin que ses prédécesseurs. A l'Orient, les provinces de la Médie toujours en révolte, et, au Sud, la Chaldée, tenaient tête à la puissance assyrienne; mais, à l'Ouest, les conquêtes se poursuivaient avec succès.

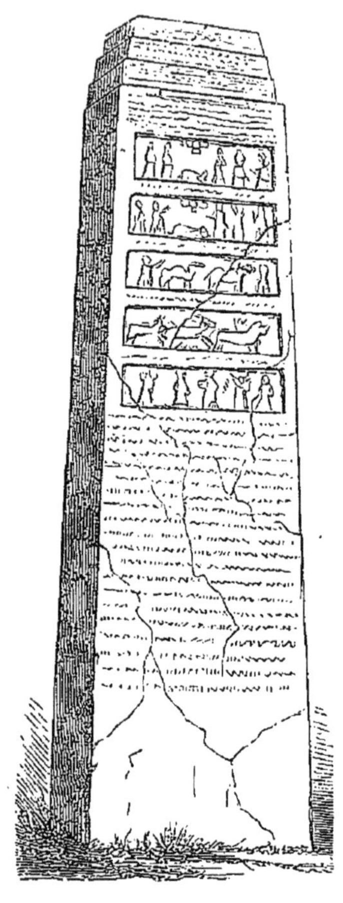

Fig. 10. — Obélisque de Salman-Asar (Musée Britannique.)

Salman-Asar s'avança dans la région de l'Amanus et sur la côte de Syrie; il menaça l'Égypte. Ce fut dans une de ces campagnes (la 6e) qu'il rencontra Achab, roi d'Israël[4], dans une de ces ligues que les petits rois du Bord de la Mer formaient entre eux pour résister au grand envahisseur, à l'ennemi commun. Achab, confondu avec les princes confédérés, n'attire pas autrement l'attention du narrateur.

1. Ce n'est pas le Salmanasar mentionné dans la Bible, dont il sera question plus tard.

2. Layard. *Ninivch and its remains*, vol. I, p. 347.

3. Voy. *Inscription de l'Obélisque*, Layard, pl. 87-98. — *Inscription des Taureaux. Id.*, pl. 12, 14, 66, 46 et 47. — *Annales des rois d'Assyrie*, p. 96 et suiv.

4. Ce fait n'est pas mentionné dans la Bible.

Plus tard, on trouve un fait important qui, par son laconisme, nous apprend que la puissance du peuple d'Israël était sérieusement menacée. Sur ce bel obélisque en basalte noir découvert dans le palais de Calach (aujourd'hui Nimroud) où le récit de ses campagnes est relaté, année par année, nous voyons, d'après un des bas-reliefs qui le décorent, Salman-Asar debout, recevant la soumission d'un roi vaincu prosterné à ses pieds (fig. 10); au-dessus de cette scène, nous lisons :

« Tributs imposés à Jéhu (*Yaua*), fils d'Omri (*Khumri*) : de l'argent, de l'or, de l'étain, des barres de fer, des armes, un sceptre royal, des chameaux à double bosse. »

Après Salman-Asar, vient une suite de souverains parmi lesquels nous devons citer particulièrement un prince du nom de *Bin-nirari* Ier, parce qu'il est fait mention, dans ses inscriptions, d'une reine assyrienne appelée *Sammuramat*, confondue avec le roi dans la dédicace d'une statue au dieu Nebo. On s'efforça tout d'abord de l'identifier avec la fameuse Sémiramis. Il n'y a cependant entre ces deux noms qu'un rapport de consonance. L'épouse de Bin-nirari n'a d'ailleurs pas marqué autrement dans l'histoire. Apparaît ensuite un Salmanasar qui ne nous est connu que par le nom, ainsi que deux autres princes.

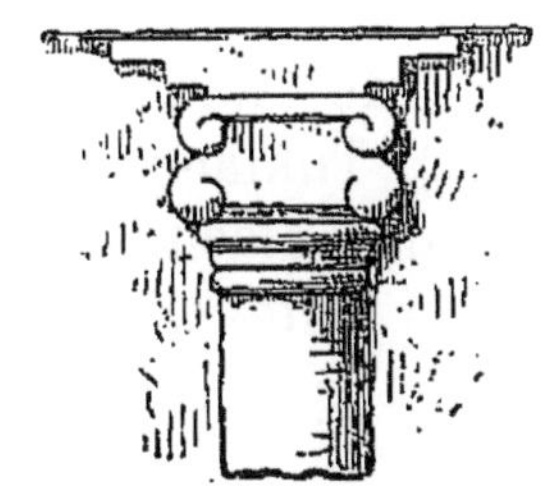

Fig. 11. — Chapiteau assyrien

VII

PREMIÈRE DESTRUCTION DE NINIVE

On se trouve ici en présence d'une grande lacune; Ninive semble avoir subi une première destruction. La ruine dut être si complète qu'on ne connaît que de rares débris antérieurs à cette époque. Il n'est plus fait mention de cette ville dans les textes jusqu'au moment où une nouvelle dynastie va entreprendre de la relever et de l'embellir. Cependant l'histoire d'Assyrie se développe avec une grande régularité. On peut fixer la durée de chaque règne, et souvent l'indication des principaux événements. Nous arrivons ainsi, sans incidents de nature à nous éclairer sur l'histoire de Ninive, jusqu'au règne de *Tuklat-pal-Asar*, le deuxième du nom[1], le Tiglat-Pileser de la Bible. Son règne est rigoureusement fixé sur une tablette où nous lisons : Le treizième jour du mois *yar* (avril) de l'année (du *limmu*) de Nabu-bel-usur (744 av. J.-C.), Tuklat-pal-Asar monta sur le trône.

Ce prince habitait Calach. Son palais était situé à l'Ouest de la grande plate-forme; les ruines ne présentent pas le même aspect que celles des autres édifices. Le palais paraît avoir été ravagé par les Assyriens eux-mêmes; ainsi, dans une des salles, les inscriptions qui

1. Voy. *Inscriptions des Salles*. LAYARD, pl. 17, 18, 50, 52, 65. — W. A. I. III, pl. 9. — *Annales des rois d'Assyrie*, p. 137 et suiv.

formaient une frise de douze lignes de hauteur et qui devaient se suivre sans interruption tout autour, ont été déplacées; leurs fragments se retrouvent dans des endroits différents et éloignés les uns des autres. Quelquefois l'écriture est tournée vers la face intérieure du mur de briques dans un palais construit par un des successeurs du prince; les matériaux se présentent dans un état de désordre inexplicable. Le respect que chaque souverain réclamait pour ses œuvres, paraît lui avoir été toujours accordé; or, les monuments de Tuklat-pal-Asar n'ont pas été protégés. Ils portent les traces d'une destruction violente accomplie par les Assyriens eux-mêmes. Nous verrons bientôt comment le petit-fils de Sargon a coopéré à cette œuvre de destruction. Tous ces marbres ont servi à une construction sacrilège, et la perte en aurait été consommée, si ce n'est que la ruine a frappé les monuments du dévastateur, avant qu'il eût pu lui-même réaliser ses desseins.

Ces fragments sont très précieux. Quelque incomplets qu'ils soient au point de vue des rapports du peuple juif avec l'Assyrie, ils sont de la plus haute importance; car les inscriptions de Tuklat-pal-Asar mentionnent, en effet, au moins cinq rois de Juda et d'Israël avec lesquels le monarque a été en lutte pendant les dix-sept années de son règne, de l'an 744 à l'an 726 av. J.-C.

Tuklat-pal-Asar II fut un grand conquérant. Babylone était alors devenue tributaire de Ninive; la Syrie était entre les mains des Assyriens. Tuklat-pal-Asar ne paraît pas avoir pénétré très loin à l'Orient, du côté de la Médie, bien qu'il ait entrepris une grande expédition contre les pays ariens. C'est toujours vers les rives de la Méditerranée que l'influence assyrienne cherchait à s'affirmer. Nous arrivons ainsi au dernier prince du nom de *Salman-Asar* III, le Salmanasar cité dans la Bible. La durée de son règne (5 ans) est fixée par les textes des éponymes de l'an 726 à l'an 721 av. J.-C. — Il est certain que la puissance assyrienne pâlissait à cette époque ; l'Égypte et l'Assyrie allaient se rencontrer et se disputer la souveraineté du vieux monde. — L'Égypte, sous la conduite des princes de la dynastie éthiopienne, reprenait une influence redoutable; elle pouvait faire parvenir des troupes en Palestine par le désert, et soutenir ainsi la ligue des rois du Bord de la Mer. Quels que fussent les dangers, malgré la politique qui conseillait la prudence et de ne pas trop compter sur l'Égypte, Osée, roi d'Israël, envoya des ambassadeurs au prince éthiopien, So ou Sévé, le Sabakos des Grecs, pour former une alliance offensive et défensive contre l'Assyrie, et il refusa le tribut que ses prédécesseurs avaient toujours payé au roi d'Assyrie. Ce fut alors que Salman-Asar envahit les États du roi d'Israël et vint mettre le siége devant Samarie. Nous n'avons aucun document assyrien sur les incidents de ce siège; voici comment il nous est raconté dans la Bible. Nous citons ce passage, à cause de la précision des dates qu'il renferme et des concordances qu'il permet d'établir. « La quatrième année du roi Ezéchias, qui est la septième d'Osée, fils d'Élah, roi d'Israël, Salmanasar, roi d'Assyrie vint vers Samarie, l'assiégea, et la prit après un siège de trois ans, dans la sixième année d'Ezéchias, qui est la neuvième année d'Osée, roi d'Israël. » (II, Rois, c. XVIII, 9 et 10.)

VIII

SUITE DE L'HISTOIRE D'ASSYRIE

L'histoire d'Assyrie présente encore ici une lacune regrettable, car les événements qui ont dû s'accomplir étaient d'une grande importance pour nous renseigner sur l'avènement de la dynastie nouvelle. Nous ignorons comment le successeur de Salman-Asar III parvint au trône. Ce prince se nommait *Sar-kin;* c'est le Sargon mentionné *une fois* dans la Bible au chapitre xx d'Isaïe. (fig. 12). Sa généalogie est complètement inconnue; le roi ne parle jamais de ses ancêtres[1].

Sargon résida d'abord à Calach ; mais il quitta bientôt cette capitale pour fonder une ville à la place de Ninive, qui devait être alors en partie ruinée. Il monta sur le trône l'an 720 av. J.-C. Cette date est donnée par le récit de la prise de Samarie qui eut lieu dans sa première campagne[2]. Voici comment il s'exprime : « Dans le commencement de mon règne.... du pays de *Samirina*.... (plusieurs lignes manquent.) Avec l'aide du dieu Samas,

1. Voy. Botta, *Le monument de Ninive*, t. III. — *Inscription du Baril*. W. A. I, I. pl. 36. — Place, *Ninive et l'Assyrie*. — Oppert, *Inscriptions de Dour-Sarkayan*. — *Annales des rois d'Assyrie*. p. 155.

2. La date de la prise de Samarie est fixée d'une manière rigoureuse par les concordances que l'on établit en rapprochant plusieurs textes différents; aussi elle a été prise pour point de départ de la chronologie de tous les événements qu'on peut y rattacher.

Fig. 12. — Sargon. (Bas-relief du Musée du Louvre.)

qui donne sa victoire sur mes ennemis, j'ai assiégé, j'ai occupé la ville de *Samirina* (Samarie). J'ai réduit en servitude 27 280 habitants; j'ai prélevé sur eux cinquante chars, la part de ma royauté; je les ai transportés au pays d'Assur; j'ai fait demeurer au milieu (*de mes sujets*) les hommes que ma main avait conquis; j'ai institué pour les gouverner mes lieutenants, et je leur ai imposé des tributs comme aux Assyriens. » (*Annales*, Salle II, 3.)

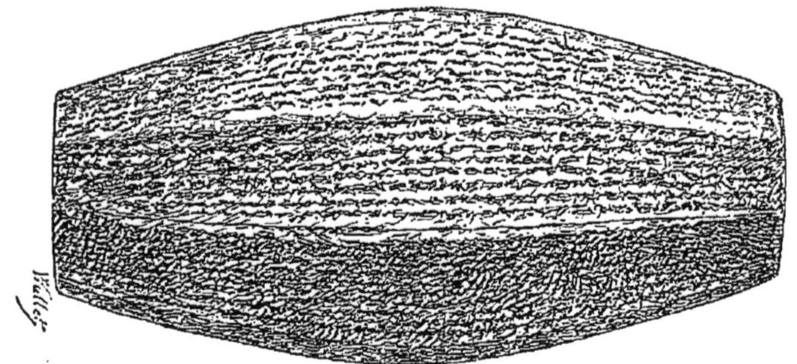

Fig. 15. — Baril historique de Sargon. (Musée du Louvre.)

Le texte assyrien ne s'occupe pas autrement de cett victoire. La ruine de Samarie était complète; le royaume d'Israël ne devait plus se relever. Quant au sort des habitants de Samarie, nous voyons dans la Bible (II, Rois, XVII, 6) qu'ils furent emmenés en Assyrie, et transportés soit à Calach, soit sur les rives du Kabour et du fleuve de Gozan, enfin dans les villes de Médie. Quelque temps après, le nom de Sargon apparaît dans la Bible pour fixer la date d'une des prophéties d'Isaïe; le texte s'exprime ainsi : « L'année que le Tharthan envoyé par Sargon vint à Azdod, l'assiégea et la prit, etc... » (Isaïe, c. XX, 1.) Or, nous savons que cet événement s'est passé dans la onzième campagne de Sargon (709 av. J.-C.). Azuri était alors roi d'Azdod; il avait refusé de payer le tribut au roi d'Assyrie et avait excité le roi voisin à la révolte.

Sargon marcha contre lui, s'empara d'Azdod, mit Akimit, son frère, sur le trône et lui imposa un tribut; puis il continua la guerre contre les Khatti qui s'étaient unis à la révolte et dont il triompha plus tard. La prise de Samarie, si importante dans l'histoire du peuple d'Israël, n'est qu'un incident dans les campagnes de Sargon; le vainqueur continue le cours rapide de ses victoires, soumettant la Médie, le pays des Khatti, la Chaldée, l'Elam, menaçant l'Egypte et imposant des tributs à tous les peuples du Bord de la Mer. Ce fut dans sa douzième campagne que le roi d'Assyrie défit Merodach-baladan et s'empara de Babylone. — Sargon régna dix-huit ans et mourut assassiné à *Dur-Sarkin* par un nommé Bel-Kaspaï, de la ville de Kouloummaï, l'année de Pakar-Bel (708 av. J.-C.), préfet de la ville de *Amida* (Diarbekir).

Fig. 14. — Sennachérib. (Bas-relief du Musée Britannique.)

Sennachérib (fig. 14) succéda à Sargon, son père, le 12 *abu* (juillet) (708 av. J.-C.), et vint aussitôt fixer sa résidence à Ninive; il s'empressa d'en restaurer les monuments et d'en faire une ville nouvelle. Sennachérib poursuivit la mission difficile de compléter les victoires de son père. L'Égypte était encore redoutable; la Chaldée continuait une guerre à outrance, et le pays d'Elam envoyait des secours à tous ceux qui voulaient résister à l'ennemi commun. Les petits États du Bord de la Mer s'étaient ligués de leur côté pour opérer une diversion sur le chemin de l'Égypte. Jérusalem reprenait courage ; Ezéchias osa refuser le tribut qui avait été consenti par ses prédécesseurs ; alors qu'Isaie promettait la victoire, Sennachérib était déjà sous les murs de Jérusalem !

Ici les renseignements abondent[1] ; trois récits se rapportent à cette mémorable campagne dans laquelle les destinées du peuple juif ont été si sérieusement menacées, et dont Ezéchias est sorti vainqueur. Nous rappellerons d'abord le récit biblique :

« La quatorzième année du règne d'Ezéchias, Sennacherib, roi des Assyriens, vint assiéger toutes les villes les plus fortes du pays de Judée et les prit.

« Il envoya Rabsacès de Lakis à Jérusalem avec une grande armée contre le roi Ezéchias, et il s'arrêta à l'aqueduc de la piscine supérieure, dans le chemin du champ du foulon.

« Eliacim, fils d'Helcias, qui était grand maître de la maison du roi, Sobna, secrétaire, et Joahé, fils d'Asaph, chancelier, étant venus le trouver, Rabsacès leur parla de la sorte : « Dites à Ezéchias, voici ce que le grand roi, le roi des Assyriens... » (Isaïe, XXXVI, 1, 2, 3, etc.)

Suivent les menaces du roi. Rabsacès se tenait debout,

1. *Inscriptions du palais de Koyoundjik.* Voy. LAYARD, pl. 38, 40, 60, 62. — W. A. I. I, pl. 27, 4. — *Ibid.* W. A. I. III, pl. 4, 11, 13, 15, 16. — *Inscription de Nebbi-Yunus*, W. A. I. I, pl. 16-43. — *Insc. de Sherif-Khan et d'Arbèles.* W. A. I. I, pl. 7. — *Insc. du prisme de Taylor.* voy. LAYARD, pl. 63, 64. — *Inscription de Bavian.* W. A. I. III, pl. 14. — *Annales des rois d'Assyrie*, p. 210 et suiv.

G. SMITH, *History of Sennacherib translated from the cuneiform inscriptions*, edited by Rev. A. H. Sayce. London. 1878.

criant de toute sa force en langue hébraïque, et répétant les menaces du roi d'Assyrie, pour dissuader le peuple d'écouter Ezéchias et l'amener à se rendre. « Où est disait-il, le dieu d'Emath et d'Arphad? Où est le Dieu de Sépharvaïm? Ont-ils délivré Samarie de ma main? Qui est celui de ces dieux qui a pu délivrer son pays, pour oser croire que le Seigneur sauvera Jérusalem? »

Ces paroles produisirent sur la population l'effet que l'envoyé de Sennachérib pouvait en attendre. Ezéchias hésitait; Isaïe intervint et rétablit la confiance ébranlée. « Ne craignez point, dit-il, ces paroles de blasphème que vous avez entendues et dont les serviteurs du roi des Assyriens m'ont déshonoré. Je vais lui donner un esprit de frayeur, et il n'aura pas plutôt entendu une nouvelle qu'il retournera dans son pays, où je le ferai mourir d'une mort sanglante. » (Isaïe, XXXVII, 6-7.)

En même temps, le roi des Assyriens reçut l'avis de la marche de Tahraqa, roi d'Éthiopie, qui venait le combattre; ce qu'ayant appris, il envoya ses ambassadeurs avec ordre précis de livrer les villes.

Isaïe intervint de nouveau et ranima les courages abattus. « Le roi des Assyriens n'entrera point dans la ville, dit-il; il n'y jettera point de flèches; il ne l'attaquera point avec le bouclier, et il n'élèvera point de terrasses autour de ses murailles. Il retournera par le même chemin qu'il est venu, et il n'entrera point dans cette ville, dit le Seigneur.

« Je protégerai cette ville, et je la sauverai pour ma propre gloire et en faveur de David, mon serviteur. » (Isaïe, XXXVII, 33, 34.)

L'ange du Seigneur, étant sorti ensuite, frappa 185 000 hommes dans le camp des Assyriens; et, de grand matin, quand on fut levé, on trouva le camp plein de ces corps morts.

Sennachérib partit, retourna dans son royaume et vint habiter Ninive.

Nous avons supprimé les digressions du récit biblique sur les péripéties qui amenèrent la retraite de Sennachérib. Les jeûnes, les prières, ne furent pas épargnés pour supplier le Seigneur de venir au secours de la ville sainte, et la levée du siège en fut la récompense.

Voyons maintenant le récit assyrien d'après les inscriptions, tel qu'il nous est donné sur le prisme découvert par M. Taylor (fig. 15).

Fig. 15. — Prisme de Sennachérib. (Musée Britannique.)

Sennachérib, faisant la guerre à l'Egypte, s'était mesuré contre le roi d'Éthiopie; les deux partis se disputèrent une victoire qui resta indécise. Il revint vers la ville d'Amgaruna dont le roi, Padi, était prisonnier du roi de Jérusalem. Sennachérib se fit remettre ce prisonnier et le rétablit sur le trône. « Mais Ezéchias n'avait pas fait sa soumission; alors, dit le roi d'Assyrie, j'ai attaqué 46 grandes villes, des places fortes, des forteresses dont le nombres est sans égal; j'ai affronté leur fureur, je les ai attaquées par le feu, le massacre, les combats, mes engins de guerre; je les ai prises; je les ai occupées. J'ai emmené captives 200 150 personnes de tout âge, des hommes, des femmes, des chevaux, des ânes, des mulets, des chameaux, des bœufs et des moutons sans nombre. Quant à lui (Ezéchias), je l'enfermai dans la ville de *Ursalimmi* (Jérusalem), sa capitale, comme un oiseau dans une cage. J'ai investi, j'ai bloqué les forts qui dominent la ville, et j'ai arrêté tous ceux qui voulaient franchir la grande porte de l'enceinte. J'ai séparé de leur pays les villes que j'avais prises; je les ai données à Mitinti, roi de la ville d'*Azdudu* (Azdod); à Padi, roi de la ville d'*Amgaruna* (Migron), et à Ismi-Bel, roi de *Khazati* (Gaza.) J'ai diminué son royaume, j'ai ajouté aux tributs qu'il payait déjà de nouveaux tributs pour assurer ma souveraineté.

« Alors la crainte immense de ma majesté terrifia *Khazakiau* (Ezéchias), roi du pays de *Yauda* (Juda); il congédia les troupes qu'il avait réunies pour la défense de la ville de *Ursalimmi* (Jérusalem), sa capitale, et il envoya des ambassadeurs vers moi dans la ville de *Ninua* (Ninive), ma capitale, avec 30 talents d'or, 800 talents d'argent, des métaux, des pierreries, des perles, des trônes garnis de *hamsi*, du bois de santal, de l'ébène, le contenu de son trésor, ses filles, les femmes de son palais, ses esclaves mâles et femelles, et il délégua vers moi son ambassadeur pour m'offrir des tributs et faire sa soumission[1]. »

Nous avons mis en présence ces deux récits; qu'en résulte-t-il au point de vue de l'histoire? Il ne faut pas demander qu'ils concordent en tous points. Chaque narrateur, d'accord sur le fait principal, a soin de cacher sa défaite. Sennachérib ne dit pas pourquoi il a levé le siège, lorsque Ezéchias, enfermé dans sa capitale, en était réduit à merci. On transigea; Ezéchias fit sa soumission, et Sennachérib se retira; mais pourquoi le roi d'Assyrie se replia-t-il ainsi précipitamment sur Ninive?

La Bible a puisé à deux sources distinctes les péripéties de cette guerre, et elle les confond, parce que les récits aboutissent l'un et l'autre à la délivrance finale de Jérusalem. Il est possible de se rendre compte de la vérité et de faire la part du surnaturel, sans avoir recours à l'ange exterminateur qui en une nuit mit à mort

[1] Ins. du prisme de Taylor, col. III, l. 1-42.

180 000 Assyriens! Pour expliquer la cause qui a amené la retraite de Sennachérib, il suffit de consulter Hérodote qui nous apporte un récit désintéressé sur les incidents de cette campagne, et qui va nous démontrer que la retraite a été motivée par une intervention énergique de l'Égypte. « Après Anysis, dit-il, un prêtre de Vulcain nommé Sethos monta, à ce qu'on dit, sur le trône; il n'eut aucun égard pour les gens de guerre et les traita avec mépris... Mais dans la suite, lorsque Sennachérib, roi des Arabes et des Assyriens, vint attaquer l'Égypte avec une armée nombreuse, les gens de guerre ne voulurent point marcher au secours de la patrie. Le prêtre, se trouvant alors embarrassé, se retira dans le temple et se mit à gémir devant la statue du Dieu sur le sort fâcheux qu'il courait risque d'éprouver. Pendant qu'il déplorait ainsi ses malheurs, il s'endormit et crut voir le Dieu lui apparaître, l'encourager et l'assurer que, s'il marchait contre les Arabes, il ne lui arriverait aucun mal, et que lui-même, il lui enverrait du secours.

« Plein de confiance en cette vision, Séthos prit avec lui ses gens de bonne volonté, se mit à leur tête et alla camper à Péluse, qui est la clef de l'Égypte. Cette armée n'était composée que de marchands, d'artisans et de gens de la lie du peuple; aucun homme de guerre ne l'accompagna. Ces troupes étant arrivées à Péluse, une multitude de rats de campagne se répandit, la nuit, dans le camp ennemi et rongea les carquois, les arcs et les courroies qui servaient à manier les boucliers; de sorte que le lendemain les Arabes, étant sans armes, prirent la fuite[1]. »

Malgré le merveilleux qui domine aussi dans ce récit qu'Hérodote tenait des prêtres égyptiens, il est facile de découvrir la vérité historique, en comparant les trois versions. — La narration d'Hérodote s'adapte, en effet, à

[1] Her. liv. II, CXLI.

la première partie du texte biblique. Il est certain que Sennachérib éprouva un échec dans cette campagne, et qu'il fut obligé de regagner Ninive. Hérodote dit qu'il fut repoussé par les forces combinées des Égyptiens et des peuples de la Syrie ; mais les prêtres de Séthos n'avaient pas l'esprit moins fertile en miracles que les prophètes de Jérusalem, de sorte que si l'on enlève à chaque récit le merveilleux qui l'entoure, la vérité historique se dégage et le silence de Sennachérib suffit pour la confirmer. Je ne discuterai pas les détails de ce grand événement, établi par trois auteurs qui n'ont pu s'entendre, et qui en parlent à des points de vue différents.

Sennachérib voulait, en effet, se rendre en Égypte avant d'attaquer Jérusalem. Hérodote place la déroute devant Péluse; la Bible dit que ce fut après le siège de Lakis que le roi d'Assyrie songea à attaquer Jérusalem. Toujours est-il que l'armée de Sennachérib, découragée par une défaite sur un point, songea à se replier ; la retraite se fit en bon ordre, après avoir traité avec Ezéchias. — Jérusalem put alors respirer, et la ville ne paraît plus avoir été inquiétée par les Assyriens. Ce n'est qu'après avoir excité la convoitise de Nabuchodonosor qu'elle succomba à son tour ; mais, avant d'en arriver là, il fallait que Ninive fût définitivement détruite et que l'empire de l'Orient passât aux mains des rois de Chaldée.

Les inscriptions qui figurent dans le palais de Sennachérib, ne se présentent pas en longues bandes suivies comme dans celui de Sargon; elles apparaissent çà et là dans le champ des bas-reliefs pour expliquer l'épisode que le sculpteur avait en vue. La perte de certains bas-reliefs est d'autant plus regrettable qu'ils relataient des incidents sur lesquels nous n'avons parfois aucun autre renseignement; ainsi nous trouvons sur l'un d'eux la représentation d'un fait qui n'est pas mentionné sur les prismes, et que nous ne connaissions jusqu'ici que par la Bible.

Nous savons, en effet, par le texte biblique, que Sennachérib, de Lakis assiégée, avait envoyé vers Jérusalem son général Rabsacès menacer Ezéchias de sa colère; or, un bas-relief du palais de Sennachérib montre le roi sur son trône, recevant les tributs d'un peuple soumis, et nous lisons dans le champ du bas-relief cette mention :

« Sennachérib, roi des Légions, roi du pays d'Assur, assis sur son trône, reçoit les tributs des captifs de la ville de Lakis » (fig. 14).

Les inscriptions ne parlent pas de la fin tragique de Sennachérib ; nous la connaissons par l'indication donnée par Isaïe : « Et un jour qu'il (Sennachérib) était au temple de Nesroch, son Dieu, et qu'il l'adorait, Adramelech et Sarasar, ses enfants, le percèrent de leurs épées et s'enfuirent à la terre d'Ararat ; et Assarhaddon, son fils, régna à sa place. » (Isaïe, XXXVII, 38.)

Ce meurtre est ainsi mentionné par Moïse de Chorène, au rapport de Mar-Ibas : « J'allais oublier de parler de *Sennachérim* qui régna sur les Assyriens au temps d'Ezéqiah; ses fils Adramel et Sanasar l'ayant assassiné, notre prince Skaïord leur donna asile et assigna pour domaine à Sanasar le district de la montagne de *Sim* que sa postérité multipliée a entièrement peuplé[1]. »

Sennachérib avait quatre fils ; l'aîné, *Assur-nadin*, avait été nommé vice-roi de Babylone du vivant de son père. Ce fut le quatrième fils, *Assur-akhi-idin*, l'Assarhaddon de la Bible et des auteurs profanes, qui monta sur le trône d'Assyrie après la mort de son père.

C'était évidemment un fils préféré. Un texte a conservé la curieuse mention d'une libéralité particulière dont il avait été l'objet, et par laquelle Sennachérib lui donna de l'or, de l'ivoire en abondance, une coupe d'or, des couronnes, des chaînes et beaucoup d'autres richesses.

1. *Hist. arm.*, ch. VII, p. 60.

Assarhaddon habita d'abord Calach où il fit construire un palais beaucoup plus grand que celui qui avait été élevé par Assur-nazir-habal. Ce palais se composait d'un vaste ensemble auquel on accédait par un escalier monumental qui conduisait à la façade principale, tournée vers le midi. On y entrait par un double portique orné d'une triple rangée de lions, entre lesquels on voyait une paire de sphinx assyriens. Le vestibule de ce palais fut détruit avant que l'édifice eût été complètement fini. En général, les marbres calcinés par le feu tombaient en poussière à mesure qu'on les exhumait des ruines. La grande salle n'avait pas été atteinte par l'incendie, et elle présente le singulier spectacle d'un édifice construit avec des matériaux d'un palais antérieur. C'est à cette circonstance que l'on doit les renseignements sur le règne de Tuklat-pal-Asar II.

A défaut des inscriptions murales, l'histoire d'Assarhaddon a été conservée sur deux prismes qui font connaître les dix premières années de son règne[1]. Assarhaddon continua la série des conquêtes ouvertes par ses prédécesseurs; il les étendit sur les bords de la mer Rouge et du golfe Persique, puis il imposa des tributs à tous les rois du Bord de la Mer. Manassé vaincu ne dut son trône qu'à la clémence du vainqueur; les Arabes furent définitivement soumis, et Assarhaddon s'établit dans les îles de la Méditerranée. Ce fut le premier prince assyrien qui pénétra en Égypte et imposa la domination asiatique sur la terre des Pharaons[2].

Sennachérib avait réduit Elam. La Chaldée était enfin vaincue; l'héritier de Marduk-bal-idin avait expié l'héroïque résistance de son père. Assarhaddon résolut d'en assurer la possession définitive à ses successeurs en fixant

1. *Inscriptions des prismes de Koyoundjik.* Voy. LAYARD, pl. 20, 29. 34. — W. A. I. I, pl. 47, 48. — *Ibid.* III, pl. 15, 16, — *Annales des rois d'Assyrie*, p. 239 et suiv.

2. Prise de Memphis, 22 *Tammuz* (juin) 675.

sa résidence à Babylone; aussi, tandis qu'il gratifiait Ninive de ses plus beaux monuments et qu'il y envoyait les rois vaincus faire leur soumission, il abdiquait en faveur de son fils Assur-bani-pal et se faisait proclamer roi de Babylone, le 12 *airu* de l'année de Mar-la-arme (avril 667) (fig. 16).

Assur-bani-pal est quelquefois nommé *Sin-in-nadin-pal*. Dans un document coté au Musée Britannique K. 195, nous lisons : « *Sin-innadin-pal*, fils d'*Assur-* « *aki-idin*, roi du pays d'Assur, dont le nom est écrit « sur ces tablettes, a été proclamé et établi au gouver- « nement du pays, en présence de la grande divinité « Samas, le seigneur puissant. »

L'abdication eut lieu à Ninive, ainsi qu'il est rapporté dans le texte suivant : « Dans le mois *airu* (avril), le mois consacré à Nisruk, le seigneur des hommes, je... je suis entré dans le *Bit-riduti*, le palais des décrets et des conseils. D'après la volonté d'Assur, le père des Dieux, et de Marduk, le seigneur des seigneurs, le roi du ciel et de la terre, et en présence du fils du Roi, ils (les Dieux) ont appelé mon nom à l'empire. Le palais apprit mon avènement; tout le camp, les princes et les généraux écoutèrent les paroles de mes lèvres. En présence du Roi, le père qui m'a engendré, j'ai (pris la puissance). Les Grands Dieux, mes soutiens, m'ont établi sur le trône, et, fort de leur appui, je me suis assis sur le trône du père qui m'a engendré. »

Assur-bani-pal est un des plus grands conquérants de l'Assyrie[1]. Il n'y a pas à songer à identifier son nom avec le Sardanapale des Grecs, et moins encore sa personne. Après la mort de son père, il continua l'œuvre considérable de la soumission de l'Égypte. Tahraqa, roi d'Égypte

1. *Inscriptions des prismes de Koyoundjik*, W. A. I. III, pl. 17, 38. — SMITH, *History of Assurbanipal, translated from the cuneiform Inscriptions*. London, 1871. — *Annales des rois d'Assyrie*, p. 250.

et d'Éthiopie, s'étant révolté, le roi d'Assyrie s'avança contre lui, s'établit à Memphis et mit en déroute l'armée égyptienne qui se replia sur Thèbes. Cette ville fut bientôt occupée à son tour par les Assyriens. Ce n'est pourtant que dans sa seconde campagne que la conquête fut assurée. L'Égypte perdit alors son indépendance et passa ensuite sous la domination chaldéenne ; puis elle subit le joug de la Perse et plus tard celui de la Grèce, sous les successeurs d'Alexandre.

Pendant qu'Assur-bani-pal poursuivait ses conquêtes, il fut rappelé vers le nord par l'insurrection de la Lydie et des pays voisins. — Son jeune frère, Salmukin, qu'il avait appelé à la royauté de Babylone, se révoltait contre lui et soulevait le peuple des Akkads, de Kaldu et d'Aram, toute la Mésopotamie inférieure. Cette guerre fut terrible ; Assur-bani-pal, de victoire en victoire, s'avança à travers la Chaldée jusqu'au pays d'Elam.

La ruine de la Chaldée était imminente ; la famine survenue réduisit les habitants à se nourrir de la chair de leurs fils et de leurs filles. Salmukin, trahi par les siens, périt au milieu des flammes. (Col. IV, l. 98.)

Cette mort tragique serait-elle le thème de la légende de Sardanapale ? Tant de récits ont été dénaturés par les historiens grecs qu'il est permis de rechercher les faits qui peuvent y avoir donné naissance ; mais, à l'aide des documents qui surgissent plus nombreux chaque jour, on arrivera à retrouver les éléments divers dont la fable s'est emparée, en les confondant.

Après la mort de Salmukin, tout ce que le fer, le feu, la famine, avaient épargné, tomba au pouvoir d'Assur-bani-pal qui exerça de terribles représailles. On arracha la langue aux vaincus ; ils furent amenés devant les grands taureaux de pierre jadis élevés par Sennachérib aux portes de la ville, et on les jeta dans le fossé. On coupa leurs membres qui furent donnés en pâture aux chiens, aux bêtes fauves et aux oiseaux de proie. Quant aux au-

HACHETTE & Cie

Fig. 16. — Assur-bani-pal. (Musée du Louvre.

tres rares enfants de la Babylonie, de la Chaldée et de Sippar qui avaient résisté aux souffrances et aux privations, ils reçurent leur pardon et retournèrent dans leurs provinces. (Col. IV, l. 110.)

Cependant la guerre contre Elam n'était pas éteinte ; elle se poursuivait avec la même violence, implacable, terrible. Ummanaldas, de défaite en défaite, avait fini par se fortifier dans Suse, sa capitale, et s'y croyait à l'abri des atteintes d'Assur-bani-pal. L'inondation arrêta quelque temps la marche de l'armée assyrienne ; mais Istar d'Arbèles envoya un songe propice, et les soldats traversèrent le fleuve, en continuant leur marche victorieuse à travers le pays d'Elam. C'est alors qu'Assur-bani-pal s'empara de la ville de Suse. « Par la volonté d'Assur et d'Istar, dit-il, je suis entré dans les palais et je m'y suis reposé avec orgueil ; j'ai ouvert leurs trésors ; j'ai pris l'argent, l'or, leurs richesses, tous ces biens que le premier roi d'Elam et les rois qui l'avaient suivi avaient accumulés, et sur lesquels aucun ennemi n'avait mis la main ; je m'en suis emparé comme d'un butin. Lingots d'argent et d'or..., pierres brillantes..., riches vêtements..., armes de guerre, pesants chariots de guerre enrichis d'ornements de bronze et de peinture, j'ai tout emporté au pays d'Assur. J'ai détruit la tour de Suse dont la base est en marbre ; j'ai renversé son faite qui était revêtu d'airain brillant. J'ai enlevé Susinak, le dieu qui habite les forêts et dont personne n'avait vu la divine image.... Trente-deux statues des rois, en argent, en or, en bronze et en marbre, j'ai tout emporté.... Pendant un mois et vingt-cinq jours, j'ai ravagé les provinces du pays d'Elam ; j'ai répandu sur elles la destruction, la famine, la servitude.

« Les ruines des villes d'Elam s'élevaient en poussière que le vent chassait jusqu'au pays d'Assur. La marche des hommes, le passage des bœufs et des moutons, détruisirent les bourgeons des arbres et l'herbe des campagnes ;

il ne resta plus après moi que le désert pour les animaux sauvages, les serpents et les gazelles. (Col. VI et VII, l. 1 et suiv.)

Parmi ces dépouilles, signalons la délivrance de la statue de la déesse Nana qui, depuis 1635 ans, avait été enlevée de son temple à Erech et qu'Assur-bani-pal rendit au sanctuaire qu'elle avait tant aimé.

Après une victoire aussi éclatante, la soumission d'Elam fut définitive, et Assur-bani-pal put se livrer aux constructions dont il a embelli Ninive, en terminant l'œuvre commencée par Sennachérib, son grand-père.

Sous ce règne, l'empire d'Assyrie n'avait plus pour limites que des peuples inconnus ou barbares. Il s'étendait depuis le Pont-Euxin jusqu'au golfe Persique, depuis l'Indus jusqu'à la Méditerranée; l'Arabie et l'Égypte étaient soumises. C'était alors tout le monde civilisé.

Assur-bani-pal n'est pas le dernier souverain de Ninive. Nous trouvons, en effet, dans les ruines de Calach, à Nimroud, les restes d'un monument construit par *Assur-edil-idin*, fils d'Assur-bani-pal, et sur les fragments d'un cylindre, découvert par G. Smith dans les ruines de Koyoundjik, la mention du règne d'un souverain du nom de *Bel-zikir-iskun*; mais, à partir de cette époque, les renseignements font défaut, et rien de sérieux ne peut nous éclairer sur les derniers jours de Ninive. D'après les Grecs, l'empire d'Assyrie succomba sous les efforts combinés des Chaldéens et des Mèdes commandés par Nabopolassar et Cyaxarès. Ninive fut détruite de fond en comble; elle ne devait plus se relever.

IX

ÉTENDUE DE NINIVE

Ninive était située sur le Tigre, au confluent du Khauser. C'était une grande ville assurément, mais il est à peu près impossible d'en préciser l'étendue. Les données des Grecs sont encore sur ce point aussi incertaines que celles de la Bible. Strabon dit seulement que la ville de Ninive était plus grande que Babylone. Xénophon, qui confond Ninive avec Mespila, lui attribue six parasanges de circonférence, c'est-à-dire 180 stades, à peu près 35 kilomètres.

Diodore, d'après Ctésias, parle de l'enceinte de Ninive qui, selon lui, aurait eu 480 stades de circonférence, c'est-à-dire un peu plus de 9 myriamètres. Cette enceinte avait des côtés inégaux, d'une part 90 stades et de l'autre 150. Ces renseignements sont en complet désaccord avec ceux de Strabon qui prétend que Ninive était plus grande que Babylone [1].

D'après Diodore, se référant à Ctésias, les murs auraient eu 100 pieds de hauteur, et auraient été fortifiés par 15000 tours de 200 pieds d'élévation et des remparts assez larges pour que 3 chars pussent y passer de front. Ce qui permet de croire à une exagération, c'est la description que fait Diodore du tombeau de Ninus qui

1. Babylone aurait eu 14 400 stades carrés et Ninive seulement 13 500.

n'avait pas moins de 10 stades à la base (1 920 mètres) et 9 stades de hauteur (1 700 mètres!) Enfin, pour être bien convaincu, non seulement de l'exagération de ces données, mais encore de leur fausseté, nous devons ajouter que c'est précisément dans ce passage que Diodore place Ninive sur l'Euphrate.

Si l'on consulte la Bible, même incertitude. Nahum ne parle de l'étendue de Ninive que pour nous dire qu'elle était plus grande qu'Alexandrie (*sic*). Jonas nous apprend qu'il fallait trois jours de marche pour la traverser, et que sa population comprenait 120 000 personnes qui ne distinguaient pas leur main droite de leur main gauche[1].

Les découvertes modernes ramènent à la réalité. La ville de Ninive ne paraît pas avoir été entourée de murailles. Si un mur, aussi considérable que celui qui est indiqué par Diodore, avait été élevé dans l'antiquité, on en aurait certainement trouvé les vestiges. On l'a cherché, et rien n'est venu en confirmer l'existence.

Ninive était une ville ouverte, et présentait une grande agglomération dont les éléments étaient assez divers. Elle s'étendait sur les deux rives du Tigre; la cité royale seule était entourée de murs. C'est de cette enceinte dont il est question dans les textes d'Assur-nazir-habal. Sennachérib, du reste, ne parle que de l'enceinte de la ville royale dont les remparts étaient détruits; il les répara et en fit mention dans ses inscriptions. Or, on a retrouvé ces inscriptions dans le mur même dont les traces sont encore visibles sur le sol et qui renferme, dans une sorte de trapèze, les deux tumulus de Nebbi-Younous et de Koyoundjik (fig. 17).

Cette circonvallation a près d'un myriamètre de développement; le côté occidental court suivant une ligne droite du Nord-Est au Sud-Ouest; au Nord, l'enceinte forme un

1. NAHUM, ch. III, 8. — JONAS, ch. III, 3, et ch. IV, 11.

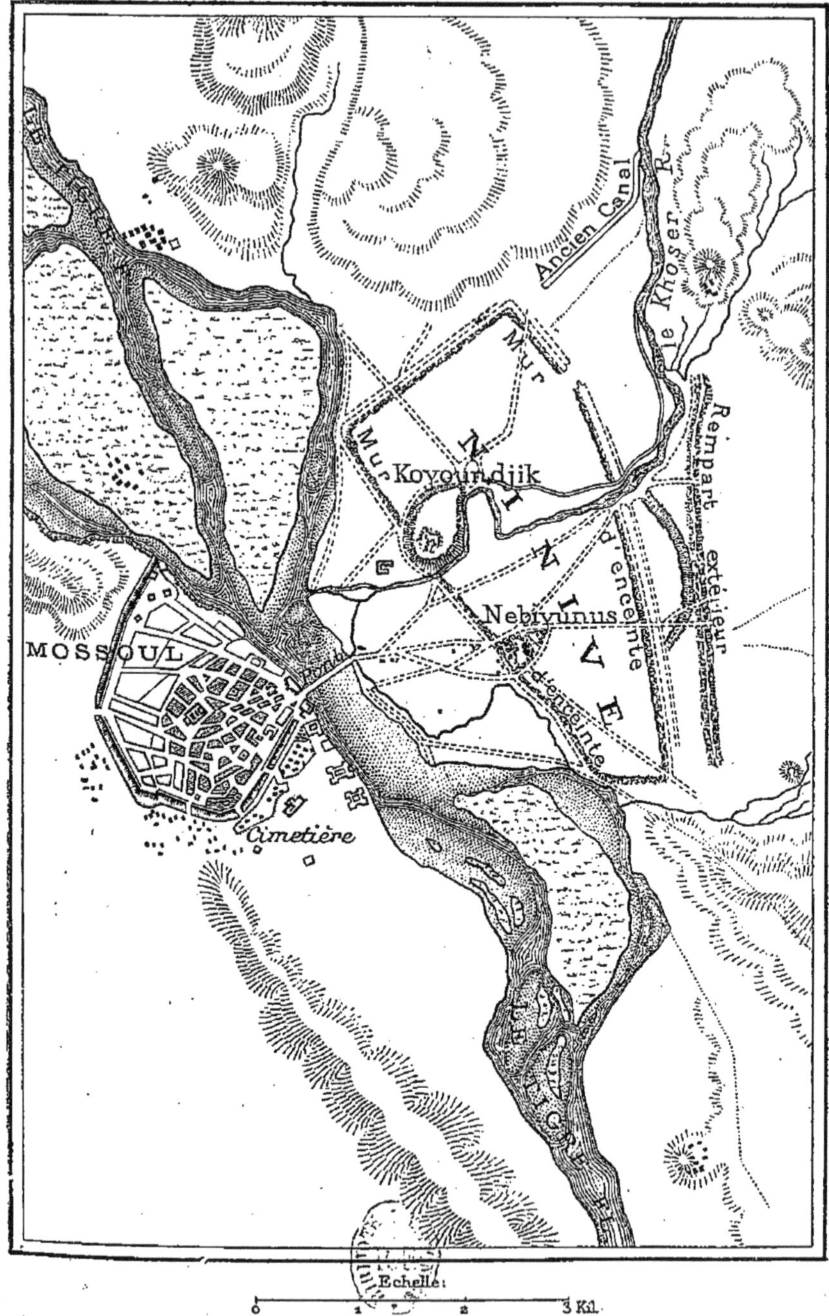

Fig. 17. — Mossoul et Ninive, d'après la carte de F. Jones

angle presque droit pendant plus de 1500 mètres, et se rencontre avec le côté Est qui le coupe également à angle droit, et court pendant quelque temps dans une direction à peu près parallèle au premier côté Ouest. A 800 mètres environ, l'enceinte fait une courbe et continue en se rapprochant constamment pendant trois kilomètres environ du côté Ouest, de sorte qu'elle se rétrécit au point que les remparts ne sont plus séparés que par un intervalle de 650 mètres; alors le rempart, courant de l'Est à l'Ouest, ferme l'enceinte presque pentagonale dont la superficie est de 7 kilomètres carrés (fig. 17)[1].

C'est dans cet espace que se trouvent réunis les palais des rois du dernier empire, Sennachérib, Assarhaddon et Assur-bani-pal.

Autour de cette enceinte, il existait un fossé dont la trace est encore visible aujourd'hui; puis, du côté de l'Orient, un autre rempart, à une distance de 500 mètres, court parallèlement avec l'enceinte, et, entre les deux remparts, un troisième touche en arc de cercle le mur extérieur. Du côté de l'Ouest, celui-ci était protégé par le fleuve qui coulait alors au pied des remparts et qui aujourd'hui baigne les angles Nord et Sud ; il s'en éloigne vers le milieu, laissant ainsi un terrain libre entre la rive et les tumulus de Koyoundjik et de Nebbi-Younous.

A. — PALAIS DE SENNACHÉRIB.

Lorsque Sennachérib succéda à son père, Ninive était en ruine; elle était devenue inhabitable; cependant, aussitôt maître de l'empire, il songea à en faire sa capitale. D'après les textes de Sennachérib, voici dans quel état elle se trouvait alors.

1. C'est précisément de ce côté que furent trouvées les inscriptions que nous avons citées plus haut, page 64.

« Depuis longtemps, l'écriture était effacée des pierres et on avait oublié les exploits (de nos prédécesseurs). Ninive n'était plus le siège des arts et de la science qui était son trésor, du luxe et de la religion ; où siégeaient le gouvernement et la force ; tout avait été détruit, et quoique depuis des temps reculés les rois mes prédécesseurs (mes pères) avaient exercé avant moi l'empire sur l'Assyrie et s'étaient chargés de consacrer la splendeur des Dieux (de Bel) et avaient réuni dans cette ville un grand nombre d'objets précieux, les tributs des rois des quatre régions, personne n'avait songé à entourer

Fig. 18. — Brique du palais de Sennachérib.

le pays d'une enceinte, d'en défendre les demeures, de gouverner la ville et d'en protéger les rues, de creuser un canal et d'en régulariser le cours.

« Mais moi, Sennachérib, roi du pays d'Assur, j'ai fait cette œuvre avec la permission des Dieux. J'en ai eu la pensée, j'y ai dirigé mon esprit ; j'ai arraché de leurs demeures les peuples de *Khaldi*, d'Aram, de Van, de *Khui*, de *Kilakhu* qui ne m'étaient pas soumis, et je leur ai fait construire ces demeures. » (*Cyl. de Bellino*, l. 35-45.)

C'était, en effet, une grande et belle pensée d'entreprendre la reconstruction de Ninive ! Après les conquêtes de Sargon qui avait envahi la Chaldée, menacé l'Égypte et réduit au Nord l'Arménie et les derniers débris de l'empire des Khatti, on pouvait songer à refaire la vieille capitale; aussi Sennachérib s'y donna-t-il tout entier. Il a écrit l'histoire de ses travaux dans les inscriptions de son palais et jusque sur les rochers de Bavian; il s'exprime ainsi : « Alors, dit-il, j'ai agrandi Ninive; j'ai fondé, j'ai établi ses remparts qui n'existaient pas autrefois.

« Ninive est la ville de ma royauté (ma capitale); j'en ai renouvelé les demeures, j'en ai restauré les rues; j'ai reconstruit la cité royale, je l'ai rendue resplendissante comme le soleil; j'en ai construit l'enceinte et le boulevard dans son entier, et j'en ai fait mention dans mes *écrits*[1]; j'ai fait élargir de 100 grandes mesures l'espace de son fossé, et à plusieurs reprises j'ai employé mon armée à faire transporter le marbre des carrières. » (W. A. I. III, pl. 14, l. 5. *Ibid.* pl. 7, 6.)

L'alimentation d'une ville comme Ninive était chose importante. Sennachérib s'en est beaucoup préoccupé. Il songea surtout à la pourvoir de fontaines abondantes, car l'eau manquait : « Les forêts et les plaines étaient desséchées par le manque d'eau; tout était détruit; les hommes n'avaient pas d'eau à boire, et, pour étancher leur soif, ils tournaient les yeux vers le ciel; je les ai arrosés.

« A partir des villes de Musiti, (Sennachérib cite 18 villes), j'ai creusé 18 canaux; j'ai dirigé leur cours vers le fleuve *Khusur* (le Khauser)..., à l'endroit où j'ai établi la demeure de ma royauté.

« J'ai fait construire des citernes depuis le pays de Kisiri jusqu'au voisinage de Ninive; j'ai fait parvenir l'eau dans des canaux. J'ai dirigé le cours du fleuve *Khusur* (le Khauser) et j'ai établi un réservoir perpétuel (pour la conservation des eaux). C'est ainsi que j'ai renouvelé Ninive, la ville de ma souveraineté; j'ai aligné

1. L'écrit dont nous avons parlé, *supra*, p. 67.

ses rues; j'ai multiplié ses fontaines et ses canaux; je l'ai rendue brillante comme le soleil. »

Le palais de Sennachérib était situé à l'extrémité Sud du tumulus de Koyoundjik. L'entrée principale n'était pas du côté du fleuve; elle semble avoir été tournée vers le N.-E., les angles orientés vers les points cardinaux.

Ce palais n'a pas été complètement déblayé; 70 salles seulement avaient été mises au jour, lors des premières fouilles. Chacune de ces salles avait une destination spéciale que l'on ne pourra déterminer que lorsque l'ensemble aura été dégagé. Il est certain que cet édifice était construit sur l'emplacement d'un palais que Sennachérib avait détruit pour y élever le sien. — Voici, du reste, comment le roi s'exprime dans ses inscriptions : « Les rois, mes pères, qui m'ont précédé, l'avaient construit pour la gloire de leur royauté, mais n'en avaient pas achevé la magnificence. Ils avaient sculpté des animaux en marbre, provenant des carrières de la ville de Tastia, pour la décoration des portiques; et pour construire la charpente, ils avaient abattu de grands arbres de tous les pays.

« Dans le mois *airu* (avril), au jour propice, il y avait une fête ordonnée par les décrets suprêmes. On la célébrait sur la hauteur, à l'endroit qui est au delà du fossé. On y avait tracé de grandes inscriptions pour l'enseignement des habitants, pour rehausser leur puissance. Ils s'assemblèrent sur la hauteur; ils firent orner les portes.

« Le fleuve *Tigulti* (le Tigre), qui protège de ce côté la forteresse contre l'attaque des ennemis, avait miné les assises du palais, et l'eau avait attaqué les fondations (*timin*). J'ai détruit ce palais de fond en comble, j'ai changé le cours du fleuve *Tigulti*, j'ai détourné son lit, j'ai élevé des digues, j'ai établi des fondations avec des briques, je les ai recouvertes de grandes pierres..., j'ai agrandi la terrasse et j'ai augmenté l'étendue du palais.

« J'ai construit ce palais en marbre, en albâtre; j'ai

employé de l'ébène, du santal, du lentisque, du cèdre, du cyprès, pour en faire la demeure de ma royauté. J'ai détruit ce palais ; j'ai changé le lit du fleuve et j'en ai dirigé le cours. » (LAYARD, pl. 38 et 55. — *Ins. du prisme de Taylor*. Col. v, l. 46).

Nous n'entrerons pas dans les détails des travaux entrepris par Sennachérib dans ce but, ni de ceux qu'il a ordonnés pour la construction du nouveau palais. Signalons seulement l'énumération des matériaux employés. Outre les pierres des montagnes, nous voyons figurer les métaux les plus divers, le plomb, le cuivre, l'argent et l'or ; puis sept essences d'arbres dans lesquels on taillait les poutres, tels que le cèdre, le cyprès et les autres arbres de haute tige, enfin des peaux d'animaux et des tissus de diverses espèces (fig. 18).

Sennachérib, en reconstruisant le palais antique, ne toucha pas à ce qu'il nomme le *timin*, cette pierre qui recouvre les plaques commémoratives de la fondation du palais. Il ne détruisit que ce qui menaçait ruine, fidèle en cela à la tradition qu'il perpétue lui-même dans la partie finale de ses inscriptions que nous donnons ici :

« A celui que parmi les rois, mes fils, dans la suite des jours, Assur appellera de son nom pour régner sur le pays et les hommes, je dis ceci : ce palais vieillira et tombera en ruine ; qu'il relève ces ruines, qu'il y restaure les inscriptions où j'ai gravé mon nom, qu'il nettoie les bas-reliefs, qu'il fasse un sacrifice et qu'on remette tout en ordre ; alors Assur exaucera sa prière. » (*Cyl. de Bellino*, l. 60).

Dans un autre passage, Sennachérib s'exprime ainsi :

« J'ai réuni dans ce palais toutes ces dépouilles avec l'aide des Dieux, Assur, le père des Dieux, Beltis, la reine des Dieux. J'ai habité ce palais pour la satisfaction de mon cœur, la joie de mon esprit et la beauté de ma face ; puisse ma postérité naître dans cette demeure ! puisse mon existence s'y prolonger jusqu'aux jours les plus reculés ! Que le Taureau protecteur, le gardien de ma vie, perpétue dans cette enceinte la fortune et le bonheur jusqu'à ce que ces portes s'écroulent (*Ins. de Nebbi-Younous*, l. 90-91).

Sennachérib avait entrepris de restaurer un autre palais dans l'enceinte de Ninive. Les ruines sont encore ensevelies sous le tumulus de Nebbi-Younous ; une partie seulement en a été explorée, et le reste est protégé par la mosquée.

Ce palais se nommait le *Bit-Kutalli* (la Maison des Tributs). C'était une dépendance de celui de Koyoundjik ; il ne fut pas terminé par Sennachérib, mais continué par son successeur Assarhaddon ; nous aurons bientôt à nous en occuper.

Les ruines du palais primitif existaient encore lorsque Sennachérib entreprit de le rebâtir ; il avait été construit par un des rois du premier empire dans la ville de Ninive, « pour y rassembler les bagages, pour soigner les chevaux, pour y renfermer les provisions », mais il était devenu trop petit. Sennachérib le rasa et en éleva un plus grand à la même place, d'après les ordres de Nisruk, le dieu de l'intelligence.

Sennachérib avait construit d'autres demeures. A Sherif-Khan, sur la frontière Nord de l'Assyrie, on a trouvé, dans la ville de Tarbisi, un temple bâti par Sennachérib et dédié au dieu Nergal. Au Sud-Ouest d'Arbèles, on a remis au jour des inscriptions qui font mention de la construction des remparts de la ville de *Kakzi* citée dans les inscriptions.

B. — PALAIS D'ASSARHADDON.

Assarhaddon avait d'abord habité Calach, dans le palais d'Assur-nazir-habal. Quand il voulut se fixer à Ninive, il fonda son palais au Sud de celui de Sennachérib, enseveli aujourd'hui sous le tumulus de Nebbi-Younous. — Assarhaddon était un grand constructeur; dans une de ses inscriptions, il se vante d'avoir élevé en Assyrie dix palais et trente-six temples! — Il avait entrepris à Calach une œuvre immense; ce palais d'une magnificence suprême est situé à l'angle Sud-Ouest de la grande plate-forme de Nimroud; mais il est resté inachevé. Il renfermait une vaste salle de réception, la plus grande dont les fouilles ont révélé l'existence.

Assarhaddon ne paraît avoir fait à Ninive ou à Calach que des résidences passagères; ses grandes guerres, ses conquêtes lointaines le tinrent toujours éloigné du centre de l'empire, jusqu'à ce qu'il céda le trône de Ninive à son fils, pour se réserver celui de Babylone.

Le palais qu'Assarhaddon voulait élever à Calach n'accuse pas la même disposition que ceux de ses prédécesseurs. On y sent visiblement une influence étrangère qui se trahit par des détails très caractéristiques; et c'est pourquoi nous le mentionnons ici. (Voy. p. 56.) Un escalier monumental conduisait à la façade tournée vers le Sud. On pénétrait dans l'intérieur par un double portique orné d'une triple rangée de lions entre lesquels était placée une paire de sphinx d'un caractère tout particulier; ils étaient taillés en ronde-bosse et ne portaient du reste aucune inscription. Après avoir traversé deux salles d'entrée, on se trouvait dans une vaste pièce de 70 mètres de long sur 30 de large qui s'ouvrait sur la terrasse; enfin, à l'Ouest, se développaient quelques couloirs et autres chambres sans communication avec la grande salle. L'aspect de ce palais, qui domine le fleuve des deux côtés, était magnifique, bien que la structure fût des plus simples; il ne devait pas servir à l'habitation.

Les ruines présentent un désordre singulier. Le vestibule avait été détruit par le feu avant que l'édifice eût été terminé; ainsi on trouve une plaque de marbre lisse à côté d'une plaque travaillée! — Souvent les sculptures sont tournées du côté du mur en briques crues et noyées dans le gros œuvre; des dalles non employées gisent çà et là et portent les noms de différents rois antérieurs. La grande salle n'avait pas subi l'action du feu et renfermait des plaques empruntées à un palais construit par Tuklat-pal-Asar, sur lesquelles les exploits de ce prince étaient gravés. Assarhaddon en avait tapissé les murs de sa fastueuse résidence, et, sans se préoccuper du contenu des inscriptions, il les avait retournées ou disposées en désordre; il avait fait servir ces débris, palimpsestes d'une nouvelle nature, pour écrire le récit de ses propres exploits! On ne saurait dire pourtant si ce fait est imputable à Assarhadddon, car, malgré la présence de son nom sur une partie principale de l'édifice, on y trouve également celui de quelques-uns de ses prédécesseurs.

Assarhaddon considérait toujours Ninive comme sa capitale; c'est là qu'il envoyait les rois vaincus faire leur soumission. Il y avait construit un palais dont la mosquée de Nebbi-Younous entravera le déblayement pendant longtemps encore, malheureusement. Nous n'essayerons pas d'en deviner l'ensemble qui ne pouvait s'écarter beaucoup de celui que nous avons décrit; nous en rappellerons quelques détails fournis par certains passages des inscriptions :

« Il y a dans Ninive un *Bit-Kutalli* que les rois mes pères avaient fait construire pour renfermer le matériel (des troupes), pour dresser les bêtes de course, les chameaux, les chars, les *mihli*, pour renfermer les armes de guerre et les dépouilles des ennemis, tout ce qui appartient à Assur, le roi des Dieux, et dont il m'a permis l'usage. Ils avaient moulé des briques en quantité considérable; je fis démolir ce palais; je fis un grand nombre de... j'ai augmenté ce palais, j'ai construit la plate-forme avec des blocs de marbre provenant des grandes montagnes[1]... »

L'inscription du Prisme se termine ainsi : « J'ai nommé ce palais *Hekal pakid kalama* (le palais qui administre toute chose).

« J'ai invoqué dans ce palais Assur, Istar de Ninive et tous les Dieux du pays d'Assur ; j'ai accompli des sacrifices d'expiation pour apaiser leur colère; j'ai augmenté les offrandes, et les Dieux, dans leur volonté, ont fait prospérer mon empire. J'ai placé au milieu de ce palais les Grands et les Chefs des pays dont la soumission m'est acquise. J'ai porté la joie dans leur cœur.

« Par la puissance d'Assur, le souverain des Dieux du pays d'Assur, que le roi se fasse obéir dans ce palais, qu'il obtienne la satisfaction de son cœur, une progéniture étendue et le maintien de sa gloire.

« Qu'il règne sans cesse ; qu'il surveille dans ce palais, pour fortifier sa puissance, les bêtes de course, les ânes, les bœufs, les chameaux, les *bihli*, les armes de guerre, toute son armée, les dépouilles de ses ennemis et tous les biens qu'il a conquis.

« Que dans ce palais le taureau suprême, le lion suprême, les gardiens de ma royauté qui protègent mon honneur, brillent d'un éclat éternel, jusqu'à ce que leurs pieds se séparent de ces portiques.

« Je dis ceci aux rois mes fils, à ceux que, dans la suite des jours, Assur et Istar appelleront à régner sur la terre et sur les hommes : ce palais vieillira, il tombera en ruine ; relevez ces ruines, et comme j'ai mis mon nom à côté de celui du père qui m'a engendré, fais ainsi, ô toi qui régneras après moi. Conserve la mémoire de mon nom ; restaure mes inscriptions, relève les autels ; écris

1. Assarhaddon ne parle pas de la première restauration faite par Sennachérib.

mon nom à côté du tien, et alors Assur et Istar entendront ta prière[1]. »

Assarhaddon écrivait ces choses dans le mois *abu* (juillet), pendant la neuvième année de son règne (672 avant J.-C.).

C. — PALAIS D'ASSUR-BANI-PAL.

Assur-bani-pal résida d'abord à Ninive dans le palais d'Assarhaddon ; mais, bientôt après, il s'établit dans celui de Sennachérib, en lui donnant un développement plus considérable. On en a la preuve par le défaut d'ensemble que présente le plan de ce palais. C'est dans ces nouvelles constructions qu'Assur-bani-pal avait établi cette fameuse *Bibliothèque* qui a été nommée par les Anglais la *Chambre des archives* (*Records room*) et qui a fourni de si précieux renseignements sur l'histoire d'Assyrie.

Il est certain que cette salle n'était pas construite du temps de Sennachérib. On n'y a trouvé aucune inscription datée de son règne ; les briques portent presque toutes la signature d'Assur-bani-pal.

Cependant ce prince voulut avoir également son palais à Ninive même ; il le fit construire au Nord du monticule de Koyoundjik. Les fouilles ont été conduites sur ce point par M. H. Rassam avec beaucoup de succès, mais l'édifice est encore fortement engagé. Toute la partie appelée le *Sérail* est toujours sous terre et doit renfermer de nombreuses salles; l'une d'elles, déjà entrevue, a 44 mètres de long sur 8^{m},50 de large.

La disposition générale ne s'éloigne pas du reste de celle que nous avons indiquée. C'est toujours une série de corridors et de chambres dans lesquels on peut facilement distinguer les appartements de réception, — la

1. Nous appelons l'attention sur cette phrase qui indique des préoccupations qu'on est étonné de trouver à cette époque.

demeure particulière du roi, le *Harem* — et les dépendances obligées d'une grande installation royale.

Voici comment Assur-bani-pal raconte les travaux de ces différentes constructions :

« Au mois propice, au jour heureux, j'ai jeté les fondations de cet édifice, j'ai moulé des briques.... Les hommes de mon pays ont moulé des briques pour élever le *Bit-riduti*.

« J'ai forcé les rois du pays d'*Aribi* (les Arabes), qui s'étaient élevés contre moi et que j'avais pris vivants au milieu de la bataille, de travailler au *Bit-riduti* et de...... j'ai posé les fondations au milieu de la musique, des plaisirs et des jeux.... je l'ai agrandi, je l'ai couvert avec des poutres, des grands cèdres du pays de *Sirura* et de *Labnana ;* j'ai construit ses portes avec le bon bois des forêts, je les ai recouvertes avec des barres d'airain, j'ai élevé des colonnes de bronze au.... de ses portes.

« Ce *Bit-riduti*, ma demeure royale, je l'ai fini, je l'ai entièrement terminé..., j'ai planté autour des arbres pour la gloire de ma royauté ; — j'ai répandu des libations et j'ai fait des sacrifices aux grands Dieux, mes Seigneurs ; je les ai accomplis sur les hauteurs et dans les vallées, et je suis entré dans (mon palais). » (*Ins. du prisme*, col. x, l. 60 et suiv.)

La formule qui termine les travaux est calquée, avec des variantes, sur celle que nous connaissons déjà.

Les inscriptions qui renseignent sur les longues guerres de ce souverain, ne sont pas disposées en bandes autour des salles, comme celles de Sargon. Les bas-reliefs ne contiennent que la mention de quelques épisodes qui expliquent le sujet représenté ; ainsi, par exemple, nous lisons au-dessus de deux personnages dont l'un est blessé par une flèche, tandis que l'autre bande un arc :

« Teumman, avec le ton du commandement, dit à son fils : décoche la flèche. »

Au-dessus d'un guerrier monté sur un chariot et portant une tête d'homme :

« La tête de Teumman a été coupée au milieu d'une bataille, en présence de mon armée ; je l'ai envoyée, comme une bonne nouvelle, au pays d'Assur. »

Les mentions de cette nature sont assez nombreuses. On peut suivre, depuis Sargon, la modification qui fut apportée à la disposition des inscriptions. La sculpture prend de plus en plus d'importance et semble repousser les envahissements de l'épigraphie. Dans les palais de Calach, sous Assur-nazir-habal, l'écriture couvre les bas-reliefs, passe sur les personnages, sans respect pour les traits du visage; à Khorsabad, les bas-reliefs sont disposés en deux registres, et l'inscription court sur une bande qui les sépare. Çà et là, quelques mots indiquent le nom de la ville prise ; à Ninive, les bas-reliefs de Sennachérib présentent, dans le champ, des inscriptions plus étendues pour expliquer les scènes, telles que le transport des taureaux, la soumission de Lakis, etc. — Dans le palais d'Assur-bani-pal, ces inscriptions détachées sont encore plus nombreuses. Ce n'est plus sur les murs qu'il faut chercher ces longs récits qui figurent dans le palais de Sargon, c'est sur des cylindres. On a trouvé les documents d'argile sur lesquels Assur-bani-pal raconte l'histoire de ces campagnes. Ce sont les prismes traditionnels qu'on déposait dans les fondations du palais pour conserver le récit des victoires du prince qui l'avait élevé; ces prismes sont analogues à ceux de Tuklat-pal-Asar, de Sargon, de Sennachérib et d'Assarhaddon, mais ils fournissent plus de renseignements.

D. — PALAIS DE SARGON.

Le palais de Sargon n'était pas compris dans l'enceinte de Ninive. Ce roi habita d'abord Calach, dans le palais d'Assur-nasir-habal, un *roi qui régnait avant lui.* « Ce palais, dit-il, était construit en bois de cyprès, mais il n'était plus solide; il avait été frappé par la foudre; les murs étaient lézardés, la terre éboulée, les poutres rompues, il fallait le restaurer depuis les fondations jusqu'au faîte[1] » (*Layard*, pl. XXXIII, l. 60.)

On ignore les motifs politiques ou privés qui engagèrent Sargon à quitter la résidence de Calach. On peut supposer que cette ville avait subi quelque révolution intérieure. L'état dans lequel on a trouvé les ruines du palais de Tuklat-pal-Asar prouve qu'il s'y est passé quelque grave événement.

Nous ferons remarquer toutefois que Sargon n'avait pas complètement perdu de vue Ninive. Il s'en éloignait sans doute, mais une attraction mystérieuse semblait l'y rappeler parfois; il y a même construit un temple consacré à Nabu et à Marduk, « pour assurer la durée de sa vie et la prospérité de sa race. » Les ruines de ce temple sont situées dans la partie Sud du monticule de Koyoundjik, à l'Est du palais que Sennachérib devait y élever plus tard.

Quoi qu'il en soit, il est certain que la résidence de Ninive ne lui plaisait pas; il voulait construire une autre capitale, et il en fixa l'emplacement à quelques kilomètres plus au Nord, dans une plaine qui s'étend au pied des montagnes et domine la vallée du Khauser.

Cette entreprise occupait ses nuits et ses jours. Le pays était désert, malsain; il fallait d'abord le rendre habitable. Voici, du reste, comment s'exprime le scribe qui s'inspirait de ses pensées :

« Il (Sargon) a porté son attention vers ces rochers escarpés, au pied des montagnes où se trouve, depuis les temps antiques, une végétation pauvre, et il a choisi ce lieu pour l'emplacement des fondations de la ville nouvelle.......

« Les régions du vaste pays d'Assur étaient de vastes solitudes, des marais ; les mauvaises plantes avaient envahi les habitations, et au lieu d'être le centre de la richesse du royaume, elles étaient des causes de pauvreté ; le blé n'y croissait pas. . . . .

. . . .

« La ville de Maganubba se trouve sur le penchant des montagnes, au-dessus de la vallée et dans le voisinage de Ninive. J'y ai élevé une ville pour qu'elle ressemble à Ninive.... J'ai pensé nuit et jour à rendre habitable cette ville, à inaugurer ses temples, les autels des grands Dieux et les palais où siège ma royauté ; j'en ai ordonné la fondation. » (*Baril*, l. 34-39.)

On trouve ici un détail inattendu. Avant de construire la ville qu'il avait rêvée, Sargon se préoccupe du terrain. On croirait, au premier abord, que ce puissant monarque n'avait qu'à étendre la main ; il n'en est rien. Il achète ce terrain, et en paye le prix aux habitants en argent ou en bronze, d'après des tables qui en établissent la valeur. « J'ai restitué aux maîtres des champs le prix de leurs terrains en argent ou en bronze, d'après les tables qui en fournissent la valeur. (*Baril*, l. 39). Il y a là un respect de la propriété qui étonne, à cet âge où nous nous imaginions qu'on avait recours à la confiscation, tandis que nous trouvons en germe le principe de l'expropriation pour cause d'utilité publique. Sargon acheta la ville de Maganubba pour y élever un palais, comme plus tard les Français achèteront le village de Khorsabad pour retrouver le palais et son enceinte.

Cependant Sargon avait consulté les Dieux qui lui avaient ordonné de construire la ville, de creuser des canaux et de poser des fondations ; alors, dans le mois *sivan* (mai), le mois de la brique, ainsi nommé parce que c'est la saison propice pour mouler les briques, le roi se mit à l'œuvre, et, la couronne en tête, il posa la première pierre. Puis, dans le mois *abu* (juillet), le mois où descend le dieu du Feu qui chasse les nuées humides et qui assiste à la fondation des villes et des maisons, il en établit les fondements ; il disposa les briques, et éleva des autels en l'honneur des Dieux. (*Baril*, l. 51.)

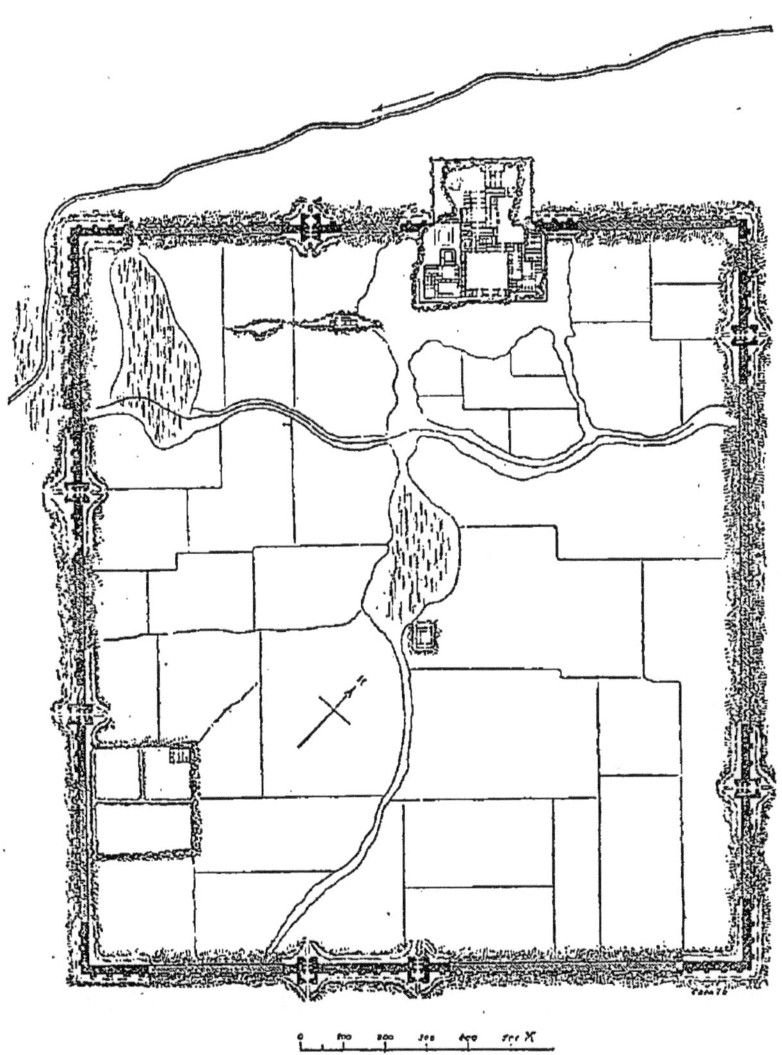

Fig. 19. — Plan de la ville de Dur-Sarkin (Khorsabad).

De grandes fêtes eurent lieu à cette occasion ; le peuple tout entier y prit part. On jeta des amulettes sous la base des taureaux, et Sargon lui-même fit écrire sur des tables d'or, d'argent ; de cuivre et de marbre les inscriptions commémoratives de cette grande cérémonie[1].

L'enceinte de la ville était bâtie sur le roc (fig. 19) ; Sargon le dit lui-même; elle était percée de huit portes monumentales dont on a constaté l'existence. Quelques-unes ont même été retrouvées dans un état de conservation qui a permis de se rendre compte du plan, du mode

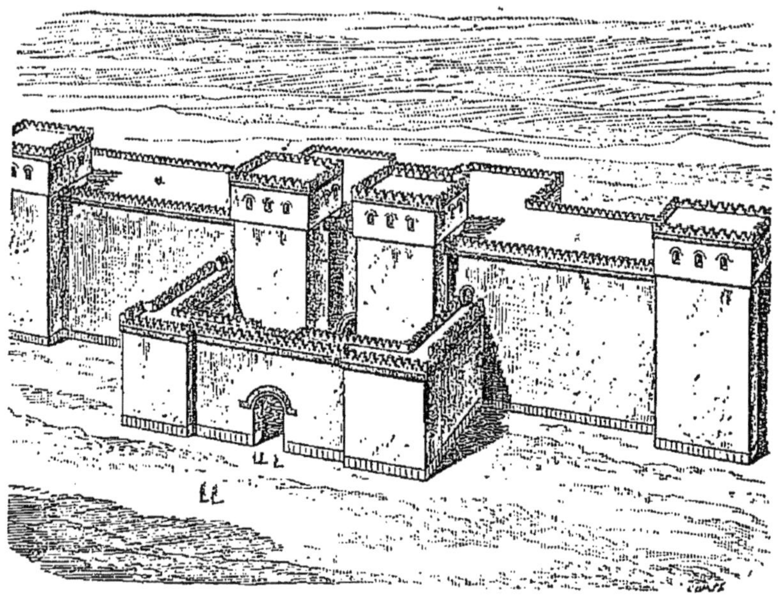

Fig. 20. — Essai de restauration d'une porte de la ville de Dur-Sarkin (Khorsabad).

de construction et des décors en brique émaillée qui en faisaient l'ornement (fig. 51). Sargon nous fait connaître les noms qu'il avait donnés à ces portes pour mettre la ville sous la protection des Dieux. — Ce sont : à l'Orient, les portes de Samas et de Bin; au Midi, les portes de Bel et de Mylitta; à l'Occident, les portes d'Anu et d'Istar; au Nord, les portes de Salman et de Beltis (fig. 20). Elles

1. Ces tablettes sont déposées au Louvre.

étaient gardées par par huit paires de lions sculptés, et elles étaient décorées avec un luxe tout particulier.

Après avoir ainsi fermé l'enceinte de la cité royale, Sargon construisit son palais pour en faire « la demeure de sa royauté », et lorsque la construction fut achevée, nous le voyons de nouveau en rendre grâces aux Dieux. L'inauguration du palais eut lieu au mois *tasrit* (octobre),

Fig. 21. — Porte assiégée.

probablement de la quatorzième année de son règne (708 av. J.-C.).

« J'ai invoqué, dit-il, Assur, le grand Dieu suprême et les Dieux qui habitent le pays d'Assur; j'ai immolé des victimes pures en l'honneur des rois des quatre régions qui m'ont transmis la puissance; puis, avec les gouverneurs de ces contrées, les sages, les docteurs, les grands dignitaires, les juges et les préfets, j'ai recueilli leurs conseils; je les ai fait habiter auprès de moi et j'ai exercé la justice. » (Botta, *Ins. des pavés*, I. 56.)

Dans un autre passage, Sargon donne une idée des richesses que son palais renferme : — vases précieux en verre, en argent et en or ; — bijoux ciselés et pesants ; — meubles incrustés d'ivoire et de pierres précieuses ; — des couleurs, du fer, des produits des mines, des étoffes de laine et de fil, des étoffes teintes en pourpre, bleue et rouge, des perles, du bois de santal, des chevaux, des chameaux, des bestiaux, des moutons et des bœufs.

La ville de Sargon, qu'il nomma de son nom *Dur-Sarkin*, était enveloppée d'une puissante enceinte qui décrivait dans la plaine un parallélogramme régulier. Le palais, situé dans la partie Nord, s'avançait en éperon hors de l'enceinte et s'y reliait par un système de rampes et de terrasses qui conduisaient de la ville basse à la porte principale, formant ainsi une sorte de bastion pour protéger et au besoin surveiller la ville.

Les bâtiments se répartissent sur deux terrasses disposées en forme de T; l'une, qui fait saillie sur la ville, mesure 35 550 mètres carrés; l'autre, comprise dans l'enceinte de la ville, est presque deux fois plus grande, et comporte 60 916 mètres, ce qui fait en tout une superficie de près de dix hectares. Cette immense plate-forme est tout artificielle ; M. Perrot évalue à plus de 1 250 224 mètres cubes la quantité de terre qu'il a fallu apporter pour la construire.

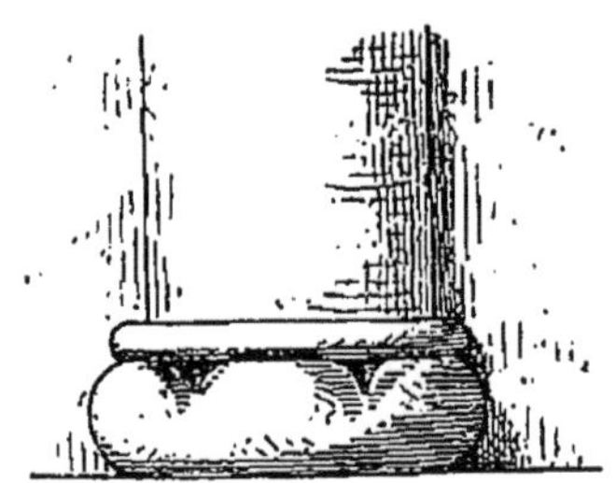

Fig. 22. Base d'une colonne assyrienne.

X

LE PALAIS ASSYRIEN. — DISPOSITION GÉNÉRALE

Avant d'étudier les détails de ces grandes constructions, essayons d'abord de nous rendre compte des exigences auxquelles devait répondre un palais assyrien. Ces exigences étaient nécessairement en rapport avec les besoins de cette civilisation batailleuse, sorte de féodalité, où, comme chez nous, au moyen âge les vassaux guerroyaient souvent entre eux, jusqu'à ce que le suzerain vînt les réduire les uns et les autres au silence. Quelques-uns, surtout dans les provinces annexées, osaient parfois se révolter contre le roi d'Assur. La guerre prenait alors des proporportions considérables; c'était la grande guerre, une guerre d'extermination. Ce que nous persistons à appeler des *palais* (*hekali*), c'étaient, en réalité, de véritables forteresses défendues par des murailles crénelées, flanquées de tours et protégées elles-mêmes par une ville fortifiée. Nous pouvons facilement nous donner une idée de ces places fortes; les sculptures assyriennes en fournissent de nombreux exemples.

Le choix d'un site pour élever un château de cette espèce n'était pas chose futile et légère; celui d'un emplacement propre à construire une ville ou une capitale exigeait de profondes méditations. Sargon fait assister à un événement de ce genre, et dit qu'il y a réfléchi des jours et des nuits. Pour trouver le lieu désiré, il a consulté le Destin mystérieux, le Sort qui inspire la terreur; puis, au jour propice, il a posé les fondations de la cité nouvelle qu'il avait rêvée.

Qu'il s'agisse d'une ville ou d'une simple forteresse, l'emplacement est toujours merveilleusement choisi, près d'un cours d'eau, sur quelque colline naturelle, abrupte, isolée au milieu de la plaine. On l'entoure d'un rempart solide flanqué de tours, fermé par des portes qui sont aussi des forteresses. S'agit-il d'une capitale, cette première enceinte défend la cité royale. Le palais du prince s'établit sur le point le plus élevé, exhaussé encore par une plate-forme artificielle, et de là il domine la ville et la plaine; il commande et surveille. La ville peut renfermer une armée avec ses approvisionnements et résister à une première attaque; en cas d'insuccès, le palais, toujours en communication avec la cité royale, s'en isole au besoin. Le prince, à la dernière extrémité, attendra encore un secours de son armée de campagne derrière les épaisses murailles de son palais, avec sa garde d'élite, cavaliers, fantassins, en un mot avec toute sa cour, entouré d'un cortège de savants, de pontifes et de sages, sous la protection des Dieux.

Les simples forteresses, les places fortes secondaires, que les rois détruisaient par centaines quand elles gênaient leur marche, ont disparu; on peut supposer qu'elles répondaient, suivant leur importance, aux mêmes exigences de construction et de sécurité.

Dans les capitales, protégé par cette double enceinte de la ville et du palais, le prince avait sous la main tout ce qui était nécessaire à la défense; mais les rois d'Assyrie n'attendaient jamais l'attaque de leurs ennemis. Ils allaient batailler dans la plaine, se frayant un passage au milieu des places fortes qui se livraient sans se défendre ou qu'ils détruisaient sans pitié. Ils poursuivaient l'ennemi dans ses capitales où ils l'enfermaient « comme un oiseau dans une cage ». Malheur à l'audacieux qui s'y laissait prendre ! Si quelque miracle ne forçait pas le roi d'Assyrie à lever le siège, le roi vaincu était mis à mort dans d'atroces tortures, quelquefois envoyé en esclavage ; mais toujours la ville rebelle était pillée, détruite de fond en comble et on enrichissait de ses dépouilles Ninive, Calach et Elassar. Le palais, comme la cité royale, devait présenter une certaine étendue, afin de contenir toutes ces richesses. Pour apprécier cet ensemble et en étudier les détails, nous prendrons pour exemple le palais de Khorsabad. Sur ce seul point, les fouilles ont été conduites de telle sorte qu'elles ont permis de reconstituer la cité royale, le palais et les dépendances.

Il paraît difficile, au premier abord, de se rendre compte de la distribution d'un palais assyrien. Place a dû éprouver un moment d'embarras. Comment se reconnaître dans ce dédale de chambres, de couloirs, de cours qui se présentaient et se multipliaient à chaque découverte ? Il attendit patiemment que tout eût été mis au jour, puis il dressa un plan très minutieux. Si nous jetons maintenant les yeux sur ce plan, nous partageons l'embarras de l'explorateur ; mais, peu à peu, l'ordre s'établit et nous comprenons bientôt la pensée de l'architecte et la distribution intelligente de cet ensemble. Suivons, du reste, les indications de Place qui va nous servir de cicerone (fig. 23).

La plate-forme sur laquelle s'élève le palais de Sargon était accessible de deux manières, par un vaste escalier et par une rampe praticable aux chevaux et aux chars. On arrivait ainsi directement sur la plate-forme, et on pénétrait ensuite dans les différentes parties du palais.

Ces nombreuses chambres avaient des destinations spéciales qu'on a pu reconnaître à certains indices, aux objets trouvés sur le sol, à la décoration des pièces qui variait de l'une à l'autre, à leur mode d'accès, à la rareté ou à la multiplicité des passages, etc.

Place a pu ainsi indiquer trois groupes principaux de bâtiments essentiellement distincts, correspondant aux trois grandes divisions que présentent encore aujourd'hui

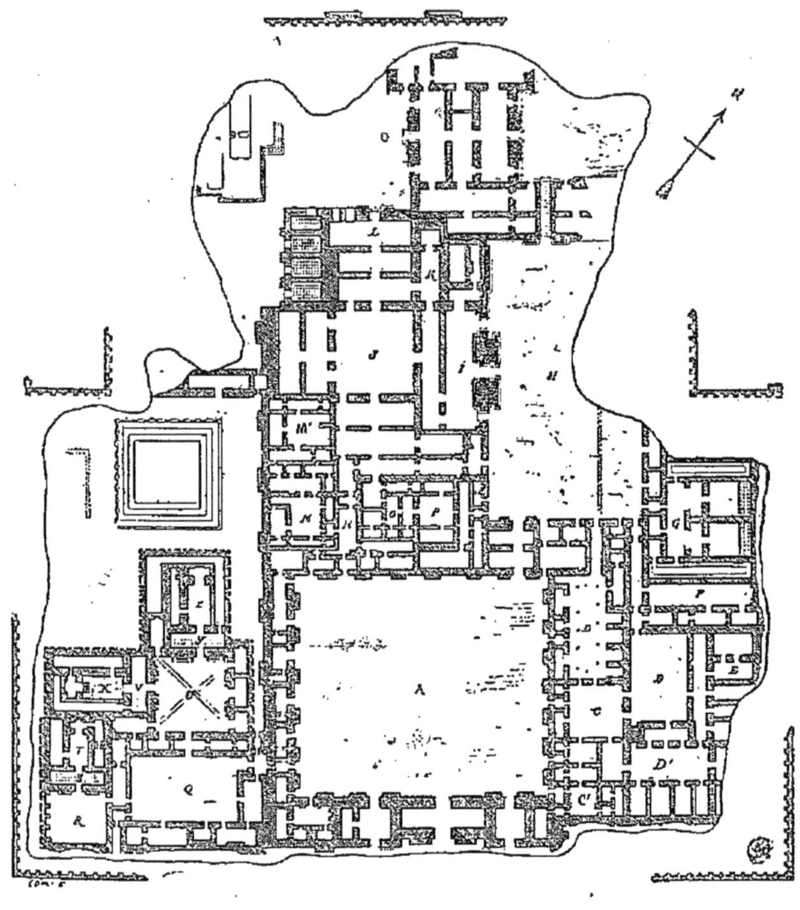

Fig. 23. — Plan du palais de Sargon (Khorsabad).

les demeures des souverains orientaux, depuis l'Inde et la Perse jusqu'à la Turquie. Nous avons ainsi : le *Sérail* ou *Sélamik*, c'est-à-dire le palais proprement dit où se trouvent les appartements de réception ; le *Harem*, qui renferme les appartements privés du prince, ceux où il venait retrouver ses femmes et ses enfants gardés par les eunuques et entourés de toute une population de servantes ou d'esclaves; enfin le *Khan*, c'est-à-dire les dépendances, ce que nous nommons, dans nos châteaux actuels, les *communs*. Place propose, à défaut des appellations assyriennes qui n'étaient pas alors connues, de se servir de ces désignations modernes, qui répondent exactement aux dispositions du palais antique.

La trace des rampes, qui conduisaient de la ville basse à la ville haute, a disparu; mais il existe au point I du plan une porte monumentale qui s'ouvrait sur une cour H, en communication avec le chemin de ronde des murs de la ville et le terre-plein qui faisait le tour du palais.

Une autre façade au Sud-Est (cour A du plan) se présentait du côté de la ville haute, communiquant directement avec elle par une série d'escaliers inaccessibles aux chars. Les chevaux faisaient le tour par les remparts.

En suivant le chemin de ronde, on arrivait dans une vaste cour (H du plan) qu'on pourrait regarder comme la cour d'honneur, et sur laquelle se développent les pièces mises au jour par Botta, le *Sérail*, appelé par l'explorateur la *partie sculpturale* du monument. C'est là, en effet, que se trouvent les salles les mieux décorées de bas-reliefs et d'inscriptions. Toutes forment un ensemble calculé pour la représentation. Le visiteur pénétrant dans la cour L, par exemple (fig. 24), pouvait embrasser d'un même coup d'œil une perspective de huit portes flanquées de taureaux ailés, ainsi que la série des vastes appartements qui se déroulaient à droite et à gauche ; puis il parcourait des salles somptueuses dans lesquelles on entrait et sortait par des dégagements faciles, qui permettaient de circuler librement dans toute cette partie du palais et de se retrouver sans peine dans la cour d'honneur. Ces pièces étaient peu propres à l'habitation; en dehors des sculptures, leur décoration ne comportait que des draperies, des étoffes, des tapis dont les inscrip-

Fig. 24. — Essai de restauration de la façade principale du palais de Sargon.

tions donnent le détail, tributs de provinces conquises qui n'étaient pas entassés dans des réduits obscurs, et que le souverain étalait avec orgueil dans les grandes réceptions.

Au Sud du Sérail, se trouve une série de pièces d'un caractère tout particulier, c'est le *Harem;* il est entièrement séparé du reste de la construction. On y accède de deux côtés : du côté de la ville, par un étroit couloir qui conduit à un poste d'eunuques; du côté du palais, par une seconde entrée commandée également par un poste d'eunuques, et qui communique avec les appartements du roi. De ces deux issues, l'une servait à l'approvisionnement du Harem, l'autre à l'entrée du prince.

Le Harem comprenait trois cours (Q, U, R,) autour desquelles étaient distribuées les chambres; du reste, nul bas-relief ne venait en décorer les murs enduits d'un simple stucage. Autour de la cour principale, se développait une large plinthe en briques émaillées que surmontaient des groupes de colonnes engagées. Il y avait aussi aux portes des statues et des pièces de bois recouvertes d'une gaine de métal imitant la tige d'un dattier. A chaque angle, une chambre spéciale présentait à une de ses extrémités une sorte d'alcôve et paraissait destinée à la femme particulièrement désignée par la faveur royale.

La troisième partie du palais, le *Khan*, était consacrée aux *communs*. — Place ne savait pas alors que cette partie se nommait le *Bit-Kutalli*. Elle occupe une vaste étendue et se compose de cours spacieuses et d'une série de chambres situées sur la face intérieure de la cour A qui offre sur tous les points des communications faciles, soit entre les chambres, soit avec les autres parties du palais, suivant les besoins du service. — Place s'est rendu compte de la destination de ces différentes pièces par la nature des objets qu'il y a rencontrés. Ainsi, au Sud-Ouest de la cour A, se trouvaient des magasins renfermant des jarres en terre, des instruments en fer ou en cuivre, des briques émaillées, des matériaux destinés à la construction ou à l'entretien de l'édifice ; d'autres chambres renfermaient les ustensiles affectés au service de la maison du roi, la partie active des dépendances. On a pu y reconnaître les cuisines et les boulangeries, d'après la forme des vases d'argile qu'on y a recueillis. Ailleurs, ce sont les remises, les écuries, les selleries ; on voit encore les anneaux de bronze fixés dans les murs et qui servaient à attacher les chevaux.

Tout avait été prévu par l'habile architecte qui avait dressé le plan du palais. Non seulement des conduites d'eau répandaient partout la fraîcheur, mais encore un système de canalisation soigneusement voûtée parcourait toutes les parties de ce vaste édifice et entretenait la propreté nécessaire dans une agglomération d'hommes et d'animaux, en déversant hors de la ville les détritus de toute nature qui auraient vicié l'air du palais.

Tel est l'ensemble de la vaste construction dont nous avons esquissé à grand traits les détails principaux; pour les apprécier avec plus de précision, il faudrait se livrer à un examen qui dépasserait les limites que nous nous sommes imposées. — On pourrait, en effet, reconstituer la vie tout entière du peuple assyrien avec une exactitude que les documents rendent indiscutable, en rapprochant les nombreuses représentations fournies par les bas-reliefs des explications données par les textes.

Il nous reste à parler d'une construction importante située à l'angle du mur d'enceinte du palais de Sargon, derrière les grandes salles de réception du *Selamik;* nous voulons parler de la *Tour à étages*. C'est un édifice accessoire qui ne se trouve pas dans tous les palais. Layard en a rencontré un spécimen à côté du palais d'Assurnazir-habal, à Calach. — Le tumulus de Koyoundjik cache encore les débris d'un monument analogue qui n'a pas été dégagé. La Tour à étages de Khorsabad se présente, au contraire, dans des conditions qui permettent facilement de s'en rendre compte (fig. 25).

Les tours à étages sont construites d'après une tradition

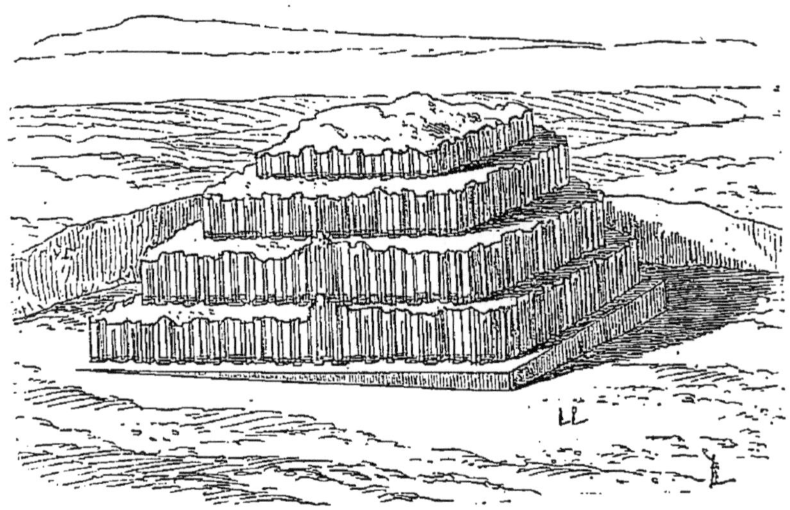

Fig. 25. — Tour à étages du palais de Khorsabad, état actuel.

chaldéenne des plus respectées et sont désignées sous le nom de *Ziggurrat*. Elles se composent d'une masse solide autour de laquelle gravit jusqu'au sommet un système de rampes qui les divise par *étages*. Chacun de ces étages était désigné par une couleur différente, ainsi que Hérodote l'indique, d'après ce qu'il avait vu à Babylone.

Les ruines de la *Ziggurrat* du palais d'Assur-nazirhabal, à Nimroud, ne laissent voir que le soubassement et le premier étage; point de traces de rampes extérieures ni des couleurs qui devaient distinguer les étages. L'état dans lequel la *Ziggurrat* du palais de Sargon est sortie des fouilles nous donne encore trois étages complets et le commencement du quatrième. La face de chaque étage était décorée de rainures et d'un stucage colorié dont les tons variaient d'un étage à l'autre, suivant l'ordre indiqué par Hérodote. Cette tour avait sa rampe extérieure dallée en briques cuites ; on voit quelques restes du parapet crénelé qui la bordait autrefois. A sa base, le premier étage dessinait sur le sol un carré dont le côté mesurait 43 m. 10 de long. Chaque étage conservé avait 6 m. 10 de haut. Avec ces indications, il était facile d'en reconstituer l'élévation complète (fig. 26).

Le nombre des étages devait être de *sept*, pour répondre aux sept couleurs attribuées par Hérodote à chaque étage, ce qui donne une hauteur de 42 m. 70 au niveau de la dernière terrasse. Il reste à savoir comment cette tour était terminée au sommet, et quelle en était la destination. Pour répondre à la première question, il est

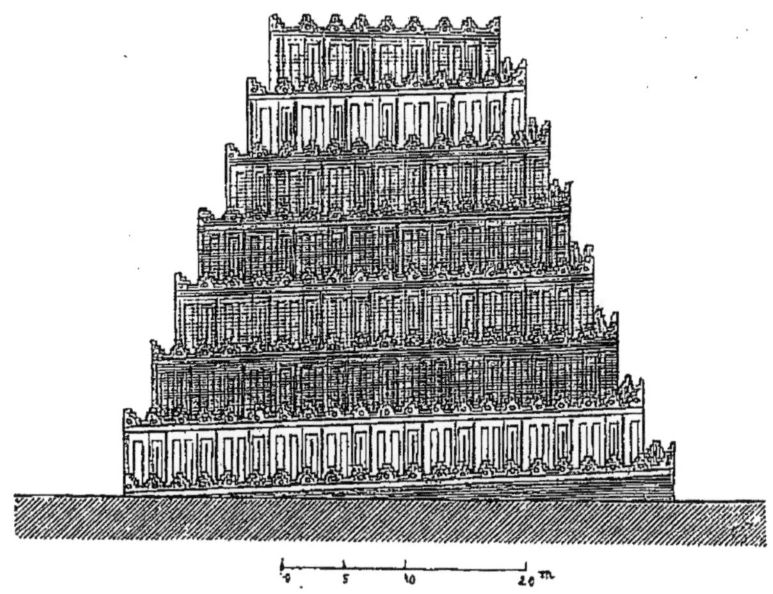

Fig. 26. — Tour à étages de Khorsabad. (Restauration).

facile de supposer une construction légère servant à protéger un autel ou une statue. Quant à sa destination, nous en parlerons avec plus de développement, lorsque nous examinerons ces constructions en Chaldée. Contentons-nous, pour le moment, d'y voir à la fois un temple pour le service du culte, et un observatoire pour les savants.

Les palais ne se présentaient pas jadis entourés de cette désolation qu'offre aujourd'hui l'aspect de la contrée, au milieu d'un pays sans végétation, brûlé par un soleil torride ou couvert par les eaux qui débordent des rivières (fig. 27). Sargon s'était occupé du reboisement des forêts, de l'irrigation des prairies, et des cultures fécondes entouraient sa ville improvisée. A l'intérieur du palais, l'espace était encore suffisant pour y faire croître de la verdure ; le roi avait planté dans les cours des arbres de toute espèce, des cèdres du pays de Khamanu (l'Amanus) et des plantes du pays des Khatti. La cour du *Harem* (U du plan) devait renfermer un déli-

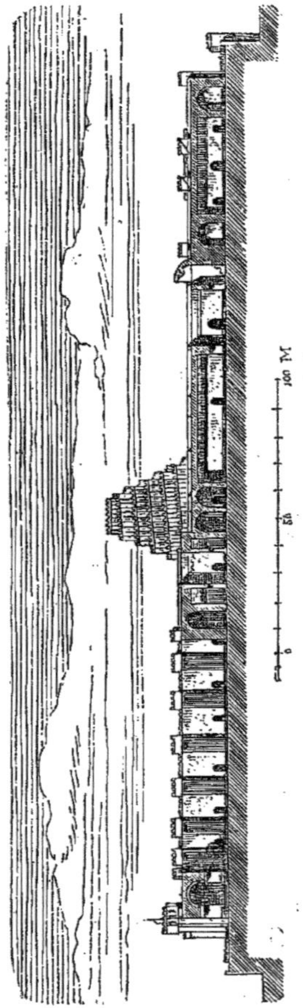

Fig. 27. — Coupe en élévation du palais de Sargon.

cieux parterre; elle est divisée par un dallage en briques émaillées qui la coupe en diagonale, en se croisant au milieu. Aujourd'hui, ce dallage est plus élevé que le sol qui l'entoure; la terre végétale a disparu, mais il n'est pas téméraire de supposer que toute cette partie était embellie par les plantes rares que Sargon faisait venir du pays des Khatti.

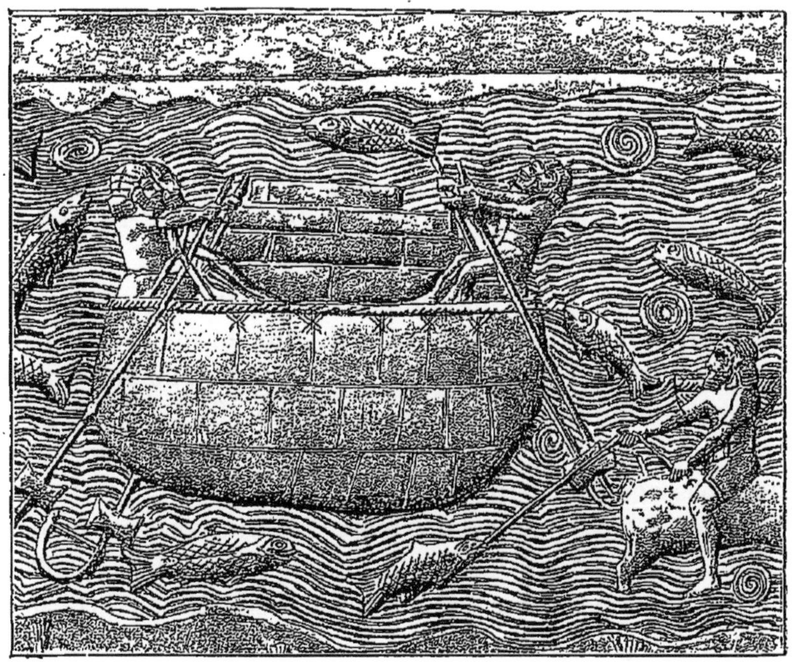

Fig. 28. — Navigation antique.

A côté de ces constructions dont le caractère est ainsi précisé, il y a des bâtiments dont on ignore complètement la destination; ainsi, comme appendice du Sérail proprement dit, il existe encore, à l'Ouest de la terrasse, des appartements décorés avec un grand luxe, et qui ne devaient servir que dans les réceptions solennelles. C'était peut-être la salle du trône. Mentionnons également les ruines d'un édifice qu'il est difficile de rattacher à l'ensemble et qui pouvait être un palais particulier, construit pour l'habitation du fils du roi?

D'un autre côté, on relève dans les textes des indications qui présentent à la fois de grandes difficultés d'interprétation et d'autres plus grandes encore, quand il s'agit d'en faire l'application à un édifice ou à quelques-unes de ses parties. Dans un grand nombre d'inscriptions, il est fait mention d'une construction particulière empruntée à un pays étranger. Nous lisons, par exemple, dans les inscriptions des *Taureaux* du palais de Sargon, le passage suivant :

« J'ai fait un *Bit appati* semblable à celui du grand temple du pays de Khatti, que l'on nomme dans la langue du pays d'*Ahari* (la Phénicie) un *Bit-hilan.* » (Taureaux, lig. 80.)

La mention de ce monument apparaît déjà dans les inscriptions de Tuklat-pal-Asar II, qui en avait construit un à Calach, et il en est question dans tous les textes architectoniques des successeurs de Sargon. Sa nature est très incertaine; on sait seulement, par quelques passages des inscriptions, qu'il faisait partie de l'ensemble des palais assyriens. Il était situé *près* des portes, à l'*intérieur* des portes ou *sur* les portes ; la préposition assyrienne se prête à ces différents sens. On sait également qu'il était couvert d'une charpente composée de poutres de cèdre et de pin. Le laconisme de ces documents ne nous renseigne guère sur le genre précis de constructions que nous voudrions découvrir. M. Oppert croit qu'il s'agit d'un escalier tournant. Cette supposition est inadmissible ; on en aurait retrouvé au moins les premières marches. C'est plutôt au-dessus du sol qu'il faut chercher la place de cette construction. Ce que nous pouvons comprendre, c'est qu'elle avait frappé l'esprit des Assyriens avec lesquels les Khatti étaient depuis longtemps en rapport.

L'empire des Khatti, dont on avait oublié l'existence,

se révèle aujourd'hui par des monuments qui attestent sa puissance et par des inscriptions malheureusement encore incomprises, mais qui permettent d'espérer qu'on pénétrera un jour dans les détails de cette histoire. Il nous suffit de constater, pour le moment, que les Khatti n'étaient pas seulement des adversaires redoutables, mais encore que leur civilisation comportait un développement artistique suffisant pour captiver l'attention des architectes assyriens, puisque Sargon et ses successeurs ont voulu construire dans leurs palais un *Bit-hilan*. La phrase, pour ainsi dire sacramentelle, que nous avons citée, se retrouve dans leurs inscriptions.

Ce n'est pas la première fois qu'on rencontre des expressions architectoniques difficiles à interpréter, impossibles à traduire. Nous avons appris que le mot *Usman* s'applique à une enceinte fortifiée, parce que nous l'avons vu sur l'image d'un camp retranché (fig. 33). C'est ainsi que nous savons que *Karatav* désigne la tente royale, *Lamasi* les taureaux des portes; mais, dans ce cas, nous n'avons pas la même ressource. Le nom de ce monument est donné dans une langue étrangère; de plus, parmi tous ces palais, nous n'avons plus sous les yeux la construction à laquelle il s'applique.

Une seule chose paraît certaine, c'est l'emprunt fait à un art étranger, à celui des Khatti. La question que ce mot *Bit-hilan* fait naître est donc d'un grand intérêt, puisqu'elle nous prouve que les habitants du pays des Khatti avaient des monuments dont les artistes assyriens ne dédaignaient pas de s'inspirer.

X

LES CONSTRUCTIONS ASSYRIENNES

Le mode de construction a été étudié avec beaucoup de soin par les explorateurs de Khorsabad. Les moyens n'étaient autres que ceux que nous avons maintenant, moins l'emploi des machines. Tout se faisait à main d'homme, et ce n'est pas sans un certain étonnement qu'on songe à l'énorme quantité de matériaux mis en œuvre avec ces seules ressources. Il fallait quelquefois, dans un laps de temps fort restreint, remuer des milliers de mètres cubes de terre et de briques, tailler les pierres, les appareiller, les mettre en place et les décorer ensuite.

Les bas-reliefs du palais de Sennachérib nous montrent les ouvriers se rendant à leur travail munis de leurs outils, scies, pelles, pioches, haches ; les uns apportent sur leurs épaules de la terre, des briques, ou traînent les matériaux sur des chariots auxquels ils s'attellent eux-mêmes.

Un grand bas-relief nous apprend comment on transportait ces gigantesques taureaux à tête humaine qui décoraient les portes. Nous n'avons pas employé d'autres moyens pour les en arracher. Ces colosses étaient taillés dans des blocs de gypse provenant des carrières de *Balad*, le Beled des Arabes. Lorsque le bloc était dégrossi, on le disposait sur un système de poutres fortement reliées entre elles et on en effectuait le transport. Le Taureau, avec son appareil, s'avançait alors sur un plan uni où il glissait sur des rouleaux, aidé par la manœuvre de puissants leviers; puis des escouades d'hommes le traînaient avec des cordages convenablement disposés pour multiplier les efforts. — Les hommes soumis à ces rudes travaux ne sont autres que les ennemis vaincus. Ils plient sous la traction des câbles, excités au besoin de la voix et du geste par des chefs d'équipe armés de fouets, et placés de distance en distance sur le parcours; des *ingénieurs*, debout sur le colosse lui-même, dirigent l'opération, à laquelle Sennachérib assiste parfois du haut de son char (fig. 29).

La pierre n'a été employée que comme moyen protecteur; un revêtement entourait les murs en briques, comme une sorte de cuirasse. Les blocs étaient tous de hauteur égale; sans être de même largeur ni de même profondeur, ils se succédaient dans un ordre régulier. « Le premier lit se composait de trois pierres posées en boutisse et ayant, par conséquent, leur plus petit côté à l'extérieur du mur, et le plus long engagé à l'intérieur du massif. Deux de ces pierres sont posées dans le sens de leur longueur; la troisième s'applique à leur extrémité. » (Place, *Ninive et l'Assyrie*, t. I, p. 31.)

Le côté des pierres qui était engagé dans le mur n'était que dégrossi, mais les autres côtés étaient parfaitement layés sur les parements et appareillés par simple juxtaposition; la perfection de la taille suffisait à leur donner une adhérence solide. Ce mur, dans son unité d'aspect de 18 mètres environ, présentait un moyen de défense sérieux, en ne permettant pas à l'ennemi de s'arrêter aux saillies; il était terminé par un appareil de créneaux en briques qui servaient à protéger les assiégés et à repousser l'escalade. La décoration ne semble pas en avoir été exclue; certains indices font supposer qu'il y avait

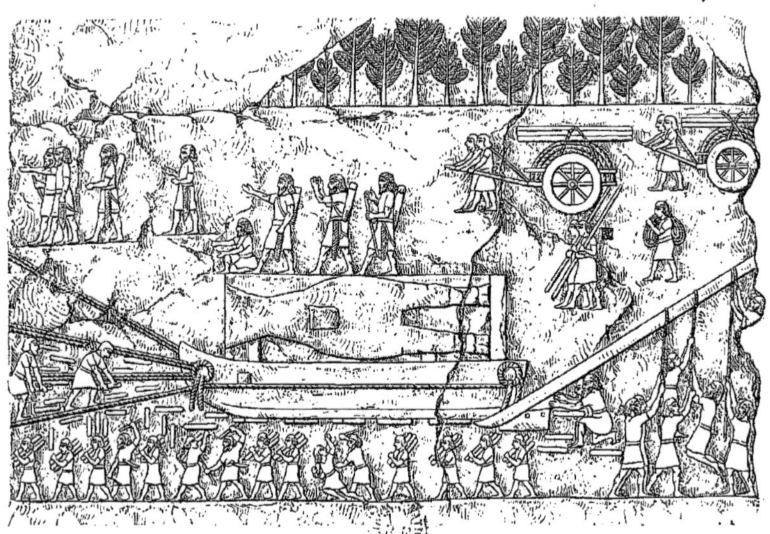

Fig. 29. — Transport d'un colosse. (Palais de Sennachérib.)

au-dessous des créneaux une frise en briques vernissées, dont l'effet devait être très saisissant.

Le système de crénelage est des plus simples et des mieux entendus. L'architecte n'avait à sa disposition que des briques, toutes de la même dimension ; en les assemblant par croisement de joints, le premier lit composé de deux longueurs, le second d'une longueur plus une brique de largeur à chaque extrémité surmontée de deux longueurs de briques, il n'avait plus, pour recouvrir les joints, qu'à y superposer trois briques, et on obtenait ainsi un créneau et un décor. La bâtisse assyrienne consiste, du reste, dans la répétition de la même disposition.

Il est assez difficile de savoir comment ces palais étaient couverts. Nous voyons bien arriver à Ninive les grands cèdres du Liban, avec des escouades de charpentiers, armés de scies et de haches ; mais de quelle manière les poutres étaient-elles disposées pour recevoir la toiture? C'est un détail qui échappe jusqu'ici, puisque la partie supérieure des palais a été détruite, et qu'on n'en trouve pas de fragments dans les décombres.

Cependant les bas-reliefs semblent indiquer l'existence d'un étage, et alors nous nous demandons : comment était-il soutenu ? — Par des piliers. — Mais de quelle matière? S'ils eussent été en pierre, on en eût retrouvé les débris, et les ruines n'en révèlent aucune trace. Ils n'étaient donc qu'en briques ou en bois, surtout en bois, ainsi qu'on en voit l'emploi grossier dans les habitations modernes.

On n'a pas encore trouvé en Assyrie la colonne telle que nous la comprenons aujourd'hui. A Ninive, elle n'apparaît que dans des constructions légères, sortes de petits temples élevés au bord des eaux, dans des parcs, ou peut-être au sommet des *Ziggurrat*. Ces colonnettes présentent tous les caractères de la colonne ; elles ont leurs bases (fig. 11) et leurs chapiteaux (fig. 22), mais l'architecte se défie tellement de leur solidité qu'elles sont, pour ainsi dire, engagées dans la construction, lorsqu'elles font partie d'un autre monument, et elles sont fortifiées par de solides piliers.

L'absence de colonnes, pour soutenir la toiture, appelle l'emploi de la voûte. C'était une conséquence nécessaire, lorsqu'on voulait couvrir un édifice et qu'on n'avait pas recours au toit plat, dont la portée était toujours limitée, du moment où les poutres ne trouvaient pas de point d'appui dans l'intérieur de la construction.

Un bas-relief de Sennachérib montre un ensemble d'édifices qui viennent d'être achevés ; les ouvriers reprennent, avec leurs instruments de travail, le chemin de leurs demeures. Le monument s'élève au milieu de plantations de vignes, de palmiers et de cyprès ; les habitations sont couvertes, les unes par des toits plats, les autres par des dômes, ronds ou élancés, qui ne peuvent se comprendre que par un système de voûtes, dont les conduits souterrains du palais de Khorsabad ont donné l'indication (fig. 30).

La différence de niveau des constructions, dont on a constaté l'existence sur une même plate-forme, et le mode d'accès de ces plates-formes entraînent l'emploi des escaliers. Les Assyriens ne paraissent pas être sortis de la donnée primitive et rudimentaire. Les marches se présentent directement en face de l'édifice ; on les gravit d'un seul trait, sans avoir recours à un système de paliers ou de rampes divergentes. Quant aux appartements établis à une certaine élévation au-dessus du sol, et qui annoncent un développement de chambres situées au premier étage, comme nous dirions aujourd'hui, ils devaient, à défaut d'un escalier intérieur, s'accéder par des échelles ; les bas-reliefs en présentent de nombreux exemples, quand il s'agit d'escalader les remparts d'une ville assiégée. Néanmoins ce système ne pouvait constituer un accès permanent ; aussi, pour arriver à ces étages, on

Fig. 30. — Constructions de Ninive.

paraît avoir eu recours à des terrasses extérieures qui permettaient d'utiliser le vide des appartements du rez-de-chaussée. C'est ainsi qu'on accédait aux chambres soit à l'aide d'un escalier extérieur, ou de plans inclinés accessibles aux chevaux et aux chars.

Fig. 31. — L'arbre sacré.

XII

DÉCORATION DES PALAIS

L œuvre de l'architecte était intimement liée à celle du sculpteur. L'ornementation ne devait point nuire à l'effet des grandes lignes de l'édifice ni surtout à sa solidité; aussi c'était l'architecte qui imposait, pour ainsi dire, au sculpteur l'obligation de traiter son sujet suivant les exigences de l'ensemble.

Les revêtements extérieurs étaient toujours d'une grande solidité. Par exemple, pour protéger les portes contre les dommages possibles résultant du passage des chevaux et des chars, l'architecte y avait disposé des blocs énormes et solides, et le sculpteur s'en était habilement servi pour y tailler ces colosses de pierre qui, par la salutaire terreur que leur vue inspirait, pouvaient encore ajouter à la protection de l'édifice. — A l'intérieur, où les causes de dégradation étaient moins à craindre, il n'y avait que des plaques de gypse d'une épaisseur calculée, suivant la résistance qu'elles devaient présenter. Les matériaux étaient travaillés après la mise en place. Nous savons qu'il devait en être ainsi; car dans les ruines du palais d'Assarhaddon, à Calach, les plaques encore brutes sont disposées pour recevoir les bas-reliefs ainsi que la légende du scribe, et elles sont restées dans cet état, sans avoir jamais été gravées.

L'artiste était lié par la tradition dans le choix des

sujets. Pour nous en rendre compte, essayons de jeter un coup d'œil sur cette décoration qui se répète dans tous les palais, mais qui n'a jamais été mieux exécutée que sous Assur-bani-pal [1].

Ce qui frappe, d'abord, ce sont ces gigantesques créations (fig. 32), lions grimaçants, taureaux androcéphales, aux ailes d'aigle, immobiles à l'entrée des portes; puis

Fig. 32. — Taureau de Khorsabad. (Musée du Louvre.)

ces étranges figures, souvenirs des êtres fantastiques et légendaires, dragons ailés, sphinx à tête humaine, hommes à tête d'aigle ou de lion, luttant contre de monstrueux héros. Dans les salles, la décoration suit généralement la marche tracée par les inscriptions. Les cérémonies religieuses occupent le premier rang. Nous voyons le roi

1. Voyez Botta, *Le monument de Ninive*; — Layard, *Monuments of Nineveh*, 1re et 2e série; — Place, *Ninive et l'Assyrie*.

ou des génies ailés, soit devant l'arbre sacré, soit devant son symbole, dans la pose traditionnelle de l'adoration. Ailleurs, nous assistons aux préparatifs d'un sacrifice, le prêtre tenant le chevreau dans ses bras et conduisant la victime à l'autel, avec les emblèmes divins gravés dans le champ des bas-reliefs (fig. 91).

La personne royale apparaît souvent sur les murs de ces somptueuses demeures. Ici, le roi est debout, au milieu de ses officiers auxquels il dicte ses ordres; là, il est sur son trône, donnant une audience à ses sujets, souvent sur son char et présidant au dénombrement de l'armée. Bientôt celle-ci s'ébranle et se met en marche; alors on voit défiler les cavaliers montés sur leurs chevaux richement caparaçonnés ou les conduisant par la bride. Viennent ensuite les soldats avec leurs armes, les fantassins, les frondeurs, les archers et les porteurs de lance; puis les chars de guerre, dirigés par l'aurige debout à côté du roi ou du général qui commande l'attaque; enfin les mulets et les chariots pour les bagages et tout le cortège d'approvisionnements nécessaires pour une armée en campagne. On traverse une plaine, un pays boisé, au milieu des vignes et des palmiers; plus loin, il faut gravir une montagne ou passer une rivière sur des radeaux, les hommes à la nage soutenus par des outres.

Quelquefois les troupes sont rentrées dans leur cantonnement (*usman*), enceinte fortifiée, où, à l'abri d'une surprise, le soldat se livre aux occupations de la vie ordinaire. Les tentes sont dressées (fig. 6), et il est facile de reconnaître celle du roi; il y siège sur son trône; à côté de lui, on voit son char, et souvent, devant lui, un autel pour les sacrifices (fig. 33).

Cependant la bataille s'engage, et nous assistons à toutes les péripéties du combat, à toutes ses horreurs. On lutte corps à corps avec la flèche, la lance et le glaive, jusqu'à ce que le sol soit jonché des corps des ennemis. Ici, c'est une ville assiégée; on l'attaque avec de formidables engins de guerre, machines roulantes qui permettent de s'approcher des murs et de les heurter avec des béliers pour faire la brèche (fig. 21). On dresse des échelles le long des remparts et on monte à l'assaut; du haut des créneaux, l'ennemi lance des flèches et des quartiers de rocher; il se défend encore et déjà la ville est livrée aux flammes (fig. 34).

Fig. 35. — Camp retranché.

Plus loin, c'est un combat naval; des guerriers s'avancent dans des marais, d'autres sur des navires font force de rames. On attaque l'ennemi sur des radeaux, et la lutte se ranime jusqu'à ce que les vaincus précipités, expirants, mutilés, soient entraînés dans la mer comme les feuilles des arbres, au milieu des poissons, des crabes et des animaux qui la peuplent.

Après la victoire, le massacre n'a point cessé ; la

vengeance commence, implacable et cruelle. Les vaincus, prosternés dans la poussière, embrassent les genoux du roi. On amène les prisonniers, les fers aux pieds et aux mains; on les torture, on les écorche pour étendre leur peau sur les remparts; d'autres expirent sur des pals, et plus loin on compte les têtes des vaincus dont on fera de sanglantes pyramides aux portes des villes.

Ceux à qui on a conservé la vie s'en vont tristement pour une destination lointaine, nus, sans armes, avec leurs femmes et leurs enfants à peine vêtus, emportant un maigre bagage, cours ordinaire de ces transportations en masse dont les Juifs de Samarie ne nous offrent qu'un des exemples les plus ordinaires. Pendant ce temps. les soldats vainqueurs défilent devant le roi au son des instruments de musique, dans la grande tenue militaire, rapportant les trophés de leur victoire, char de guerre, trône royal, coupes précieuses et, sur leurs épaules, les statues des Dieux (fig. 36); puis vient le butin ordinaire, troupeaux de bœufs, de moutons et de chèvres.

Quelquefois le souverain assiste aux cérémonies qui accompagnent la construction du palais. Les ouvriers portent les instruments de leur travail, les scies, les pelles, les pioches, accompagnés de rustiques chariots pour le transport des engins et des matériaux.

Parlerons-nous des détails de la vie ordinaire? Ici des marins traversent le fleuve sur des navires dont les bas-reliefs nous donnent la forme (fig. 28) qui s'est perpétuée jusqu'à nos jours (fig. 4); là, des cavaliers conduisent leurs chevaux à l'abreuvoir (fig. 35) et, dans l'intérieur des maisons, les habitants se livrent aux occupations du ménage. Tout cela est représenté avec une naïve exactitude.

Un sujet qui occupe une grande place dans la décoration des palais assyriens, est consacré à la représentation des distractions du souverain, la chasse et la pêche. De nombreux bas-reliefs montrent les diverses phases de

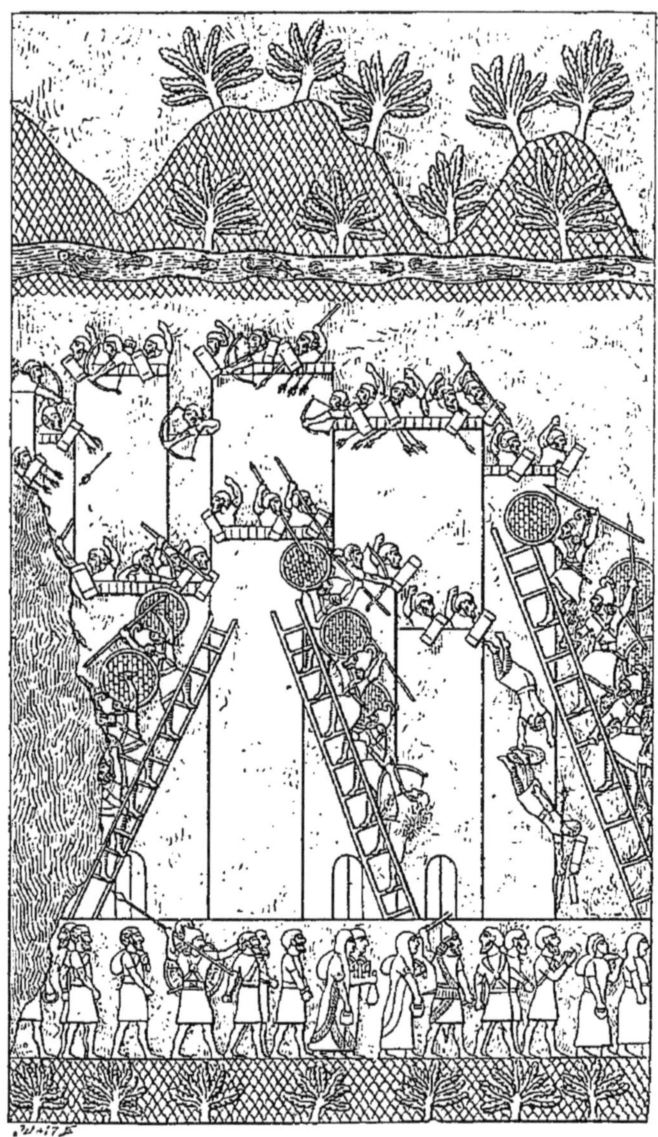

Fig. 54. — Prise d'une citadelle.

ces amusements dont les textes donnent le récit : — la pêche dans la mer et dans les rivières ; — la chasse dans les plaines et dans les bois. — On poursuit les oiseaux dans l'air, et les lièvres dans les halliers. Le roi apparaît rarement dans ces chasses innocentes ; mais nous le voyons toujours au premier rang dès qu'il s'agit d'un gibier digne de lui, le buffle sauvage et surtout le lion. — Les différentes péripéties de ces chasses émouvantes sont longuement tracées sur les bas-reliefs d'Assur-nazir-

Fig. 55. — Chevaux à l'abreuvoir. (Musée Britannique.)

habal, à Nimroud ; les épisodes en sont brodés jusque sur les vêtements du roi. A Koyoundjik, Assur-bani-pal à cheval ou sur son char poursuit le fauve et attaque face à face son terrible adversaire.

Assur-bani-pal ne fait pas mention de ces chasses dans ses grandes inscriptions ; mais les marbres sont là pour attester la place qu'elles occupaient dans ses loisirs.

Quand on considère ces nombreux bas-reliefs, dont les fragments sont aujourd'hui encastrés dans les galeries (*b sement rooms*) du Musée Britannique, on ne tarde pas à reconstituer l'ensemble, et à comprendre la pensée de l'artiste qui a su tirer un grand parti de la donnée que les dangereuses distractions du souverain lui imposaient. Nous n'avons plus, sans doute, cette suite de salles dans lesquelles se jouait la lumière qui projetait çà et là des ombres contribuant aux saisissants effets de la sculpture.

Fig. 36. — Transport des Dieux.

On suivait alors avec un véritable intérêt les épisodes si variés de la chasse, comme le désordre tumultueux de la bataille. Nous n'en avons que des détails qui ne permettent de saisir l'œuvre de l'artiste que par ses petits côtés. Ici, un lion se retourne contre l'instrument de sa blessure et mord la flèche qui l'a transpercé ; là, un autre fauve ronge, dans un accès de rage impuissante, les roues du char sur lequel le roi attend avec calme son redoutable adversaire. Un petit bas-relief du Louvre nous représente le roi aux prises avec un lion qu'il a saisi par la crinière et dans les flancs duquel il enfonce un poignard.

L'aspect général des ruines de l'Assyrie a quelque chose qui étonne au premier abord. Nos regards ne sont pas habitués à ce genre de décoration. Cependant ces figures, malgré leurs gigantesques proportions, malgré la hardiesse des conceptions qui réunissent quelquefois les formes les plus diverses, n'ont rien de barbare. On y découvre, sans doute, un parti pris de traiter certains détails qu'il n'entre pas dans nos habitudes d'exprimer de la même manière; mais ce parti pris est rendu avec une entente si calculée des effets que le regard n'en est nullement choqué. Il y a surtout une remarque générale que nous devons faire ici, après avoir passé en revue les différents sujets qui ont occupé le ciseau des artistes assyriens. Si l'art est un reflet des mœurs, des idées, de la civilisation au milieu de laquelle il se développe, que devons-nous penser du caractère du peuple assyrien ? — Nous sommes en présence des monuments de cette Ninive à laquelle la renommée a fait une si triste réputation d'immoralité ; on répète encore que le dernier de ses rois est mort dans une orgie au milieu de ses femmes, après avoir allumé l'incendie qui a détruit son palais ! Que vaut cette tradition en présence de l'histoire et des faits ? Cette légende n'est justifiée ni par les textes ni par les monuments.

Les représentations du culte public ne montrent pas cette adoration cynique du principe fécond de la nature dont l'Égypte et l'Inde exposent avec tant d'ostentation les honteux symboles, et les scènes de la vie privée n'indiquent pas d'abaissement moral. — L'amour n'a point laissé sur les murs de Ninive des traces de ses faiblesses ou de ses égarements; rien ne rappelle, dans ces antiques sculptures, la tendresse ou la grâce des artistes grecs, mais aussi rien ne fait soupçonner les saturnales des derniers jours de la civilisation romaine. On n'a point encore rencontré, en fouillant les collines de Nimroud, de Khorsabad et de Koyoundjik, des tableaux analogues à ceux qu'on exhume d'Herculanum ou de Pompéi, pour y jeter aussitôt un voile. Il n'y a pas une sculpture, pas un bas-relief qui ne soit empreint de la plus austère sévérité ; et pourtant, c'est bien la vie réelle qui nous est représentée sur ces marbres, la religion avec ses sacrifices, la guerre et ses horreurs, la royauté et son déploiement de victoires et de plaisirs, enfin la vie civile avec ses occupations ordinaires.

Fig. 57. — Corbeille aux offrandes.

XIII

LA SCULPTURE

Les nombreux monuments mis au jour par les fouilles permettent d'apprécier les différentes phases que l'art de la sculpture a parcourues, et de se rendre compte des progrès accomplis jusqu'au moment de sa décadence. Nous avons, pour points de comparaison, les bas-reliefs dans les palais, les stèles taillées dans le roc, les uns représentant des tableaux d'ensemble, les autres des figures isolées. D'après une convention traditionnelle, l'œil est taillé de face, en partie dans le nez, et donne ainsi au visage un aspect étrange (fig. 38).

Les nuances sont déjà sensibles à Ninive d'un règne à l'autre ; mais si nous comparons les œuvres des artistes de Calach à celles des Sargonides, la différence est telle que nous sommes tenté de croire que la décadence a commencé dès le règne de Sargon.

Pour apprécier ces différences, examinons d'abord la figure royale, telle que nous la trouvons sur les stèles qui la montrent isolée. — Le costume et la pose sont toujours les mêmes, et pourtant on reconnaît facilement Salman-Asar à son corps obèse et Samsi-Bin à sa taille élancée. Cette distinction n'est pas un caprice du sculpteur, elle est voulue ; les bas-reliefs, qui n'ont pas été traités par le même artiste, permettent de la contrôler.

Si on considère, en effet, l'énorme quantité de figures

que le sculpteur était obligé d'exécuter, on comprendra sans peine que l'artiste de génie qui présidait à cet ensemble ne pouvait suffire à son exécution complète; il avait sous ses ordres une légion de *praticiens* qu'il dirigeait, qu'il surveillait et auxquels il abandonnait les parties accessoires.

Fig. 38. — Tête d'eunuque.

Quant à lui, il se réservait les scènes principales dans lesquelles la personne royale était en jeu. Il n'aurait pas confié cette tâche à un sculpteur médiocre; d'ailleurs, ce que le souverain voulait, c'était bien sa ressemblance; *Salam bunaniya* « l'image de ma figure », comme il le dit lui-même, et il fallait obéir. L'artiste avait pour juges son royal modèle, ses rivaux, la foule des courtisans et ensuite le peuple qui devait reconnaître les traits de son maître, sur les stèles comme sur les bas-reliefs. Aussi partout la figure royale est-elle traitée avec un soin qui révèle une main exercée.

Le roi, debout ou assis, se présente toujours de profil, le corps enveloppé dans un costume qui en laisse cependant deviner la forme; quelquefois les bras et les jambes apparaissent nus et sont traités avec une musculature de convention qui pourtant ne nuit pas au mouvement. C'est donc dans les traits du visage qu'il faut chercher la ressemblance; l'artiste l'a souvent trouvée, et l'a caractérisée par le profil du front et du nez, le dessin des lèvres, la saillie des pommettes, l'accentuation de la mâchoire qu'on devine sous cette barbe longue et frisée tombant sur la poitrine. Il n'y a pas moyen de s'y tromper et de confondre les types, particulièrement ces royales figures qui ont été l'objet de tous les soins de l'artiste. En parcourant les vastes galeries du Musée Britannique, on ne tarde pas à distinguer tous ces rois d'après leur image, car chacun d'eux se présente avec son galbe et sa naïve ressemblance.

Assur-nazir-habal était de taille moyenne, de complexion robuste et trapue ; il avait le front bas, le nez fort, les lèvres épaisses et le cou très court; malgré la convention traditionnelle qui obligeait à donner à ces traits une certaine exagération, l'artiste a su compenser, par les proportions de l'ensemble, la largeur des épaules et la force des attaches. — Samsi-Bin est tout différent; il suffit de voir sa taille élancée, son cou long et ses épaules tombantes ; il a le front haut, le nez droit, les lèvres minces et dédaigneuses ; les deux profils ne se ressemblent pas. — Sargon est mieux pris dans sa personne; il n'a rien d'exagéré dans la taille; ses traits sont réguliers. C'est le type des princes de la dynastie des Sargonides; sur des monuments isolés, on pourra le confondre avec Sennachérib, car malheureusement les bas-reliefs ne nous ont conservé que des figures mutilées.

Quant à Assarhaddon, nous ne le connaissons que par un moulage insuffisant. — C'est Assur-bani-pal qui donne le caractère de sa race avec le plus d'élégance et de distinction. Son image est reproduite à satiété sur les bas reliefs de Koyoundjik; je ne connais rien de plus achevé que le petit bas-relief du Musée du Louvre (fig. 16) où nous le voyons sur son char, à côté de l'aurige et suivi de ses deux serviteurs portant le chasse-mouche. Assur-bani-pal a la taille élancée, le nez long et bien fait, le front haut. Toute sa personne, empreinte d'une grande sérénité, respire la délicatesse et l'élégance. L'artiste semble avoir poussé très loin l'étude de ses traits sur les bas-reliefs des palais, et il lui a donné une expression différente suivant que le prince s'anime au milieu des combats ou à la poursuite des fauves.

Si nous examinons maintenant la différence qui existe entre l'exécution et la donnée, le contraste est frappant. Les artistes de Calach taillaient le marbre par masses; ils esquissaient de grands plans, des figures sobres d'accessoires, sans bijoux ni broderies. — A Ninive, au contraire, ils se complaisaient dans les détails, bracelets, armilles, colliers, pendants d'oreilles. La tiare et la tunique sont brodées; les ornements figurent sur la corbeille aux offrandes (fig. 37), le carquois, le char et jusque sur le parasol qui ombrage la tête du souverain.

Voilà pour les figures principales. Si nous descendons aux personnages secondaires, on voit qu'ils sont exécutés, pour la plupart, d'après un poncif qui répète souvent le même type, toutefois avec un certain discernement; ainsi la distinction des races est rigoureusement observée. On reconnaît toujours les Assyriens au milieu de leurs ennemis, Syriens, Juifs, Arabes ou Susiens; tous ont un type particulier. On les distingue, non seulement au costume, mais encore aux traits du visage sur lesquels se lit quelquefois la terreur ou la résignation. Comment l'artiste qui savait si bien fournir des modèles à ses élèves pour établir les différences des races, n'aurait-il pas compris les qualités distinctives de l'individu quand il s'agit de représenter le souverain?

En Assyrie, l'homme est toujours vêtu; aujourd'hui encore en Orient le nu est réputé honteux. Le costume indique ainsi les différentes conditions sociales. Les riches se distinguent par un grand luxe, non seulement par la beauté des étoffes de laine ou de coton, ces fins tissus fabriqués sur les bords du Tigre, mais encore par les broderies merveilleuses qui venaient les rehausser d'un nouvel éclat, la navette ne pouvant se plier aux exigences d'un travail aussi minutieux que celui qui est réclamé pour l'exécution des personnages, des animaux ou des fleurs.

La femme est rarement représentée sur les bas-reliefs. On peut dire que l'art ne lui a pas fait de place en Assyrie; il n'y a introduit que son vêtement. (V. Perrot, *Histoire de l'Art*, *Assyrie*, p. 701). On voit sur les cylindres chaldéens des corps féminins absolument nus; mais ce sont des images hiératiques de Déesses qui n'ont rien à voir avec les traditions de la plastique assyrienne. Sur les bas-reliefs, les lourdes étoffes dont les personnages sont enveloppés empêchent de se faire une idée nette des formes ; aussi Botta avait pris tout d'abord pour des femmes ces figures imberbes aux cheveux bouclés qui sortaient des fouilles de Khorsabad. Les femmes apparaissent au nombre des captifs emmenés en longues processions loin des villes dont les Assyriens se sont emparés (fig. 100 et 101). Du reste, si quelquefois les textes font allusion à l'*épouse* du roi, jamais ils ne parlent d'une *reine*. La légende de Sémiramis n'a pourtant pas été totalement inventée par les auteurs grecs ; il devait y avoir une tradition assez répandue dans la haute Asie pour autoriser les historiens étrangers à s'en servir dans leurs ouvrages.

Un bas-relief du Musée Britannique sort de la réserve

du sculpteur assyrien; dans un épisode de la vie intime d'Assur-bani-pal, l'artiste a franchi les limites du Harem. L'épouse royale est appelée à partager le festin de son maître; assise près de la couche sur laquelle le prince est étendu couvert de riches vêtements, elle porte à ses lèvres une coupe semblable à celle qu'il tient à la main. Petite et replète, cette majesté féminine n'a rien dans son port qui aille de pair avec le roi. Ses cheveux sont bouclés, sa tête est ceinte d'un bandeau ; de riches vêtements ne laissent à découvert que les mains et montent soigneusement jusqu'au cou (fig. 39). C'est sous une treille que le banquet a lieu; des musiciens répandus dans le bois environnant charment le repas par les accords de leurs instruments. Des eunuques rafraîchissent l'air en agitant des chasse-mouches. Pour compléter l'ensemble, à un des arbustes est accrochée la tête d'un roi vaincu.

Partout les animaux sont rendus avec un soin particulier ; sous ce rapport, les artistes de Ninive ont acquis une supériorité incontestable sur ceux de Calach. L'animal, dans les bas-reliefs qui représentent les chasses d'Assur-nazir-habal, est traité sommairement, comme l'ensemble, et perd ainsi cette finesse d'exécution que le nu exige pour donner le mouvement et la vie. A Ninive, l'artiste a atteint une grande expression de vérité, surtout dans les bas-reliefs d'Assur-bani-pal. Ici, ce sont des chiens qu'on conduit en laisse, ailleurs des troupeaux de bœufs, de moutons ou de chèvres, plus loin le mulet portant les bagages et le cheval marchant au combat. Ce dernier a été de la part du sculpteur assyrien l'objet d'une étude toute spéciale. Nous le voyons, d'abord, à l'état sauvage, bondissant dans le désert, puis pris au lasso, et enfin dompté, portant son cavalier qu'il entraîne au galop à la poursuite de l'ennemi ou des fauves ; l'animal est toujours rendu avec une expression des plus saisissantes.

L'artiste excelle particulièrement dans la représenta-

Fig. 59. — Festin d'Assur-bani-pal. (Musée Britannique.)

tion du lion; on le voit soit au repos (fig. 40), soit traqué par les chasseurs, attaquant lui-même le cheval et l'homme, mordant dans un accès de rage impuissante les roues du char qui porte son royal adversaire. Le lion blessé, la lionne mourante, sont des chefs-d'œuvre que la sculpture de toutes les époques pourrait envier.

Nous ne saurions parler de la statuaire. Il est étonnant qu'il nous en soit parvenu si peu d'échantillons, quand on lit la longue énumération des nombreuses statues qui ornaient les palais et les temples. Deux statues mutilées,

Fig. 40. — Lionne au repos. (Musée Britannique.)

l'une assise, celle de Salman-Asar, l'autre debout, celle qui porte le nom d'Assur-bel-kala; une image du dieu Nébo et la statue d'Assur-nazir-habal: — voilà à peu près tout ce que nous pouvons citer! L'image de Nebo ne donne pas une idée de la statuaire; c'est un icone hiératique qui n'a aucune prétention artistique.

Quant à la statue d'Assur-nazir-habal, au premier aspect elle ne paraît pas révéler un grand sentiment (*supra*, fig. 9); mais on revient bientôt sur cette impression et on arrive à formuler un jugement plus favorable, à mesure qu'on en étudie les détails. Cette statue, pour ainsi dire de grandeur naturelle ($1^{m},04$), est taillée dans l'onyx. Si on la regarde de profil, on s'aperçoit immédiatement qu'elle manque d'épaisseur; le corps est évidemment trop plat. — Était-elle destinée à être vue dans cette position? Je serais porté à croire que le visiteur n'était pas admis à en faire le tour, et qu'il ne pouvait la voir que de face. Aussi je n'excuse pas l'exécution défectueuse de cette œuvre, à cause de la difficulté du travail de la matière; je l'accepte telle qu'elle est; mais je me demande si l'artiste n'avait pas tenu compte de la position que la statue devait occuper, et n'avait pas calculé son effet d'après le point de vue du spectateur, comme on étudie le raccourci des personnages qui figurent dans les frises d'un édifice et les effets de lumière qui en résultent. Dans ce cas, l'artiste assyrien n'aurait pas été au-dessous de sa tâche, et nous donnerait la mesure de ses capacités.

Fig. 41. — Étendard assyrien.

XIV

LE BRONZE ET LES MÉTAUX

Les inscriptions mentionnent à chaque instant les nombreuses statues d'argent ou d'or qui ornaient les temples et les palais, statues de Dieux ou de Déesses, statues de rois. Un curieux passage des inscriptions de la Bibliothèque de Ninive parle d'un fonctionnaire prévaricateur qui avait soustrait une partie du métal précieux destiné à une divinité. Jusqu'ici, aucun monument de ce genre n'est parvenu à notre connaissance.

Il n'en est pas ainsi des objets en bronze. Nous avons quelques statuettes qui remontent en Chaldée à la plus haute antiquité ; à Ninive, les statuettes de bronze ont disparu, mais le bronze coulé a laissé de précieux spécimens. Nous avons des fragments de tables, d'autels, de trônes assez nombreux pour reconstituer l'aspect de ces meubles, dont les bas-reliefs nous ont conservé la forme. Layard à Nimroud, Place à Khorsabad, ont trouvé une grandes quantité d'objets en métal ; le bronze a été analysé, et on a reconnu qu'il renfermait 10 pour 100 d'étain. Je laisse entrevoir les questions complexes que ce détail soulève, mais dans lesquelles je ne puis entrer ici; je constate seulement que la métallurgie était arrivée à un grand développement. Dès cette époque et bien antérieurement, les procédés de la fonte du minerai et l'alliage étaient pratiqués comme de nos jours. Le cuivre provenait des mines asiatiques; quant à l'étain,d'où pouvait-on le tirer? Le sol de l'Assyrie ne paraît pas en contenir.

Le fer a été retrouvé en abondance. Place a découvert à Khorsabad, dans la partie du palais que nous avons désignée comme les Dépendances, plus de 160 mille kilogrammes de fer forgé de toutes manières, des chaînes, des grappins, des pics, des pioches, des marteaux, des socles de charrue. Le fer provenait des mines situées entre le Pont-Euxin, la chaîne du Caucase et la mer Caspienne,

Fig. 42. — Fragment des bronzes de Balawat. (Musée Britannique.)

et fournissait ainsi, non seulement aux besoins de l'industrie, mais à la confection des armes pour l'attaque et la défense.

Le bronze se prêtait à un emploi artistique plus durable; outre les spécimens qui se trouvent dans les grandes collections du Musée Britannique et du Louvre, je citerai un fragment provenant d'un autel ou d'un trône appartenant à M. de Vogüé et un beau lampadaire de la Collection de M. de Clercq.

Une découverte importante, faite à Balawat, a donné un échantillon de l'art du travail au repoussé (fig. 42).

Des habitants de ce village mirent au jour de longues bandes de cuivre chargées de figures. Lorsque M. H. Rassam fut averti, une fraction de ce trésor avait été déjà offerte et acquise pour le compte d'un Français; quand l'ordre d'acheter le tout parvint en Orient, M. H. Rassam, qui était sur les lieux, avait pris les devants, et la plus grande partie de cette belle trouvaille a été ainsi dirigée sur le Musée Britannique. Elle forme l'objet d'une magnifique publication dont la direction est confiée à mon savant ami, M. Th. Pinches.

Ces plaques présentent une suite de sujets analogues à ceux qui décorent les bas-reliefs; elles sont disposées sur deux registres séparés par un espace orné de rosaces qui dissimulent les clous destinés à les fixer sur les boiseries. Il devait y avoir des ornements semblables dans les palais de Ninive; quelques rares fragments, retrouvés dans les ruines de Khorsabad, suffisent pour l'attester.

Le travail de ces bronzes ne présente pas les finesses de la sculpture; d'ailleurs, ces ornements proviennent du palais de Salman-Asar, l'adversaire de Jéhu, et, dès lors, ils ne peuvent être comparés aux bas-reliefs de Ninive; ils conservent la rudesse d'exécution des artistes de Calach.

Parlerai-je des coupes de bronze dont les sujets exécutés au repoussé présentent une grande délicatesse? Nous serions entraînés à examiner quels ont été les maîtres des Assyriens à une époque où les artistes phéniciens avaient acquis depuis longtemps une renommée traditionnelle? Nous devons nous arrêter, malgré le séduisant attrait qui nous porterait à étudier ces bijoux d'or, boucles d'oreilles, armilles et bracelets qui figurent dans le costume des rois et dont on a retrouvé de nombreux échantillons (fig. 43 et 45).

Fig. 45. — Décoration royale.

Nous ne pouvons nous empêcher de signaler la richesse de la parure. Les rois portaient à leur cou un collier avec des ornements en or, symboles des divinités ana-

Fig. 44. — Moule à bijoux.

logues à ceux qui étaient gravés dans le champ des bas-reliefs ; des ornements d'or d'un travail exquis révèlent les délicatesses de la fonte et de la ciselure (fig. 45). On a retrouvé les moules dans lesquels on coulait ces bijoux (fig. 44).

Fig. 45. — Boucle d'oreille.

XV

LA GLYPTIQUE

Nous ne pouvons passer sous silence, à côté des grandes compositions des sculpteurs, émailleurs ou peintres, les œuvres des graveurs. Les intailles étaient répandues en Assyrie à profusion. Les colliers étaient formés de pierres polies qui étaient le plus souvent unies, mais quelquefois aussi gravées avec beaucoup de soin. Elles portaient tantôt une simple inscription, tantôt un sujet ou un emblème. Le talent du graveur s'exerçait particulièrement sur des cylindres, cônes, sphéroïdes ou pyramides, auxquels les Assyriens attachaient des propriétés talismaniques et dont ils se servaient surtout comme cachets; de nombreux contrats d'intérêt privé en portent les empreintes.

La glyptique est un art dont nous avons esquissé l'histoire, et qui offre en Assyrie des phases bien tranchées.

Nous voyons, d'abord, des cylindres qui révèlent un travail rude et grossier. La *pointe*, cet instrument primitif et indispensable au graveur, obéit difficilement à une main encore inexpérimentée; elle trace des lignes plus ou moins profondes qui écorchent la pierre et donnent à peine la silhouette des personnages ou des animaux, souvent mal dessinés. Toute une école d'artistes s'est livrée à ce genre d'intailles empreintes d'un archaïsme sans charme (fig. 46).

A côté, nous voyons des œuvres qui procèdent d'un autre instrument et qui paraissent présenter le travail de la gravure dans un état plus avancé. L'artiste a compris l'avantage de la *bouterolle* qui, par un mouvement de rotation, creuse et polit la pierre. Les premiers résul-

Fig. 46. — Cylindre assyrien.

tats de ce travail laissent le dessin dans un état pour ainsi dire rudimentaire; avec trois trous, disposés de telle ou telle façon, on fait une tête d'homme ou d'animal; le corps se continue par une série de trous plus

Fig. 47. — Cylindre assyrien.

ou moins ingénieusement groupés pour indiquer la poitrine, les hanches ou les articulations. Rien de naïf comme ces produits, essais d'enfants qui parviennent cependant à se faire comprendre (fig. 47). L'artiste n'en a pas moins ainsi perforé des pierres dures, agates, onyx, ou calcédoines.

Lorsque le graveur devint maître de son instrument, il se servit avec une grande habileté du travail combiné de la *pointe* et de la *bouterolle* ; la trace de l'instrument disparut pour ne laisser sur la pierre qu'un

Fig. 48. — Cylindre des Sargonides.

modelé des plus séduisants. Nous arrivons à l'époque des Sargonides (fig. 48, comp. fig. 31). Le graveur, comme le sculpteur, se complaît dans les détails du costume et de l'ornementation ; il a confié son œuvre aux pierres les plus dures, calcédoines, onyx, cornalines, disposées en cylindres, en cônes ou en pyramides, et ces produits de la glyptique assyrienne nous charment encore par la beauté de la pierre et la perfection minutieuse du travail.

XVI

LA POLYCHROMIE

On a cru, pendant quelque temps, que l'artiste assyrien avait dû badigeonner les œuvres des sculpteurs, soit avec une teinte uniforme, soit avec une variété de couleurs appropriées à la figure des personnages, aux tons des vêtements, des constructions, des animaux et du paysage. Des recherches récentes ont démontré qu'il n'en était rien. On avait été conduit à cette idée par les traces de peinture qui apparaissaient çà et là sur les bas-reliefs. On a essayé dans des restaurations figurées et même en grand, au Palais de Cristal, en Angleterre, de faire revivre cette polychromie sur des moulages qui avaient la prétention de représenter l'aspect antique des salles; c'était affreux. Je me souviens du désenchantement que j'ai éprouvé en présence de cette restitution barbare. Les Assyriens avaient compris tout autrement le parti qu'on pouvait tirer de la couleur pour corriger la monotonie du ton de la pierre. En effet, la couleur était distribuée sur les bas-reliefs avec beaucoup de discernement afin de faire valoir certaines parties, tout en ne les détachant pas de l'ensemble. C'est ainsi que nous pouvons voir encore dans les galeries du Louvre les traces discrètes qui apparaissent sur les bas-reliefs de Khorsabad. La couleur n'a rien perdu de son éclat, et n'a rien de choquant.

Il ne faut pas confondre cet effet avec celui que les

artistes ont réalisé à l'aide des briques émaillées ou vernissées. Il y avait là un parti pris tout différent, et on ne peut s'en rendre compte par les rares fragments conservés dans nos vitrines (fig. 49). C'est seulement dans un grand ensemble que nous pourrions les apprécier. Il est certain que la décoration des archivoltes émaillées aux

Fig. 49. — Terre émaillée.

portes de Khorsabad prenait d'autres tonalités sous le ciel et le soleil de Ninive, que celles que les restitutions, si habiles qu'elles soient, essayent de faire revivre. La statuaire a souvent employé des pierres de différentes couleurs pour obtenir des effets que la monotonie du marbre ne pouvait atteindre. Les Assyriens n'étaient pas étrangers à ces recherches. On a trouvé des yeux en verre ou en onyx qui devaient être enchâssés dans l orbite des statues de marbre ou de bois. On a même recueilli des barbes sculptées détachées des figures qui les portaient.

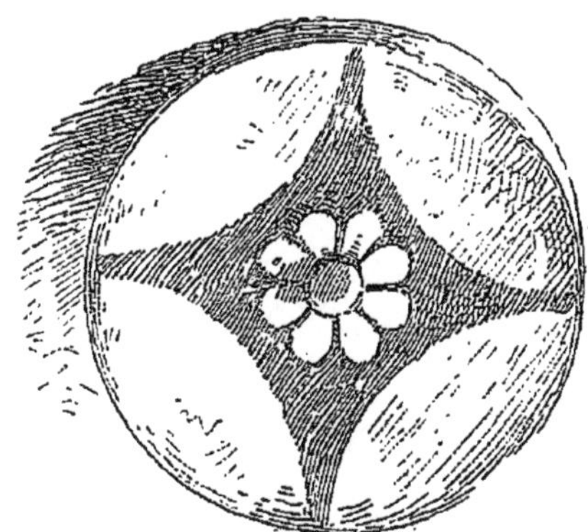

Fig. 65. — Rosace émaillée.

Quelques mots maintenant sur l'emploi des couleurs que les Assyriens avaient à leur disposition. Il faut d'abord distinguer la *teinture* de la *peinture*. La teinture appliquée sur les étoffes de fil ou de laine provenait de substances végétales, excepté la pourpre, dont les inscriptions mentionnent les deux variétés, la bleue et la rouge. Nous n'avons pas d'échantillons de ces étoffes.

La peinture avait des applications plus durables. On en a retrouvé l'emploi sur le stuc dans l'intérieur des appartements et sur certaines parties des bas-reliefs, ainsi que nous venons de le dire. Elle comprenait les ocres, les terres, les oxydes pulvérisés et mêlés à une substance qui permettait de les étendre et de les faire adhérer. Cependant les Assyriens n'ont point connu la peinture dans le sens artistique moderne du mot ; ils ont fait simplement des *enluminures*.

Pour appliquer les couleurs sur la brique cuite au four, l'émailleur n'avait à sa disposition que quelques substances minérales dont il avait reconnu les propriétés fusibles, et qui lui donnaient le bleu, le rouge, le jaune, le blanc et le noir. Il procédait ensuite, comme le peintre, par larges teintes plates, sans mélange. Place a découvert, dans une des chambres de Khorsabad, un pain de couleur bleue qui pesait un kilogramme; à l'analyse, on constata que c'était du lapis réduit en poudre et mêlé à une substance graisseuse. Ailleurs, il recueillait un pain rouge qui pesait vingt kilogrammes; c'était un oxyde de fer appelé communément sanguine. Le bleu minéral est un oxyde de cuivre mêlé à un oxyde de plomb; le jaune, un antimoniate de plomb; le blanc, un oxyde d'étain; le vert, un mélange de jaune et de bleu. Ces mélanges

Fig. 51. — Porte émaillée.

étaient fixes, et l'artiste employait les tons tels quels par juxtaposition; il ignorait les ressources de la palette, et il arrivait néanmoins à des résultats séduisants.

Nous ne pouvons apprécier l'effet de ces grandes surfaces en briques émaillées dont on a constaté l'emploi dans les palais assyriens. Il paraît certain que les artistes obéissaient à deux sentiments divers ; le sculpteur serrait de plus près la nature et s'en inspirait autant qu'il le pouvait; l'émailleur, au contraire, ne songeait qu'à la décoration, aux oppositions de couleurs pour arriver à flatter l'œil. Les figures n'étaient qu'un prétexte; il était plus libre avec les formes végétales qui se prêtaient à toutes ses fantaisies, et il traitait les feuilles et les fleurs avec des lignes droites ou courbes comme des figures géométriques, qu'il savait varier en formes régulières pour former des carrés, des losanges et des rosaces (fig. 50 et 52).

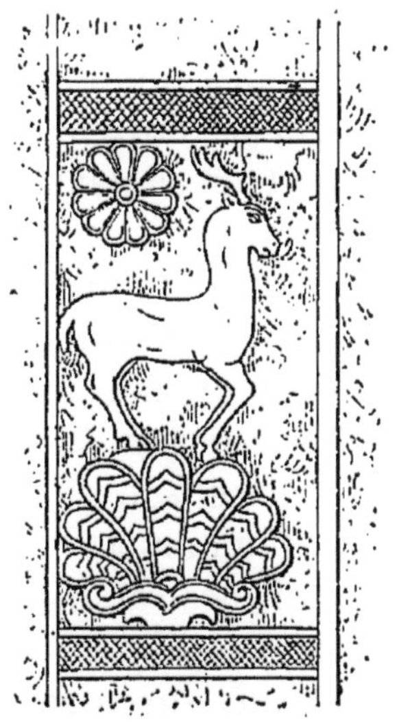

Fig. 52. — Décoration émaillée.

XVII

LA BIBLIOTHÈQUE DE NINIVE

Une des découvertes les plus importantes pour l'histoire de l'Assyrie a été faite à Koyoundjik dans la partie du palais de Sennachérib agrandi par Assur-bani-pal. Nous avons déjà parlé de cette chambre qui renfermait de nombreuses tablettes en brique. Ces *livres* d'un nouveau genre se comptaient par milliers. Nous allons essayer de donner un aperçu de leur contenu (fig. 54).

On se ferait une fausse idée de la culture intellectuelle des Assyriens, si l'on s'en tenait aux longues inscriptions qui racontent les campagnes du souverain. La littérature officielle semble au premier abord coulée dans un moule uniforme qui laisse aux faits toute leur vérité, quelquefois naïve et concise, souvent terrible et cruelle.

Le texte commence toujours par une invocation aux Dieux, puis vient le récit des campagnes et des chasses, celui de la construction du palais ; il se termine par un appel fait aux Dieux et aux successeurs du prince pour conserver ses monuments. Quelquefois le style s'élève, sans pompe, sans emphase, par la nature même du sujet. Il y a dans les textes d'Assur-nazir-habal des passages d'une beauté saisissante.

La chambre du palais d'Assur-bani-pal, qui renferme ce que l'on est convenu d'appeler la *Bibliothèque de Ninive*, contient de nombreux récits historiques, quelques-uns contiennent des résumés qui présentent d'une manière synchronique les événements de l'histoire de deux pays aussi voisins que l'Assyrie et la Chaldée, et qui permettent ainsi de fixer la chronologie par un contrôle réciproque. Nous avons parlé des tables des *Limmu*, ces éponymes assyriens qui servent à établir les dates d'une manière si précise. Le Dr Hincks a, le premier, signalé l'importance de ce précieux document. — C'est aussi dans la Bibliothèque de Ninive que l'on a recueilli une série de pièces diplomatiques, de dépêches adressées au souverain par les généraux sous ses ordres, lui rendant compte des opérations qu'ils dirigent.

La Bibliothèque contient également un ensemble de documents religieux, des prières, des invocations, des listes de Divinités avec leurs attributs, leur filiation, fragments d'un Panthéon dont il est encore impossible de reconstituer l'ensemble.

Des tablettes font aussi connaître d'antiques légendes telles que le récit de la *Genèse chaldéenne*, l'*Épopée d'Isdubar*, qui renferme une narration si curieuse du *Déluge chaldéen*, dont nous parlerons plus tard.

Je ne dois pas oublier une série de documents relatifs à la Magie, à la Divination et à l'interprétation des présages. Ces documents sont très abondants ; ils touchent à toutes les sciences, à la médecine, à l'astronomie et à l'histoire naturelle. Il est difficile de faire la part de la religion officielle, au milieu des superstitions auxquelles on la mêlait trop souvent.

Nous trouvons sur ces tablettes les notions les plus élémentaires de l'écriture (fig. 53). Elles nous révèlent comment les Assyriens apprenaient à lire à leurs enfants, comment ils leur enseignaient les langues déjà mortes dans cette antiquité reculée, en leur expliquant les règles de la grammaire et en mettant entre leurs mains de véritables dictionnaires.

Parlerai-je des notions que les savants avaient sur les

mathématiques, des calculs auxquels ils se livraient pour observer les astres et prédire le retour des éclipses? Ces détails ont trop d'importance pour les passer sous silence.

Voici quelques dépêches qu'un astronome, du haut de l'une de ces *Ziggurrat* si nombreuses surtout en Assyrie et en Chaldée, envoyait à son souverain :

« Au Roi, mon seigneur, son humble serviteur Istar-

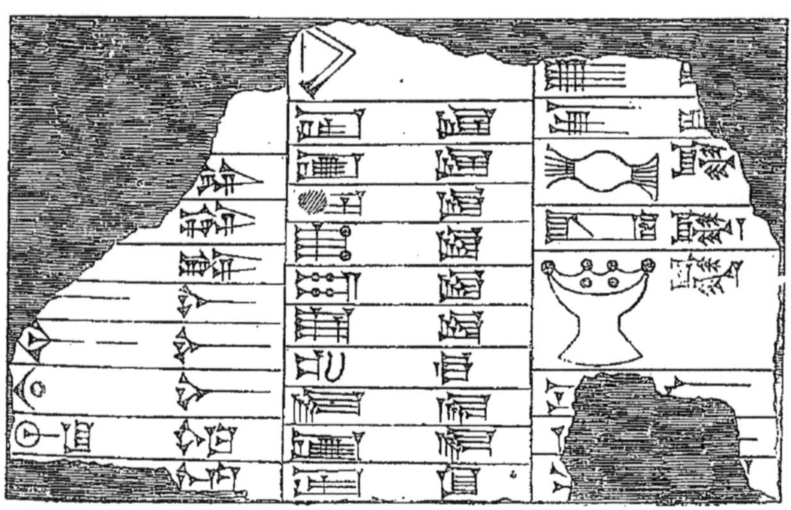

Fig. 53. — Écriture archaïque. Tablette de Koyoundjik.

idin-habal, le chef des astronomes de la ville d'Arbèles, écrit ceci :

« Paix et bonheur au Roi mon maître, et qu'il puisse prospérer longtemps !

« Dans le 29e jour, j'ai observé le nœud de la lune; les nuages ont obscurci le champ de l'observation, et nous n'avons pas vu la lune.

« Au mois de *sebat* (janvier), le premier jour, pendant l'année de Bel-haran-saduya (648 av. J.-C.) »

Le résultat de l'observation n'avait pas été heureux. L'éclipse était prévue, mais l'état de l'atmosphère n'avait pas permis de l'observer, et la constatation de cet insuccès prouve le soin qu'on apportait à noter toutes les circonstances qui pouvaient servir à déterminer le retour du phénomène. Voici maintenant une observation qui a pleinement réussi :

« Au Directeur des observatoires, mon seigneur, son humble serviteur, Nabu-sum-idin, grand astronome de Ninive, écrit ceci : que Nabu et Marduk soient propices au Directeur des observatoires, mon seigneur.

« Le 15e jour, nous avons observé le nœud de la lune, et la lune a été éclipsée. »

Des tablettes mentionnent également des éclipses de soleil, des observations relatives aux planètes et aux étoiles fixes, ainsi que la constatation de l'époque des équinoxes. D'autres tablettes contiennent de nombreuses indications relatives à l'histoire naturelle, des classifications d'animaux, d'insectes, d'arbres, de plantes, de minéraux; puis des instructions précises sur la construction des maisons, des temples et des navires.

Une série de tablettes est consacrée à l'agriculture. Le laboureur est instruit du temps propice pour mettre la charrue sur la terre, semer et récolter, de la manière dont on doit labourer, arroser, arracher les mauvaises herbes et établir le rendement d'une bonne culture. Les animaux nuisibles qu'il faut détruire sont désignés ainsi que ceux qu'on doit, au contraire, protéger. Quelques tablettes présentent le compte du rendement et le partage entre le propriétaire et le fermier.

Un grand nombre de tablettes renfermaient des contrats, emprunts, ventes, échanges ou louages, sur lesquels les parties intéressées ont apposé leur cachets ou leurs griffes (fig. 55). Les transactions sont réglées suivant des lois dont nous avons des fragments pour fixer les rapports de chacun, les termes de payement, le taux d'intérêt, les causes de résiliation. D'autres sont de véritables jugements rendus après contestation, résultat inévitable des rapports de deux parties qui ont des intérêts con-

Fig. 54. — Écriture cursive. Tablette bilingue. (Musée Britannique.)

traires. Je ne sais si les procès étaient fréquents ; nous avons toutefois assez d'exemples de décisions judiciaires pour nous faire une idée de la procédure assyrienne suivie à Ninive, à cette époque.

La justice était rendue par des magistrats spéciaux, accompagnés d'assesseurs. Le plaideur s'approchait du prétoire sous l'égide d'un axiome que nous reproduisons ici :

« Celui qui n'écoute pas sa conscience, le juge n'écoutera pas son droit. »

La décision du magistrat emportait une pénalité pour la mauvaise foi prouvée du plaideur, et quelquefois une amende considérable.

La partie qui perdait son procès pouvait en appeler à une juridiction supérieure. La cause était portée devant le souverain qui jugeait en dernier ressort ; il confirmait ou modifiait la sentence des premiers juges, mais alors l'appelant débouté de sa demande encourait une condamnation sévère pour la peine de sa provocation téméraire.

Quelques-unes de ces tablettes, particulièrement celles qui ont trait aux anciennes légendes et à l'éducation de la jeunesse, sont des copies que les savants de Ninive allaient faire dans les bibliothèques de la Chaldée. Certaines comprennent des séries tout entières ; chaque tablette est désignée par le mot initial du récit et porte un numéro d'ordre, pour en suivre la succession. — Nous savons ainsi que la légende d'Isdubar comportait une série de *douze tablettes*, et qu'il y en avait plusieurs exemplaires, au moins trois. — On a retrouvé de nombreux fragments d'un grand ouvrage, copié dans la bibliothèque d'Agadé, qui renfermait une série de tablettes sur la magie, la médecine et les augures.

L'immense salle dans laquelle ces documents si divers ont été recueillis était à la fois une *bibliothèque* et un *dépôt pour les archives*. — Les tablettes y étaient rangées avec beaucoup d'ordre sur des rayons, avec des indications spéciales pour faciliter les recherches.

Comme on le voit, ce n'est pas une phrase vaine que celle que nous avons relevée dans les inscriptions de Sennachérib, lorsqu'il dit qu'il veut rendre à Ninive sa splendeur passée, « qu'elle n'était plus alors le siège des arts et de la science qui faisaient son trésor, du luxe et de la religion, où siégeaient le gouvernement et la force. » — L'œuvre entreprise par Sennachérib et poursuivie par Assar-haddon devint un fait accompli sous Assur-bani-pal. L'Assyrie parvint ainsi au comble de la puissance, et Ninive à l'apogée de la gloire. Nous ne pouvons pas mieux clore cet exposé qu'en reproduisant la formule qu'Assur-bani-pal avait écrite sur ces tablettes :

« Assur-bani-pal, roi des légions des peuples, roi d'Assyrie, à qui le dieu Nabu et la déesse Tasmit ont donné des oreilles pour entendre, et des yeux ouverts pour voir les récits des écrivains de mon royaume que les rois, mes prédécesseurs, ont employés. Dans mon respect pour Nabu, le Dieu de l'intelligence, j'ai recueilli ces tablettes ; je les ai fait écrire ; je les ai signées de mon nom, et je les ai déposées dans mon palais. »

Fig. 55. — Cachet assyrien.

XVIII

LES MORTS EN ASSYRIE

Nous avons essayé de présenter une esquisse de la splendeur des palais de Ninive, et nous avons pu çà et là indiquer quelques traits des mœurs de cette population guerrière qui a laissé tant de débris de son existence ; mais nous sommes loin d'avoir pénétré dans la vie du peuple assyrien. Nous ignorons encore les détails de sa religion ; nous savons seulement que le dogme de l'Assyrie n'était autre que celui de la Chaldée.

Nous n'entreprendrons pas de le définir ; nous n'en connaissons que des fragments qui ne permettent pas d'établir une hiérarchie dans ce polythéisme dont les Divinités si nombreuses sont à peine indiquées par des noms. Nous aurons occasion d'y revenir, en parlant de la religion de la Chaldée. Nous nous arrêtons donc ; néanmoins nous ne pouvons clore cet exposé sans appeler l'attention sur un point important.

Nous savons que les Assyriens avaient foi en leurs Dieux, qu'ils croyaient à l'immortalité de l'âme, à cette vie future où les morts, habitant le triste séjour de l'*Aralli*, « voltigent comme des ombres, dans ce pays d'où l'on ne revient pas ; » pourtant, si nous nous demandons ce que devient le corps sur cette terre, nous ne saurons y répondre. On ne trouve pas en Assyrie la trace de tombeaux.

Que faisaient donc les Assyriens de leurs morts[1]? — Layard, pour répondre à cette question, a exploré avec une grande tenacité toute la région voisine de Mossoul, mais inutilement; il n'a rien découvert qui pût le mettre sur la voie. Il avait signalé cette préoccupation à ceux qui prenaient part avec lui aux fouilles, et l'intérêt qu'il y aurait à recueillir des indices ; les recherches furent toujours infructueuses. C'est en vain qu'il promit une récompense aux plus intelligents de ses ouvriers pour découvrir une tombe assyrienne. Après lui, Loftus, Place, Rassam, continuèrent les mêmes investigations et ne furent pas plus heureux. En Assyrie, ni les textes, ni les monuments n'ont comblé cette lacune regrettable.

Les sculptures qui représentent des scènes si diverses, ne nous font assister à aucune cérémonie funèbre. Certains bas-reliefs nous montrent le champ de bataille couvert des corps des ennemis, les soldats assyriens acharnés à la poursuite des fuyards. Nous voyons bien le supplice des vaincus mutilés, exposés sur des pals, et des monceaux de têtes tranchées; mais que devenaient les cadavres? — Le champ est ouvert aux hypothèses, et la tradition ne nous parle que d'un tombeau, celui de Ninus, qui reste dans le domaine de la légende, sans avoir un seul point d'appui sérieux dans les découvertes modernes. Je rapporterai toutefois le passage de l'auteur grec qui en donne la description :

« Sémiramis ensevelit Ninus dans l'enceinte du palais; elle éleva au-dessus de sa tombe un tertre d'une grandeur extraordinaire; la hauteur, dit Ctésias, en était de neuf stades et la largeur de dix[2]. La ville s'é-

1. Un passage des inscriptions (W. A. I. I, pl. XXVIII, c. II, l. 4) nous parle, il est vrai, d'un temple qui paraît consacré aux morts, le *Bit-sa-pagri* « la maison des cadavres ; » mais quel était ce temple? où en sont les ruines?

2. Ce tombeau aurait eu 1665 mètres de hauteur et 1850 mètr de côté !

tendait au milieu de la plaine près de l'Euphrate (*sic*). Le tertre funéraire s'apercevait à bien des stades de distance, comme une acropole; on assure qu'il existe encore, bien que Ninive ait été renversée par les Mèdes, lorsqu'ils détruisirent l'empire des Assyriens. » (Diod. II, 7, 1-2.)

Pour expliquer le silence des textes et suppléer à l'absence de représentations figurées, on a supposé que les Assyriens laissaient les corps des ennemis sur le champ de bataille, et qu'ils devenaient ainsi la pâture des vautours et des bêtes fauves. On voit souvent, en effet, les oiseaux de proie s'attaquer aux cadavres; mais les morts chers à la patrie, chers à la famille, que devenaient-ils? — Étaient-ils, comme dans l'Inde, abandonnés au cours du fleuve? — Étaient-ils brûlés sur un bûcher? — Dans l'un ou l'autre cas, on en aurait au moins quelque révélation.

Loftus a pensé que si l'Assyrie ne renfermait point de tombeaux, il fallait néanmoins trouver un endroit de sépulture; or, les fouilles en Chaldée, par un contraste bizarre, lui présentaient à chaque instant de vastes nécropoles. Des villes saintes semblaient avoir eu le privilège de recevoir les morts de tous les pays. Pourquoi n'auraient-elles pas recueilli ceux de l'Assyrie? Cette hypothèse était séduisante; Loftus et Taylor l'ont proposée. Ces amas de cercueils, qu'ils rencontraient sur différents points, étaient trop considérables pour desservir uniquement le contingent des villes près desquelles ils se trouvaient; les deux voyageurs inclinaient vers cette solution, d'autant plus que, d'après une pieuse coutume, on rencontre encore aujourd'hui sur les routes aboutissant à certaines nécropoles modernes des convois funèbres qui vont y déposer leurs précieux fardeaux. — Un peu de réflexion ne permet pas de s'arrêter à cette considération; l'absence de tombes ou même l'absence de squelettes n'autoriserait pas à supposer que le riche et le prince eussent pu jouir du privilège d'une sépulture en terre sacrée, hors de la patrie. Les guerres continuelles, dont nous connaissons les péripéties, devaient suffire pour empêcher de confier la dépouille des morts à la garde d'un peuple avec lequel on était perpétuellement en lutte.

Il faut donc attendre de nouveaux renseignements. Ce n'est pas le manque de textes et l'absence de monuments funéraires qui nous autorisent à croire que cette lacune est le résultat d'une indifférence, exemple unique dans la vie des peuples!

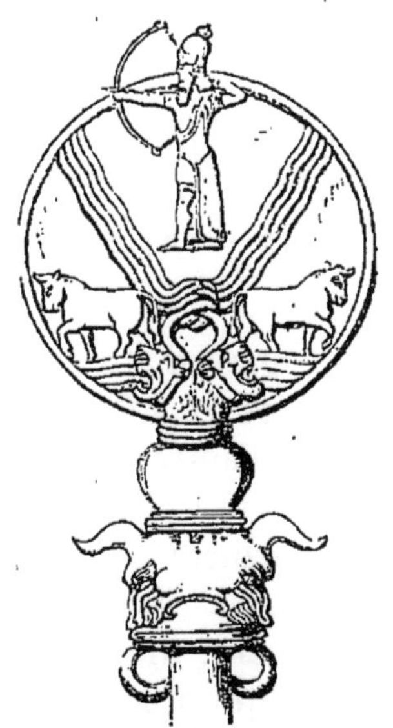

Fig. 16. — Étendard royal.

II

BABYLONE

I

LA CHALDÉE

La Chaldée est un pays d'alluvion, produit de deux grands fleuves, le Tigre et l'Euphrate, lesquels, après s'être éloignés l'un de l'autre, se rapprochent et s'unissent pour se jeter dans le Golfe Persique. A une époque que l'on peut géologiquement déterminer, le cours commun qui porte le nom de *Shatt-el-Arab* n'existait pas. Les deux fleuves arrivaient, indépendants l'un de l'autre, dans une immense baie qui prolongeait les bords du Golfe Persique à l'Est jusques aux contreforts de l'Iran, et à l'Ouest jusqu'au pied des hauteurs sablonneuses, à la limite du plateau d'Arabie[1]. Comme on le voit, toute la partie inférieure de la vallée n'est qu'un terrain relativement moderne formé par les dépôts du Tigre et de l'Eu-

1. Maspéro, *Histoire ancienne des peuples d l'Orient*, 2e éd., p. 137.

phrate et par ceux des rivières qui se sont réunies au cours des anciens fleuves et en sont devenues des affluents. On a constaté que le delta du Shatt-el-Arab s'accroît rapidement; dans les circonstances actuelles, cet accroissement augmente à peu près d'un mille anglais en soixante-dix ans[1].

Lorsque l'alluvion devint habitable, elle forma une immense plaine dont aucun accident ne rompait la monotonie. L'Euphrate, mal encaissé entre ses deux rives, débordait à droite et à gauche, et se divisait en branches dont les unes allaient rejoindre le Tigre, tandis que les autres se perdaient dans les marais.

Pour rendre la terre fertile, il a fallu que l'homme luttât contre la nature. Ces *pays bas* étaient un présent du fleuve; mais la mer pouvait le reprendre. Aussi, un peuple industrieux pouvait seul habiter ces plaines qui n'attendaient, pour être fécondes, qu'une intelligente culture. Dès l'antiquité, les rois creusèrent des canaux pour diriger le cours des eaux et élevèrent des digues pour se défendre contre la mer; à chaque pas, on rencontre la trace de ces grands travaux.

La Mésopotamie inférieure, produit d'une formation géologique qui exclut l'idée d'une race autochtone, a été peuplée par des colonies successives dont la tradition conserve le souvenir. — Les unes, descendant des montagnes de l'Arménie (*Akkadim?*) s'avancèrent vers la mer à mesure que la terre devenait habitable. — Les autres, trop-plein de la population élamite (*Sumerim?*) abordèrent par le littoral, et se rencontrèrent avec les émigrés montagnards pour trafiquer d'abord, et bientôt pour leur disputer un sol dont la fertilité prodigieuse devait les tenter. Ces colons, venus de la mer Érythrée, suivant la fable antique que le mythe d'Oannès fait si

1. W. K. Loftus, *Chaldea and Susiana*, p. 282. — H. Rawlinson, dans le *Journal of the Geogr. Society*, vol. XXVII, p. 186.

bien comprendre, apportèrent aux races septentrionales, en échange des produits naturels de la terre, la science, les arts et les lois de la civilisation. Comment reconnaître aujourd'hui le caractère dominant de la population primitive qui, à la suite de croisements multiples, a fini par occuper définitivement le sol ?

Fig. 57. — L'Euphrate à Bagdad. (Voy. J. Dieulafoy, p. 632.)

Quoi qu'il en soit, c'est à Babylone que le centre de l'empire de Chaldée se fixa. Les autres cités, capitales de petits royaumes qui se disputaient la souveraineté de la basse Chaldée, et dont quelques-unes avaient pu rivaliser avec elle dans une antiquité reculée, disparurent successivement. Lorsque le grand Empire d'Assyrie s'écroula, Babylone resta la *reine des nations*. Sa position sur l'Euphrate lui assurait cette supériorité naturelle. Ce fleuve a, en effet, un développement immense : — au-dessus de Babylone, il touche à la Syrie ; il pénètre dans l'Asie Mineure par l'une de ses branches ; il arrose toute l'Arménie par les autres, et reçoit les produits des pays montueux qui bordent le Pont-Euxin — Au-dessous de Babylone, il communique avec l'Océan par un cours tranquille, accessible à la navigation du Golfe Persique, route nécessaire du transit de l'extrême Orient[1].

Bagdad remplace aujourd'hui Babylone, Séleucie et Ctésiphon ; c'est le siége du pachalik qui comprend toute la Mésopotamie inférieure (fig. 57).

A une époque, le pays qui s'étend depuis Bagdad jusqu'à la mer fut le plus fertile du monde ; au sixième siècle avant notre ère, la Babylonie formait la neuvième satrapie de l'empire de Darius ; elle payait à elle seule mille talents d'argent, et son tribut en blé s'élevait au tiers des contributions de l'empire[1].

Il n'en est plus ainsi. A mesure qu'on s'éloigne de la ville des khalifes, la végétation devient de plus en plus rare ; la contrée prend un aspect monotone, et la Babylonie n'est plus qu'une solitude où les ronces et les arbrisseaux rabougris ont remplacé les riches moissons. Malgré cette désolation, ce pays conserve une beauté et une grandeur que nous pouvons difficilement imaginer. — La vie occidentale a cessé complètement ; c'est le désert, et l'existence pastorale telle que la Bible nous la décrit.

Un des plus consciencieux explorateurs, Loftus, a essayé de faire comprendre les sentiments qu'il éprouvait en parcourant ces contrées.

« Rien de plus impressionnant, dit-il, que la première vue de ces grands monticules chaldéens qui s'élèvent au-dessus des plaines et des marais voisins ; — mille pensées, mille conjectures sur leur histoire passée, leur origine, leur gloire et leur chute se présentent à l'esprit

1. Layard, *Nineveh and Babylon*, p. 536.

du spectateur. — L'atmosphère nébuleuse du matin est particulièrement favorable à ces méditations et aux impressions de cette nature; la vapeur argentée, qui s'interpose entre soi et l'objet de ses pensées, lui communique une sorte d'existence nouvelle. Cet effet magique est souvent rehaussé par le mirage qui augmente et diversifie les formes tremblantes dans les molécules de l'air raréfié[1]. »

L'œil ne découvre, en effet, sur cette vaste plaine, que des collines qui s'élèvent çà et là et rompent la ligne monotone de l'horizon, collines artificielles qui recèlent quelque grand monument, quelque ville fameuse aujourd'hui oubliée. Jetons dès maintenant un coup d'œil rapide sur ces ruines.

1. Loftus, *Chaldea and Susiana*, p. 113.

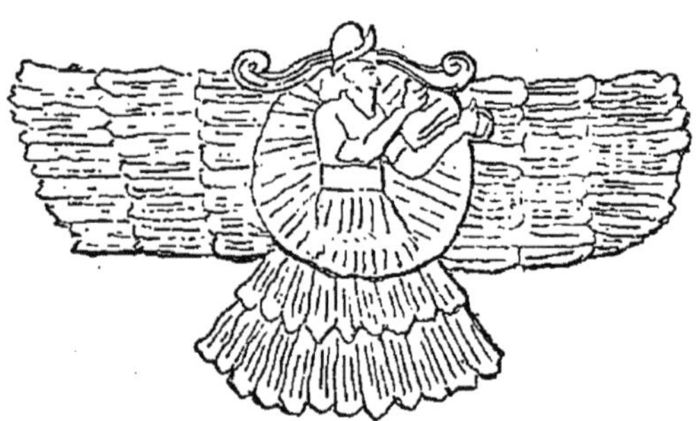

Fig. 58. — Ilu, symbole du Dieu suprême.

II

LES EXPLORATIONS

Pendant longtemps, l'histoire de Babylone, comme celle de Ninive, fut complètement fermée aux recherches scientifiques; les documents faisaient défaut. L'Orient était oublié.

Au dix-huitième siècle, l'abbé Sévin, Fréret, de Brosses, Larcher, Gilbert, essayèrent d'établir une chronologie des temps anciens, en y comprenant l'Assyrie et la Chaldée; mais ils ne parvinrent pas à les faire sortir des ténèbres qui les entouraient. — Les discussions furent, à l'Académie des inscriptions, plus vives que fécondes, ainsi que l'a dit si bien M. Maury.

Les sources auxquelles on pouvait puiser étaient insuffisantes : — d'un côté, la Bible avec ses données restreintes; — de l'autre, Ctésias et Hérodote avec des renseignements souvent contradictoires. Les érudits qui s'inspiraient de ces différentes traditions, retombaient nécessairement dans les mêmes redites, quand ils ne s'aventuraient pas dans le champ des hypothèses. — Parlerai-je des rêveries du P. Kirker (fig. 59) ou des livres plus sérieux qui, sous le titre d'*Histoires universelles*, faisaient à l'Assyrie et à la Chaldée une place plus ou moins importante, mais toujours arbitrairement indiquée et remplie?

Parmi toutes les résurrections que la science moderne

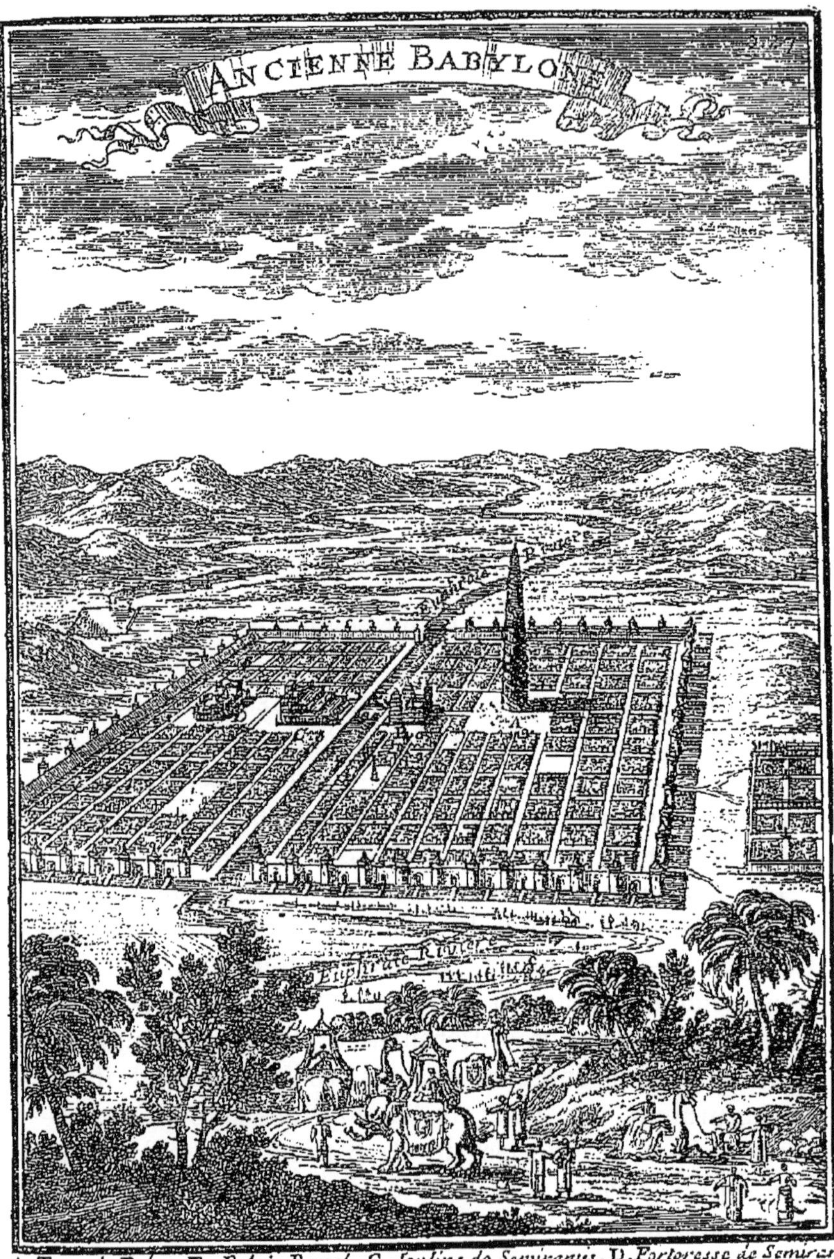

Fig. 59. — KIRKERI. — *Turris Babel*, lib. II, sect. II, c. III, IV, V, VI, p. 52 etsuiv.

allait provoquer, Babylone ne devait apparaître qu'une des dernières. Cependant elle n'avait pas cessé de marquer sa place sur le sol de la Mésopotamie. Ce n'était pas, comme Ninive, une ville disparue; c'était une ville oubliée. Aussi nous rappellerons succinctement les voyageurs qui ont visité ses ruines à différentes époques.

Les croisades avaient ouvert le chemin de l'Orient; mais, pendant longtemps, personne ne pénétra en Mésopotamie. La Palestine, la Syrie et l'Égypte bornaient le champ d'exploration. — Vers la fin du XIIe siècle, un juif navarrais, Benjamin de Tudèle, visita des premiers la Mésopotamie, et s'arrêta à Bagdad; mais il ne parle des ruines de la grande cité qu'avec effroi, et d'après les réçits qu'il avait recueillis. On n'osait en approcher, à cause des serpents et des scorpions qui infestaient ces parages.

Plus tard, à la fin du XVIe siècle, Eldred, marchand anglais, s'éloignait de l'Angleterre (1583) pour gagner Tripoli et Birs sur l'Euphrate; il remarque les ruines de la vieille cité de Babylone, qu'il nomme « *the mighty old city of Babylon* ».

Rauwolf, médecin allemand, né à Augsbourg (XVIe siècle), passa sur le sol de Babylone et admira les restes de ce qu'il considérait comme les ruines de la tour de Babel.

Citerai-je encore Böventing, Texeira, Pietro della Valle (1616), un moine carmélite, Vicenzo Maria di S. Catarina di Sienna (1657), qui, en revenant des Indes, descendait l'Euphrate jusqu'à Bassora en passant par Hillah; il saluait les restes de ce qu'il appelle la tour de Babel et que les habitants du pays nommaient le Birs-Nimroud. — Le P. Emmanuel de Saint-Albert se trouvait également vers la même époque à Hillah ; il fit des remarques curieuses sur le site qu'il visitait, et recueillit les vagues souvenirs qui rattachaient dans le pays le nom de Babylone à toutes ces ruines.

Avec Niebuhr, qui était à Hillah en 1765, commencent

les explorations sérieuses [1]. Enfin Rich (1811) rapporta en Europe les premiers échantillons des monuments chaldéens ; il donna un aperçu des ruines et un relevé topographique de la plaine de Babylone qui servit de base à tous les explorateurs qui lui ont succédé.

Sir Robert Ker-Porter (1818), accompagné de Bellino, le secrétaire oriental de Rich, continua son œuvre et recueillit quelques monuments chaldéens qui figurent encore avec avantage dans nos musées.

En 1840, lorsque l'attention fut particulièrement appelée sur la Mésopotamie et que les fouilles de Botta et de Layard eurent fait sortir Ninive et l'Assyrie de ses ruines, les recherches commencèrent avec une égale activité sur le sol de Babylone.

En 1850, Sir H. Layard suspendait ses travaux en Assyrie et se rendait à Hillah par Bagdad pour explorer la Chaldée ; il entreprit des fouilles au Mudjelibeh, puis au Kasr et sur quelques points de la Babylonie déjà visités par Loftus. Elles furent interrompues par les troubles qui agitaient alors le pays et qui mettaient en danger les jours de l'intrépide voyageur.

Loftus (William Kennett) se trouvait dans une position exceptionnelle, qui lui permit de tenter une campagne plus heureuse. Attaché comme membre de la commission de la délimitation des frontières turco-perses à l'état-major du colonel Sir W. F. Williams, puis subventionné par une société spécialement curieuse des recherches assyro-chaldéennes (*Assyrian excavation fund*), il put traverser le Jézireh, région à peine connue des Européens, et étudier à la fois l'état des marais de la Basse-Chaldée ainsi que les tumulus de Niffer, de Mougheïr et de Warka.

1. On sait que ses dessins et les copies des inscriptions qu'il a rapportées de Persépolis ont servi de base aux travaux d'interprétation de ce mystérieux système graphique qu'il était donné à notre siècle de pénétrer.

Les expéditions des Anglais avaient été aussi fructueuses que possible. La France, qui avait pris l'initiative des fouilles en Assyrie, ne resta pas indifférente. M. Mohl se préoccupait toujours des choses de l'Orient; les succès de Botta, qui avaient donné raison à ses conjectures, lui suggérèrent la pensée de provoquer des recherches sur l'emplacement même de Babylone. Le ministre de l'intérieur, après avoir pris l'avis de l'Académie des Inscriptions et Belles-Lettres, proposa à la sanction de l'Assemblée nationale un projet de loi autorisant le gouvernement à envoyer en Mésopotamie une mission scientifique et artistique pour explorer ces contrées lointaines.

Les troubles qui agitent constamment la Babylonie ne permirent pas d'atteindre le but qu'on s'était proposé; les lettres de F. Fresnel sont pleines de doléances à cet égard[1]. Cependant M. Oppert vérifia, sur le sol même de Babylone, l'emplacement des anciens palais, et en dressa une carte que nous aurons occasion de consulter. — Après un séjour de trois ans dans la Mésopotamie Inférieure, l'expédition était rappelée.

Les antiquités qu'on avait recueillies furent soigneusement emballées dans des caisses; mais ces précieux objets furent engloutis dans le Shatt-el-Arab, lors de la catastrophe des radeaux qui transportaient à Bassora les grands bas-reliefs de Khorsabad et de Nimroud, provenant des fouilles pratiquées en Assyrie.

Vers la même époque (1854), Sir H. Rawlinson faisait explorer la Basse-Chaldée, et pendant que Loftus était occupé à Warka, il envoyait à Mougheïr M. J. Taylor, vice-consul à Bassora. Ce dernier pénétra, avec une persévérance merveilleuse, à travers la masse de briques jusqu'au fond même de la ruine; de là il se rendit à Abou-

1. Voy. la *Lettre de M. F. Fresnel à M. Mohl, datée de Hillah* décembre 1852, dans le *Journal asiatique*, juin-juillet 1853.

Sharein. Sir Henry Rawlinson continuait ses recherches en Babylonie; elles y furent particulièrement fructueuses. En 1854, ayant sous ses ordres M. Tonietti, il fouilla, pour le compte du Musée Britannique, la ruine du Birs-Nimroud, et découvrit les cylindres commémoratifs de la restauration de ce monument par Nabuchodonosor.

L'ère des explorations paraissait close en Mésopotamie, surtout en Chaldée. Cependant la France avait toujours les yeux fixés sur ces contrées qui promettent tant de surprises au voyageur opiniâtre que n'effrayent ni les troubles politiques, ni les révoltes incessantes des nomades, et qui, de plus, consent à affronter le fanatisme et la crédulité des Arabes.

Les fouilles de M. de Sarzec[1], entreprises en 1877 et continuées pendant trois ans avec une persistance remarquable, prouvent tout ce qu'on est en droit d'attendre de nouvelles recherches. Ces fouilles nous ont donné des monuments auprès desquels les ruines de Babylone semblent appartenir à une époque relativement moderne.

1. Voy. *Découvertes en Chaldée*, par Ernest de Sarzec, publiées par les soins de M. Léon Heuzey; juin 1887.

III

LES RUINES DE LA CHALDÉE

En quittant Bagdad pour prendre la route qui conduit dans la Mésopotamie Inférieure, on est obligé de faire un long détour pour éviter des eaux stagnantes infranchissables. — On traverse des marais sur un chemin bordé de câpriers, de bruyères et de caroubiers; puis on arrive à Akarkouf, près de Dudjeil, à quatre milles de Bagdad. C'est là qu'on aperçoit la première ruine chaldéenne qui porte le nom de *Tell-Nimroud*[1] « la colline de Nimroud », restes d'une ancienne forteresse à laquelle un roi de Babylone, Kurigalzu (1300 av. J.-C.), a donné son nom, *Dur-Kurigalzu* (le fort de Kurigalzu).

La ruine, qui s'élève sur une gigantesque plate-forme construite en briques cuites, présente encore l'aspect d'une tour de vingt mètres de longueur sur quarante de hauteur. Signalons ici le mode de construction de cet édifice chaldéen dont nous retrouverons la répétition dans tous les autres.

Le massif de la tour se compose de briques crues qui ont trois décimètres de longueur sur un décimètre d'épaisseur. Chaque rangée de briques est séparée par une couche de terre; à deux ou trois pieds de distance,

1. Le nom de Nemrod est très fréquent dans ces contrées; nous en rencontrerons bientôt la mention au milieu des ruines de Babylone même.

on trouve un lit de roseaux. — La masse est entamée de toutes parts, de sorte que l'aspect varie suivant le côté qui se présente à l'observateur. Ce qui reste porte la trace d'un revêtement en briques cuites, qui a disparu aujourd'hui. Toutes les briques présentent sur la partie la plus large une inscription au nom du roi de Chaldée *Kurigalzu*, qui avait construit la forteresse. Les briques sont disposées, comme dans toutes les constructions chaldéennes, de manière à ce que l'écriture ne soit pas altérée.

La forteresse de Kurigalzu servait à délimiter les frontières toujours indécises que jadis Assyriens et Chaldéens franchissaient à chaque instant. — Akarkouf est situé sur la rive droite du Tigre; à cet endroit, les deux fleuves se rapprochent; ils ne sont plus qu'à neuf heures de marche l'un de l'autre, mais ils s'éloignent bientôt pour enlacer la vaste plaine babylonienne que nous allons parcourir.

En poursuivant notre route vers l'Euphrate, laissons sur la gauche les ruines de Séleucie et de Ctésiphon, héritières directes et éphémères de la grande Babylone, et nous apercevrons bientôt les tumulus antiques.

A quatre milles de Mahmoudia, petit village situé à quinze milles au sud-ouest de Bagdad, s'élèvent deux monticules éloignés l'un de l'autre de deux milles, et connus sous le nom de Abou-Habba et de Daïr. M. H. Rassam, qui a exploré dernièrement ces ruines, a cru reconnaître dans ces deux monticules les restes de l'antique Sippar, contrairement à une opinion déjà ancienne qui place la ville antique non loin de Suféirah, au nord de la jonction du canal de Seklaouîyé et de l'Euphrate.

En suivant toujours le cours du fleuve, nous rencontrons le village de Mahaouîl, qui n'offre par lui-même rien d'intéressant, si ce n'est un *khan* pareil à ceux que les voyageurs trouvent sur toutes les routes de la Mésopoamie

Fig. 60. — Vue de l'Euphrate à Babylone, d'après un dessin inédit de F. Thomas. (Voy. Perrot, *Hist. de l'Art*, t. II, pl. 1.)

De Mahaouîl, en descendant la rive gauche du cours de l'Euphrate, on commence à distinguer, au-dessus de la ligne du désert, les ondulations d'un sol accidenté que dominent çà et là de rares monticules. — Ces éminences qui, de loin, ne paraissent être autre chose que des accidents naturels recouverts par quelques broussailles, sont tout ce qui reste de Babylone. — On parcourt treize kilomètres sur un terrain ainsi relevé et ondulé dans tous les

Fig. 61. — Brique de Babylone.

sens. — Avant d'arriver à la grande cité, on laisse sur la gauche les ruines de la ville antique des Cuthéens, qui se cache sous les tumulus encore trop peu explorés de Al-Hymar ou Oheymir.

La première ruine babylonienne qui frappe la vue du voyageur, apparaît à l'horizon comme une montagne ; c'est *Babil* ou *Babel*, suivant la tradition qui regarde ce monument comme les restes de la Tour élevée par les fils de Noé sur la terre de Sennaar (fig. 60). On l'appelle *Mudje-*

libeh, c'est-à-dire « la Ruine », la ruine par excellence, d'après le nom que lui donnent les habitants du pays. — C'est, en effet, la plus grande qui domine la plaine. Rien n'est imposant comme cette masse, lorsque le soleil couchant l'éclaire encore de ses derniers rayons. En creusant la terre tout autour, on trouve des briques; elles portent un nom estampé sur chacune d'elles, celui de Nabuchodonosor; il y en a des milliers. Plus loin, c'est le *Kasr*, « le château, le palais », dont les briques sont également estampées au nom de Nabuchodonosor; — plus loin encore, c'est le tumulus de *Tell-Amran-Ibn-Ali*, qui renferme peut-être les ruines des jardins suspendus; les briques sont timbrées au nom de Nabuchodonosor. — Puis des tertres indiquent la trace de l'enceinte royale; enfin, sur l'autre rive, à neuf kilomètres de Hillah, se dresse le seul monument qui soit resté debout au milieu de la désolation générale, le *Birs-Nimroud*, qui rappelle encore le nom de l'Éthiopien révolté auquel on attribue la fondation de toutes les grandes capitales de la Mésopotamie (fig. 62). Un énorme pilier en briques vitrifiées, par suite d'un prodigieux incendie, s'élève carrément au-dessus du monticule, à une hauteur de dix mètres environ, et domine toute la plaine. Si l'on creuse au pied de ce pan de mur calciné, on y trouve encore des briques, et sur ces briques, un nom, toujours celui de Nabuchodonosor.

Tandis que Ninive avait complètement disparu, Babylone, malgré ses revers, conservait sa place que toutes ces ruines ont marquée jusqu'à ce jour (fig. 64).

La ville moderne qui s'élève aujourd'hui sur l'emplacement de Babylone, Hillah, fut fondée par Seifeddaulet, vers l'an 1100 ap. J.-C., — probablement à la place d'un quartier de Babylone occupé jadis par la population ouvrière, en dehors de l'enceinte des palais royaux. — De nombreuses traces d'habitations antiques accusent cette origine. Il n'y a pas à Hillah une maison qui ne soit bâtie avec des briques babyloniennes (fig. 61).

Fig. 62. — Vue du Birs-Nimroud, d'après Félix Thomas. (Voy. Perrot, p. 383.)

Toutes les ruines ont été considérées, du reste, comme des carrières ; depuis des siècles, des hommes appelés *Sakkars*, dont le métier spécial est de les exploiter, ont fourni des matériaux pour construire des maisons, des palais et des villes. Séleucie, Ctésiphon et Bagdad, trois capitales, se sont élevées avec les briques de la vieille cité chaldéenne!

A mesure qu'on s'avance vers le sud, le désert devient lugubre, et la belle terre de Chaldée disparaît au milieu de marécages qui ne laissent apercevoir de distance en distance qu'une plaine aride, au-dessus de laquelle une ruine antique émerge à l'horizon[1].

Nous distinguons d'abord Niffer. Au centre de la Mésopotamie, sur une terre couverte de décombres et sillonnée de nombreux accidents, s'élève la tour antique de soixante-dix pieds de haut que les habitants du pays nomment *Bint-el-Amir* « la Fille du Prince ».

Écartons-nous un moment des rives de l'Euphrate pour gagner le Shatt-el-Hie et en descendre le cours. — Ce canal, construit de main d'homme, traverse la Mésopotamie Inférieure depuis Kout-el-amâra sur le Tigre jusqu'à Nasrié sur l'Euphrate. C'était la grande voie de communication entre les deux fleuves, sur laquelle s'élevaient des villes antiques dont on a trouvé les traces dans les tumulus de Zerghoul et de Tello.

En reprenant la route qui nous ramène sur les bords de l'Euphrate, nous rencontrons d'abord Warka, dont les ruines sont situées à quatre milles de la rive gauche du fleuve, sur une langue de terre de dix milles de largeur. Elles s'élèvent au-dessus d'une série d'ondulations, au milieu de marais formés par les débordements de l'Euphrate, qui perd son cours dans le canal obstrué.

Warka est une ville des plus intéressantes. C'est l'*Orchoë* des Grecs, l'antique *Erech* de la *Genèse* ; elle a été le siège

[1] Loftus, *Chaldea and Susiana* (passim).

célèbre d'une école d'érudits chaldéens. — C'est dans ses archives que Assur-bani-pal a puisé les éléments de cette fameuse Bibliothèque dont nous recueillons avec tant de soin les débris.

A quinze milles au S. E. de Warka, sur la limite extrême du grand désert qui s'étend entre les inondations de l'Euphrate à l'ouest et les marais du Shatt-el-Khar à l'est, nous trouvons Senkereh. Dans les saisons ordinaires, les

Fig. 63. — Ruines de Mougheïr.

eaux du Khar arrivent jusqu'à la base des ruines qui occupent un plateau circulaire de quatre milles et demi de circonférence. Le terrain s'élève graduellement du niveau de la plaine vers un monticule central qui atteint une hauteur de soixante-dix pieds et qu'on aperçoit très distinctement de Warka et de l'Euphrate.

Senkereh cache les ruines de l'antique *Larsam*; il en est question, d'après la tradition, comme d'une ville antérieure au Déluge chaldéen. — Selon Bérose, c'était la patrie de Xisuthrus, le dernier des rois antédiluviens. — Larsam paraît avoir survécu à Babylone, car on y a trouvé les textes les plus récents, écrits en carac-

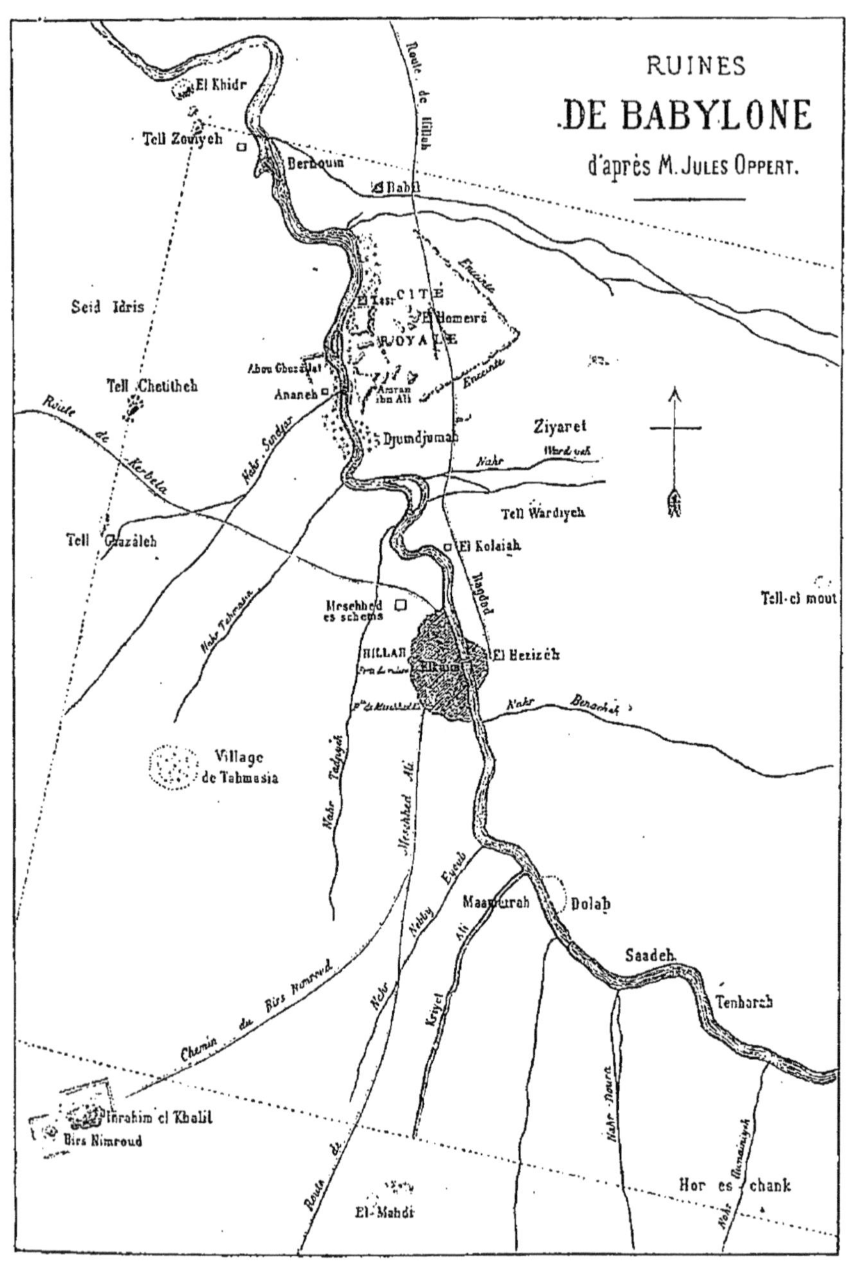

Fig. 64. — Ruines de Babylone.

tères cunéiformes et datés de l'occupation des Séleucides.

Franchissons maintenant le fleuve pour atteindre les ruines de Mougheïr, situées aux frontières de la Chaldée sur la rive arabe. Mougheïr est inabordable, excepté en bateau, pendant les inondations causées par la crue périodique du fleuve. L'aspect général de la contrée présente une série de monticules ovales qui occupent une

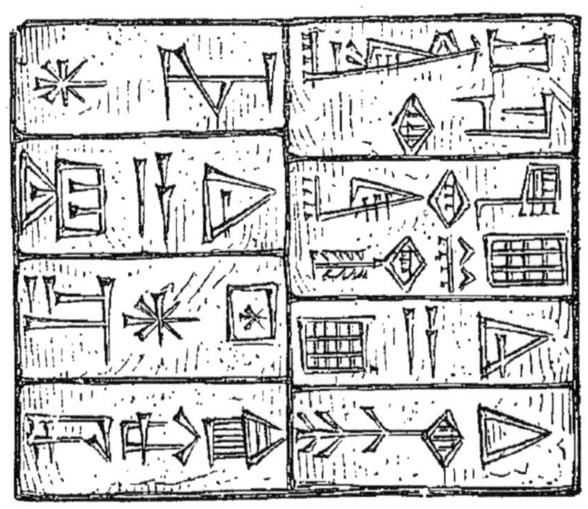

Fig 65. — Brique de Mougheïr (Musée Britannique).

superficie dont le plus large diamètre du nord au sud mesure environ un demi-mille d'étendue (fig. 65).

Le nom de Mougheïr est particulièrement affecté à une tour de 70 pieds de haut qui s'élève près de l'extrémité nord des monticules. Cette ancienne construction chaldéenne est encore dans un état de conservation assez satisfaisant ; elle est bâtie en larges briques cimentées avec du bitume (fig. 65). C'est cette circonstance qui lui a fait donner par les Arabes le nom moderne de *Mougheïr*, qui signifie « la bitumée ».

La ville antique cachée sous ces ruines est la vieille cité d'Abraham, *Ur Kasdim*. Dès cette époque, elle était appelée « la grande ville » ; située alors au bord de la mer, cette position lui avait valu un développement considérable. Ur dut être le centre d'une navigation très active ; ses vaisseaux figurent, dans une énumération des moyens de transport maritime, à côté de ceux du pays d'*Akkad*, de *Dilvun* (Tulos), de *Magan* (Égypte), de *Miluhi* (Méroé), de *Nibi* et de *Khatti* (la Syrie). Son commerce s'étendait au grand cabotage qui exploitait, d'une part, les côtes du Golfe Persique jusqu'à l'Inde, de l'autre celles de la presqu'île arabique jusqu'au nord de l'Égypte, et il se reliait par les caravanes au transit maritime de la Méditerranée.

En continuant à explorer le cours inférieur de l'Euphrate, nous rencontrons les ruines d'Abou-Sharein, situées sur l'emplacement de l'antique *Eridu* dont le nom ne nous est connu que par les inscriptions (?); elles s'élèvent sur une éminence, à peu près au centre du lit desséché d'une mer intérieure.

Tels sont les différents sites qui ont été visités jusqu'ici dans la Mésopotamie Inférieure. Le delta du Shatt-el-Arab est encore intact, et néanmoins nous pouvons déjà soupçonner les richesses archéologiques qu'il nous réserve. Nous pénétrons, d'un côté, dans le pays de Gambul, de l'autre, dans le *Kardunyas*, le Térédon des Grecs, et jusqu'au bord du Golfe Persique, où nous trouvons le *Bet-Yakin*, qui touche au pays d'Élam, dernier refuge de la puissance babylonienne fuyant l'invasion assyrienne.

Citons enfin l'île de *Dilvun*, la Tulos antique, aujourd'hui Bahrein, si connue pour son commerce de perles ; nous avons ainsi parcouru toute la Mésopotamie Inférieure, après avoir indiqué les points principaux qui ont été l'objet des explorations scientifiques.

IV

TEMPS LÉGENDAIRES

L'histoire de Babylone oblige de remonter à la Création du monde. Ces origines intéressent vivement aujourd'hui, car si nous ne pouvons les expliquer par la science, nous voulons au moins contrôler les traditions qui touchent à ce mystère.

Il est donné à notre siècle de connaître par les Chaldéens eux-mêmes comment ils comprenaient ce grand problème.

La découverte des précieuses inscriptions qui relatent la *Création du Monde* a été acueillie avec enthousiasme en Angleterre, en Allemagne et en France.

Voici quels sont ces textes, et comment ils ont été mis en lumière.

Nous avons dit que Sir H. Layard avait découvert dans les ruines du palais d'Assur-bani-pal des tablettes qui n'avaient pas vu le jour depuis la chute de Ninive. C'est parmi ces tablettes que G. Smith a retrouvé celles qui avaient trait à la Genèse chaldéenne. Constatons, tout d'abord, que l'étude philologique a démontré que les tablettes d'Assur-bani-pal n'étaient que la copie ou la traduction assyrienne de documents plus anciens, et que la rédaction primitive devait remonter à une époque antérieure à l'an 3500 av. J.-C.

Les textes sur lesquels nous allons lire le récit de la

Création comprennent un ensemble de huit ou dix tablettes ; le nombre n'en est pas déterminé. Chacune commence par ce mot : *Enuva* « Jadis » ; malheureu-

Fig. 66. — Cylindre chaldéen (Musée de la Haye).

sement elles sont très mutilées : il n'en reste que six fragments[1].

Depuis la découverte de George Smith, le récit de la Création a été l'objet des études les plus sérieuses. Nous

Fig. 67. — Cylindre chaldéen (Musée du Louvre).

pouvons donc en donner une traduction dont le sens général s'appuie sur l'ensemble des travaux de nos collaborateurs.

« Jadis ce qui est en haut ne s'appelait pas le Ciel;
« Et ce qui est en bas, la Terre, n'avait pas de nom :

1. G. Smith. *The Chaldean account of Genesis*, p. 62.

« L'abîme fut leur créateur;
« Un chaos, la mer, fut la mère qui enfanta l'univers;
« Les eaux confluaient ensemble;
« Il y eut des ténèbres sans rayon de lumière, un ouragan sans accalmie.
« Jadis les Dieux n'existaient pas;
« Aucun nom n'était prononcé; le Destin n'était pas fixé.
« Les dieux *Lahmu* et *Lahamu* furent créés d'abord; puis un grand nombre d'années se passèrent
« Jusqu'à ce que leur nombre augmentât;
« Les dieux *Sar et Kisar.*
« Le *dieu Bel.* . . . .

La fin de la tablette est dans un état de mutilation qui s'oppose à une traduction suivie.

Les autres tablettes contiennent, avec des lacunes plus ou moins considérables, la fin du récit de la Création. Il y est question des Grands Dieux, puis des étoiles qui seraient les demeures des sept sphères, du zodiaque et de ses divisions.

Nous ne trouvons nulle part une mention de la création de l'homme. Ce point important nous échappe jusqu'ici dans la Genèse chaldéenne. Il en est de même de la chute de l'homme, de l'origine du démon, de la chute des anges et du rôle que le serpent a joué aux premiers jours du monde. Rien ne nous autorise à voir dans les inscriptions une allusion même lointaine au séjour du premier homme dans le paradis terrestre, à la tentation du serpent et aux événements qui en ont été la suite, d'après la Genèse biblique (fig. 68)[1].

Nous savons seulement, par les monuments figurés, que la terre était alors peuplée de monstrueuses créatures dont Bérose nous a conservé la description (Lenor-

1. *Recherches sur la Glyptique orientale*, première partie, p. 189.

mant, Frag., I, p. 5) et dont les pierres gravées ont reproduit les formes fantastiques (fig. 66 et 67)[1].

« Il y eut un temps où tout était ténèbres et eau, et dans ce milieu s'engendrèrent spontanément des animaux monstrueux et des figures les plus particulières : des hommes à deux ailes, et quelques-uns à quatre, à deux faces, à deux têtes, l'une d'homme et l'autre de femme sur un seul corps et avec les deux sexes en même temps. Des hommes avec des jambes et des cornes de chèvre ou des pieds de cheval, d'autres avec les membres postérieurs d'un cheval et ceux de devant d'un homme, semblables aux hippocentaures. Il y avait aussi des taureaux à tête humaine, des chiens à quatre corps et à queue de poisson, des chevaux à tête de chien, des hommes à tête de chien, des animaux à tête et à corps de cheval et à queue de poisson, d'autres quadrupèdes où toutes les formes animales étaient confondues, des poissons, des reptiles, des serpents et toutes sortes de monstres merveilleux présentant la plus grande variété dans leurs formes et dont on voit les images dans les peintures du temple de Bélus. »

Fig. 68. — Prétendu cylindre d'Adam et Ève (Musée Britannique).

1. *Recherches sur la Glyptique orientale*, première partie, pages 55 et suiv.

V

LE DÉLUGE ET L'ÉPOPÉE CHALDÉENNE

Pour nous renseigner sur le grand cataclysme dont on trouve la tradition chez tous les peuples du monde, excepté chez les Nègres, nous avons la Genèse biblique et la tradition chaldéenne. — Nous n'examinerons pas l'histoire de la période remplie par la mention de Patriarches et de Rois dont nous ne pouvons contrôler l'existence, et dont la durée se mesure par des chiffres qui échappent à toute appréciation. Disons seulement que le dernier patriarche, descendant d'Adam, est Noé, et que le dernier roi chaldéen, témoin du Déluge, se nomme Xisuthrus, d'après Bérose.

On est d'accord pour reconnaître le nom de *Xisuthrus* dans celui d'un personnage désigné par un complexe qui répond aux articulations de *Adra-hasis* ou *Hasis-adra*.

Nous n'avons pas besoin de rappeler le récit biblique, qui est dans toutes les mémoires; nous allons nous occuper du récit chaldéen.

Voici, d'abord, dans quelles circonstances cette légende est parvenue à notre connaissance. C'est toujours dans les débris de la bibliothèque d'Assur-bani-pal que nous allons puiser.

G. Smith, en compulsant ces nombreux débris, découvrit une série de douze tablettes, qui lui parurent les fragments d'un poème dont le héros principal se nomme

Isdubar. C'est le nom écrit en tête de la première tablette qui sert à en désigner l'ensemble; chaque tablette porte un numéro d'ordre permettant d'en établir la succession dans la série.

Le récit du Déluge occupe la onzième tablette (fig. 69). Cette découverte vint immédiatement donner une notoriété inespérée au jeune orientaliste, qui n'était encore apprécié que par le public restreint des savants. L'Angleterre en fit grand bruit; l'Allemagne la répandit avec

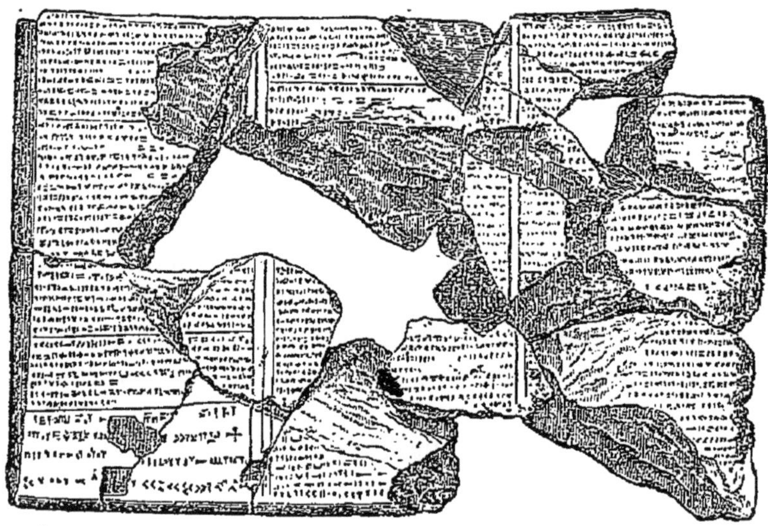

Fig. 69. — Fragments des tablettes du Déluge (Musée Britannique).

enthousiasme et la France l'accueillit avec intérêt. Sir H. Layard, alors ambassadeur d'Angleterre à Madrid, la propagea dans la péninsule. En Amérique, aux États-Unis, l'écho en retentit également dans la presse de toutes les grandes villes de l'Union.

Cependant G. Smith, en annonçant sa découverte, avait déclaré que le récit n'était pas complet; il manquait *dix-sept lignes* dans les fragments qu'il avait réunis. Après avoir compulsé les milliers de tablettes entassées dans les sous-sols du Musée Britannique, il était convaincu qu'elles ne s'y trouvaient pas. La précipitation avec laquelle on avait recueilli ces précieux débris explique la lacune que G. Smith déplorait. Il était évident que le fragment qu'il désirait était resté dans les tranchées de Koyoundjik. Que faire? comment le retrouver? Le directeur du *Daily Telegraph*, qui assistait à la séance de la Société d'Archéologie biblique au moment où G. Smith fit sa communication, essaya de résoudre la difficulté; il proposa au jeune savant de faire les fonds nécessaires pour ouvrir de nouveau les tranchées de Koyoundjik!... L'offre fut acceptée; les *Trustees* du Musée Britannique accordèrent à G. Smith un congé, et le jeune savant partit plein d'enthousiasme et d'espérance. Il ne s'agissait plus que de remuer des centaines de mètres cubes de décombres pour découvrir un fragment de quelques centimètres carrés! On se mit à l'œuvre.

Les recherches de G. Smith furent couronnées de succès; un jour, parmi les débris que les ouvriers lui apportaient, il rencontra un fragment qui renfermait seize lignes d'écriture; c'était le fragment désiré!

G. Smith acquit ainsi cette notoriété que l'étude patiente et laborieuse des textes ne lui aurait jamais procurée. L'engouement n'eut pas de bornes; pourtant si la nature de la découverte justifie l'éclat de cette renommée, le texte n'a apporté, il faut bien le reconnaître, aucun argument nouveau pour ou contre l'authenticité de la tradition biblique. On savait depuis longtemps que les Babyloniens possédaient une tradition du Déluge qui présentait les plus curieuses ressemblances avec le récit biblique. Bérose avait déjà défrayé suffisamment Eusèbe de Césarée, dont le commentaire a été l'objet des études des érudits de la Renaissance; mais ce qui a été le moins remarqué, et ce qui a été accepté comme la chose la plus ordinaire, c'est le fait d'avoir retrouvé une épopée chaldéenne, comparable aux poèmes cosmogoniques de l'Inde et qui ouvre des aperçus nouveaux sur une littérature dont l'existence n'était même pas soupçonnée !

Le texte d'Orchoé est antérieur à Moïse de plusieurs centaines d'années ; les tablettes du Musée Britannique sont antérieures à Josias (640 ans avant J.-C.) ; elles précèdent de soixante ans la prise de Jérusalem ; enfin elles ont été ensevelies dans les ruines de Ninive trois siècles avant la naissance de Bérose[1].

Le poème d'Isdubar, dans son état actuel, tel que les fragments en sont conservés au Musée Britannique, se compose de douze tablettes ; malheureusement les cinq premières sont presque entièrement perdues, jusqu'à présent du moins, sauf quelques lambeaux qui témoignent de leur existence. Les septième, huitième, neuvième et dixième sont mieux connues ; enfin, on possède en entier les sixième, onzième et douzième. Le récit du Déluge occupe la onzième, ainsi que nous l'avons dit.

Dans son ensemble, le poème est consacré à célébrer les exploits d'un héros, grand chasseur, grand conquérant, redoutable ennemi des monstres qui désolaient la terre ; nous avons dit qu'il se nommait Isdubar (fig. 70). Ce personnage, qui a les caractères d'un Dieu, vit néanmoins d'une vie humaine ; il est né à *Urku* (Erech) peu de temps après le Déluge. Ses hauts faits attirent sur lui les regards d'une Déesse dont il rejette les propositions amoureuses ; aussi, pour se venger de ses dédains, celle-ci l'afflige d'une maladie terrible. — Le héros, afin de se débarrasser du mal cruel qui l'obsède, se décide à voyager ; il fait construire un navire pour aller consulter le dernier roi antédiluvien *Hasis-adra* qui réside dans une île lointaine, aux confins de la terre. Il s'embarque avec un nocher fidèle, *Ur-hamsi*, qui connaît la retraite du divin personnage et qui se charge d'y conduire le héros. Nous

1. Bérose a pu consulter d'autres exemplaires dans les bibliothèques de la Chaldée.

pouvons reconnaître cet épisode sur un cylindre du Musée Britannique qui montre un passager dans un navire dirigé vers une terre lointaine (fig. 71). On distingue, sur la plage, des êtres fantastiques parmi lesquels il est facile de reconnaître une allusion à des scènes de la vie d'Isdubar. Après avoir affronté des périls de toute nature,

Fig. 70. — Isdubar chargé de la dépouille d'un lion (d'après un cylindre chaldéen du Musée Britannique).

il aborde la terre désirée. L'île est gardée par des *hommes-scorpions* qu'il faut fléchir pour arriver auprès de Hasis-adra. Lorsque Isdubar se trouve en présence du Dieu, un colloque s'établit, et les questions amènent le solitaire à faire le récit du Déluge[1].

1. Voy. G. Smith, *Assyrian discoveries*, p. 184.

« Isdubar parla ainsi à Hasis-adra à la lointaine demeure : « Il faut que je t'interroge, ô Hasis-adra!

« Dis-moi pourquoi l'âge n'a-t-il pas de prise sur toi? Pourquoi occupes-tu cette place et gardes-tu ta vie humaine dans l'assemblée des Dieux? »

« Hasis-adra parla ainsi à Isdubar :

« Je vais te révéler, ô Isdubar, le secret de ma conservation, et le mystère des Grands Dieux, je vais te le découvrir.

« Il est une ville nommée Sourippak que tu connais;

Fig. 71. — Isdubar et le Nocher Ur-hamsi (d'après un cylindre chaldéen du Musée Britannique).

elle est située sur les bords de l'Euphrate; la ville est antique et les Dieux y demeurent.

« Les Grands Dieux avaient résolu de faire le Déluge. Ea-Kin n'était pas d'accord avec eux; il m'annonça leur dessein.

« Écoute ma parole, me dit-il, ô homme de Sourippak,
« fils d'Otiartis; fais ta maison, fais un vaisseau, aban-
« donne ce que tu possèdes, sauve ta vie; fais distribuer du
« pain, de la nourriture et conserve la vie des êtres; fais
« monter sur le vaisseau la semence de tout être vivant.
« Le navire que tu bâtiras mesurera un *ner* d'empan
« (945 mètres) en longueur, un *sosse* d'empan (578 mètres)
« en largeur et en hauteur. Lance le navire ainsi fait sur
« l'Océan. »

Hasis-adra obéit. Le poème initie à la construction de cet immense navire, et une fois bâti, le Chaldéen y entre avec sa famille, abandonnant son palais et ses trésors.

« Alors des profondeurs des cieux surgit un nuage noir; le dieu Bin lâcha ses éclairs; les dieux Nebo et Bel marchaient en avant. Ils marchaient, et sous leurs pas tremblaient les monts et les vallées; le dieu Nergal traînait après lui l'ouragan, le dieu Ninip s'avançait répandant l'obscurité. Les Génies de la Terre (les *annunaki*) avaient éteint toute lumière et, dans leur marche, ils entamèrent la surface de la terre, pendant que Bin cherchait avec ses foudres à atteindre le ciel et se retournait vers la terre.

« Les vagues, comme des montagnes, couvraient la terre; les êtres vivants étaient terrifiés; les hommes cherchaient leur salut, luttant dans les ténèbres; le frère ne voyait pas son frère; les hommes ne se reconnaissaient pas entre eux. Les Dieux mêmes épouvantés craignirent cet orage; ils s'avancèrent vers Anu pour le conjurer, et, comme des chiens timides, ils se couchaient dans les coins.

« La déesse Istar criait comme une femme en peine; elle parlait ainsi :

« La création est vraiment redevenue du limon ; en « présence des Dieux, j'ai annoncé le désastre; mais ainsi « que j'ai annoncé le désastre, en présence des Dieux, « j'ordonne à ce fléau qui frappe les hommes de s'ar- « rêter. — Moi, la mère, j'ai enfanté les hommes, et « aujourd'hui, comme un essaim de poissons, ils peuplent « les ondes. Les Dieux et les Génies de la Terre pleurent « avec moi. »

« Et les Dieux, assis dans leurs refuges, pleuraient également; mais ils étaient muets et laissaient les destinées s'accomplir.

« Pendant six jours et six nuits, le vent souffla; l'orage de la destruction balayait la Terre. Le septième jour les eaux torrentielles s'arrêtèrent.... La Mer devint tranquille ; le vent se calma, l'orage cessa. — La Mer avait fait son œuvre de destruction ; toute l'humanité avait été changée en boue, et les cadavres flottaient comme des roseaux.

« Alors Hasis-adra ouvrit la fenêtre du navire et aperçut la lumière du jour.

« ... Puis il fit sortir une colombe ; elle revint sans trouver d'abri.

« Il fit sortir une hirondelle, elle revint ; puis un corbeau, il mangea les cadavres et ne revint pas ;

« Enfin il fit sortir un agneau et accomplit un sacrifice sur la crête des montagnes.

« Les Dieux arrivèrent, attirés par l'odeur du sacrifice.

« Mais Bel, en voyant le navire, resta stupéfait et fit éclater son courroux contre les Dieux et les hommes.

« Alors Ninip lui expliqua comme quoi Ea-Kin avait révélé le secret à Hasis-adra ; puis il monta dans le navire, prit Hasis-adra et l'enleva au milieu des Dieux.

« Jusqu'à présent Hasis-adra a été un homme périssable, dit-il ; dorénavant Hasis-adra et sa femme vivront comme nous autres Dieux ; ils demeureront au loin, à l'embouchure des fleuves. »

Telle est la légende chaldéenne qui raconte le grand cataclysme du Déluge.

Après la disparition d'Hasis-adra, ses compagnons, fidèles à la voix qu'ils avaient entendue, se dirigèrent vers Sippara ; lorsque les eaux du Déluge se furent retirées et que les lieux devinrent habitables, ils se mirent à la recherche des tables qui contenaient les instructions d'Anu et l'histoire des temps passés ; les ayant retrouvées, ils se rendirent à Babylone et en restaurèrent les temples.

Cette première mention du nom de Babylone apparaît, dans le récit chaldéen que nous venons de citer, immédiatement après que Hasis-adra fut sorti du navire avec sa famille. C'est aussi, selon la Bible, la première ville que les hommes construisirent après le Déluge dans la terre de Sennaar, lorsque les enfants de Noé quittèrent les montagnes de l'Ararat où l'Arche s'était reposée. Ils descendirent dans la vallée de l'Euphrate pour y fonder une nouvelle ville et construire cette Tour qui appela sur eux la colère de Dieu.

La découverte si précieuse du récit du Déluge, d'après la tradition chaldéenne, avait permis de supposer qu'on découvrirait également dans les textes assyro-chaldéens quelques renseignements sur la construction de cette Tour à laquelle on rattache l'origine du nom de Babylone et le mystère de la confusion des langues. Ces légendes sont si vivaces en Orient que les croyants vont encore aujourd'hui rechercher des reliques de l'Arche de Noé dans les montagnes de l'Arménie, et que les habitants de la Mésopotamie ne doutent pas que la plus grande des ruines de la plaine de Hillah ne renferme les vestiges de la Tour de Babel. Aucun document assyro-chaldéen n'est venu jusqu'ici nous éclairer sur ces questions.

Babylone était déjà une vieille cité quand les enfants d'Israël vinrent dans la terre de Chaldée ; elle portait un nom, *Bab-ilou* (la Porte du dieu *El*), dont on cherche en vain l'étymologie dans les textes bibliques; bien compris alors, il s'expliquait par la tradition chaldéenne et n'avait aucun rapport avec le mot *confusion*.

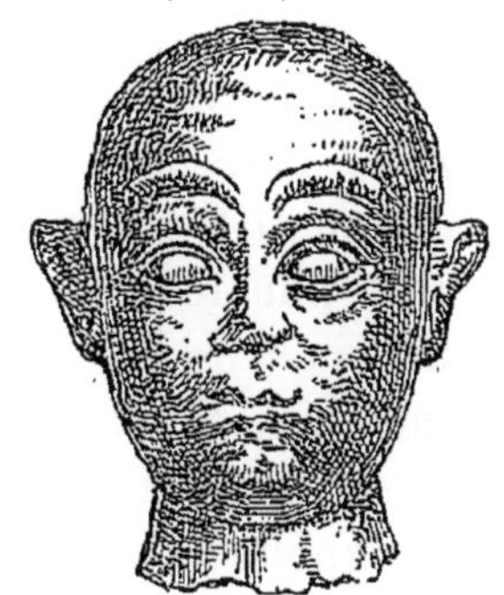

Fig. 72. — Tête chaldéenne.

VI

TEMPS HISTORIQUES

Nous arrivons aux temps historiques; nous pourrons désormais indiquer des dates précises et croire à la réalité des événements que nous enregistrerons.

La date la plus reculée à laquelle nous rattachons l'histoire de Babylone, est fournie par un texte de Nabonid, le dernier roi chaldéen du Second Empire. — Ce prince, archéologue éminent, avait entrepris la restauration des anciens sanctuaires de la Chaldée; il recherchait avec soin les antiques inscriptions que les rois, ses prédécesseurs, avaient déposées dans les fondations des palais pour les *nettoyer*, les transcrire et écrire son nom à côté de celui des rois ses pères, afin de leur donner une nouvelle vie.

Or, Nabonid nous apprend qu'il a fouillé à Sippara les ruines d'un ancien temple pour y trouver les tables que Naram-Sin avait déposées dans ses fondations. Déjà plusieurs rois avaient vainement tenté cette recherche, mais lui, plus heureux, finit par les exhumer. Le texte de Nabonid s'exprime ainsi :

« Les tables de Naram-Sin, fils de Sargon Ier, que, depuis 3200 ans, aucun roi parmi mes prédécesseurs n'avait vues, Samas, le grand seigneur du *Bit-Parra*, le temple du Jour, le séjour de mon cœur, Samas me les a révélées. »

Naram-Sin vivait donc 3200 ans avant Nabonid; et,

comme Nabonid était monté sur le trône de Chaldée 550 ans avant Jésus-Christ, nous pouvons prendre la date de 3750 comme limite inférieure du règne de Naram-Sin, fils de Sargon (l'Ancien), dernier roi de Sippara. Constatons toutefois que la personnalité de Sargon l'Ancien tient encore de la légende. Voici comment il raconte son histoire :

« Je suis Sargon, le roi puissant. Ma mère était une princesse ; mon père ne la connut pas. Le frère de mon père la chassa dans la montagne. Ma ville est Azupérani, située sur les bords de l'Euphrate. Ma mère, la princesse, me conçut et m'enfanta en cachette ; elle me mit dans un panier enduit de bitume et me jeta dans le fleuve ; le fleuve ne m'engloutit pas et m'emporta vers Akki, le jardinier. Akki, le jardinier, me retira du fleuve ; il me prit comme son enfant et m'éleva. Il me plaça dans sa tribu, dans la forêt. Parmi les hommes de sa tribu, Istar m'a fait grandir. Pendant quarante-cinq ans j'ai possédé le pays ; je régnais sur ceux dont la tête est ombragée ; j'ai traversé des pays difficiles dans des chars de bronze ; j'ai gouverné les rois du pays supérieur et du pays inférieur. J'ai soumis la côte de la mer ; trois fois j'ai subjugué Dilvun. Aussi, celui qui viendra après moi, régnera sur ceux dont la tête est ombragée ; il subjuguera Dilvun ; il partira de ma ville Agadé. » (W. A., l. III, pl. 147.)

Sargon l'Ancien n'est pas seulement connu par cette légende ; il est l'auteur incontestable de grands travaux. Il avait fait construire à Agadé des palais et des temples ; il avait réuni une Bibliothèque dont les savants du règne d'Assur-bani-pal ont conservé des copies. A cette époque, nous voyons que toutes les sciences étaient cultivées à Sippara ; l'astronomie, intimement liée à l'astrologie, y était surtout en faveur. Des cylindres en pierre dure appartenant aux prédécesseurs de Sargon prouvent également que les arts avaient atteint un haut développement. Un beau cylindre de la Collection de Clercq porte le nom d'un roi d'Agadé, *Sargani-sarluh*, évidemment antérieur à Sargon (l'Ancien). J'en citerai un autre appartenant au Musée Métropolitain de New-York, inscrit au nom de *Bingani-sarluh* (fig. 75).

Poursuivons, en nous appuyant sur les découvertes modernes. Le texte le plus ancien dans lequel se trouve la mention de Babylone, c'est un document qui paraît provenir de la localité de Tello ; grâce aux nombreux idéogrammes que l'inscription renferme, la lecture en est

Fig. 75. — Cylindre chaldéen d'Agadé (Musée de New-York).

relativement facile. Le nom du roi, écrit en caractères idéographiques, souffre encore, il est vrai, des difficultés de lecture ; mais nous pouvons le nommer provisoirement *Sukal-duggina*, roi de Sirtella (la localité antique cachée sous les ruines de Tello). Il énumère les différents travaux qu'il a accomplis, parmi lesquels se trouve un temple dédié au dieu *Ik-ma*, le palais des oracles, situé à Babylone.

Il faut maintenant essayer de fixer l'époque du règne de ce roi *Sukal-duggina* ; nous nous contenterons d'indiquer la période dans laquelle il pourra prendre sa place un jour.

L'étude des monuments découverts à Tello par M. de Sarzec permet d'établir, dans cette haute antiquité, une succession de dynasties à l'aide de données si précises qu'il est impossible de reculer devant les conséquences qu'elles imposent à l'histoire.

Sans entrer dans les discussions auxquelles la lecture de ces textes a donné lieu, nous aurons :

1° Des rois de *Sirtella*, parmi lesquels figure Sukalduggina ;

2° Des rois de *Ur*, ayant pour vassaux des *Patési* de Sirtella ;

3° Des *Patési* indépendants, gouverneurs de Sirtella, parmi lesquels se trouve Kámuma (*alias* Gudea), le roi le plus récent mentionné sur les statues de Tello ;

4° Enfin une dynastie de princes dont Sargon (l'Ancien) et son fils seraient les derniers représentants.

Dans cette hypothèse, le roi Sukal-duggina pourrait être placé au commencement du cinquantième siècle avant notre ère ; or nous voyons encore apparaître, dans un passé lointain, des rois d'une époque de beaucoup antérieure. Au temps de Sukal-duggina, Babylone était une grande ville, possédant un temple élevé au dieu Marduk, son dieu national, auquel les autres rois de Chaldée venaient rendre hommage.

Les documents nouveaux reportent ainsi à une antiquité supérieure à celle de la fondation des pyramides d'Égypte, et laissent entrevoir une civilisation dans laquelle des monuments authentiques nous permettront bientôt de pénétrer.

VII

LA CHALDÉE AU TEMPS D'ABRAHAM

En l'an 2293 avant notre ère, sur la rive orientale du Tigre, un royaume alors puissant, dont la capitale était Suse, disputait à la Chaldée la suprématie du cours inférieur du fleuve; un prince élamite, *Kudur-Nakhunta*, avait franchi les frontières de la Chaldée, pillant les temples du pays des Akkads. Il s'était emparé de la ville d'Erech et avait mis la main sur la statue de la déesse Nana, particulièrement adorée dans cette localité; il la transporta comme un trophée dans un des sanctuaires de Suse.

En l'an 658 av. J.-C., Assur-bani-pal, roi d'Assyrie et de Babylone, dans sa huitième campagne, après une guerre à outrance contre Ummanaldas, dernier roi d'Élam, s'empara de Suse. Il reprit la statue de la déesse Nana et déclara qu'elle avait été retenue captive depuis seize cent trente-cinq ans dans la ville de Suse; puis au mois de *kislev* (décembre), le premier jour, il fit rentrer en triomphe dans la ville d'Erech la statue de la déesse, et la rendit au sanctuaire qu'elle avait tant aimé.

La date de l'invasion élamite en Chaldée est ainsi fixée d'une manière très précise. La huitième campagne d'Assur-bani-pal eut lieu dans l'année 658 avant J.-C.; si l'on y ajoute les seize cent trente-cinq ans indiqués par Assur-bani-pal, on arrive ainsi au chiffre de *deux mille deux cent quatre-vingt-treize* que nous avons indiqué pour la guerre de Kudur-Nakhunta.

Le chiffre de 1635 ne peut être contesté. Par une circonstance heureuse, il est enregistré sur trois monuments différents ; l'un porte 1535 au lieu de 1635. Il pourrait donc y avoir une erreur de cent ans ; mais le chiffre de 1635 se trouve rectifié par l'indication du troisième monument qui, au lieu de donner le chiffre suivant le calcul décimal, le décompose conformément à la notation

Fig. 74. — Terre cuite de Senkereh (Musée Britannique).

sexagésimale, et mentionne 2 *nères*, 7 *sosses* et 15 unités qui forment le chiffre de 1635.

Nous n'essaierons pas de faire concorder la date de cet événement avec les données de l'histoire du peuple juif. On l'a tenté, mais il faudrait changer des calculs acceptés depuis longtemps.

Nous nous bornerons à constater que, dès cette époque, la Chaldée était riche et florissante ; les monuments sont là pour l'attester, statuettes (fig. 72), terres cuites (fig. 74) ; bronzes, pierres gravées, etc. Autour d'elle, des

États puissants cherchaient déjà à l'envahir : — au nord, l'Assyrie; à l'est, l'Élam; au sud, l'Égypte; à l'ouest, les Héthéens. Tous ces pays jouissaient d'une civilisation très avancée. Ur était dans toute sa splendeur, et disputait à Babylone, à Larsam, à Erech et à Sippar la domination de la Basse-Chaldée.

La Bible, au moment d'expliquer la migration d'une partie de la tribu des Térachites établie à cette époque en Mésopotamie, est entraînée à parler de l'état de ce pays.

Tharé avait trois enfants. Abraham était l'aîné; Nachor et Haran étaient les suivants. Abraham épousa Saraï et Nachor Melcha, sa nièce, fille de Haran. — La tribu de Tharé vivait à Ur de cette vie patriarcale que les peuples pasteurs ont encore conservée. Un jour, la tribu émigra; Tharé ayant pris Abraham, son fils, Lot son petit-fils, fils de Haran et Saraï sa belle-fille, les fit sortir de Ur des Chaldéens, pour aller au pays de Chanaan; ils s'arrêtèrent à Haran, où ils résidèrent jusqu'à la mort de Tharé.

Ce fut alors que le Seigneur se manifesta pour la première fois à Abraham : « Sortez, lui dit-il, de votre pays, de votre parenté, de la maison de votre père, et venez en la terre que je vous montrerai ; je ferai sortir de vous un grand peuple ; je vous bénirai, je rendrai votre nom célèbre et vous serez béni. Je bénirai ceux qui vous béniront ; je maudirai ceux qui vous maudiront, et tous les peuples de la terre seront bénis en vous. » (*Genèse*, XII, 1, 2, 3.)

Abraham sortit donc de Haran pour aller au pays de Chanaan, et le Seigneur lui apparaissant de nouveau, lui dit : « Je donnerai ce pays à votre postérité ». — Puis la vision divine disparut, et Abraham commença cette vie errante continuée par ses descendants jusqu'à Moïse, qui ne fit qu'entrevoir les horizons de la terre promise.

La Chaldée était alors déchirée par des guerres dont

les inscriptions nous ont fait comprendre les péripéties[1].

« En ce temps-là, dit la Bible, Amrapel, roi de Sennaar, Arioch, roi d'Élassar, Chodor-laomer, roi des Élamites, et Thadal, roi des Nations, firent la guerre contre Berah, roi de Sodome, contre Barsa, roi de Gomorrhe, contre Senaab, roi d'Adama, contre Semeber, roi de Seboïm, et contre le roi de Belah, qui est le même que Tsohar. Tous les rois s'assemblèrent dans la vallée des bois, qui est maintenant la mer salée.

« Ils avaient été assujettis à Chodor-laomer pendant douze ans, et la treizième année ils se retirèrent de sa domination. » (*Gen.*, XIV, 1, 2, 3, 4, etc.)

Il est bien difficile, d'après les données bibliques, de déterminer la date de cette conflagration qui mit aux prises les peuples de la Haute Asie. Les inscriptions font connaître des noms de princes élamites tels que Kudur-Nakhunta, Kudur-Mabuk, Kudur-Lagamer. Au XIVe chapitre de la Genèse, on voit figurer Chodor-laomer, qu'on a cherché à identifier avec le Kudur-Lagamer des inscriptions, attaqué par Abraham, chef des Hébreux, au retour d'une expédition contre les princes de Syrie confédérés contre lui. — Nous arrivons sans renseignements à une époque voisine du seizième siècle avant notre ère. Un grand administrateur, Hammourabi, allait imposer silence aux prétentions rivales des petits États et fixer définitivement à Babylone le siège du Premier Empire de Chaldée.

1. G. Smith, *Notes on the early history, etc.* — F. Lenormant, *Études accadiennes*, t. I, fasc. 3, p. 79-80. — H. G. Tomkins, *Studies on the times of Abraham.* 1878.

VIII

PREMIER EMPIRE DE CHALDÉE

Hammourabi paraît être le premier roi de Babylone qui ait réduit sous sa puissance tous les souverains du cours inférieur de l'Euphrate. Ce prince était d'origine étrangère; d'abord roi du pays de *Kassi*, en Élam, les Kissiens des Grecs, il dut arriver au trône de Babylone par une alliance, car nous ne voyons pas à cette époque la trace d'une occupation violente. Il étendit sa domination sur les deux vallées du Tigre et de l'Euphrate, et après la défaite du dernier roi de Larsam, il devint maître de toute la Chaldée.

Les renseignements que l'on possède sur son règne sont assez nombreux pour que l'on puisse juger, à la distance où nous sommes placés, de la sagesse de son administration, de sa sollicitude pour les grands travaux d'irrigation qui ont fait la fortune et la gloire de la Chaldée, enfin du degré de splendeur auquel les arts étaient parvenus à cette époque reculée.

Les inscriptions de ce roi sont conçues dans un idiome différent de celui qui est employé dans les textes de Tello. A cette époque, on parlait à Babylone la même langue que celle que nous trouvons dans les inscriptions des rois du dernier Empire (VIe siècle av. J.-C.). Cette langue sémitique si simple et si vivace, qui peut mourir, mais qui ne change pas, ne présente dans les inscriptions de Hammourabi aucune différence notable avec celle de Nabuchodonosor ou de Nabonid. Cependant nous devons constater ici qu'elle n'était pas employée par tous les sujets sur lesquels Hammourabi était appelé à régner; et déjà, comme les inscriptions des Achéménides en ont donné l'exemple, le roi, pour se faire comprendre de tous, rédigeait quelquefois ses documents officiels en deux langues, ainsi qu'une inscription a permis de le constater[1].

L'inscription la plus importante est conçue en assyro-chaldéen avec un mélange d'expressions antiques; elle est gravée sur une tablette de calcaire gris en beaux caractères du style monumental de Babylone; en voici la traduction[2].

« J'ai fait creuser, dit-il, le Nahar-Hammourabi, la richesse des hommes de la Babylonie, le canal qui conduit aux terres des Sumers et des Akkads. J'ai dirigé les eaux de ses branches sur des plaines désertes; je les ai fait déverser dans des fossés desséchés; j'ai donné ainsi des eaux perpétuelles aux peuples des Sumers et des Akkads.

« J'ai réparti les habitants du pays des Sumers et des Akkads dans des villages étendus. J'ai changé les plaines désertes en terres arrosées, je leur ai donné la fertilité et l'abondance; j'en ai fait un séjour de bonheur. »

« Nous disons ceci : Hammourabi, roi puissant, favori du dieu suprême, Moi!

« D'après les ordres indiscutables de Mardouk, le redoutable, j'ai construit un fort élevé muni de grandes tours, dont les sommets sont hauts comme des montagnes, à la prise d'eau du canal Nahar-Hammourabi, la prospérité des peuples. J'ai nommé ce fort Dour-Oummou-banit, du nom du père qui m'a engendré; je l'ai établi dans ces contrées en souvenir d'Oummou-banit, le père qui m'a engendré. »

1. Amiaud, *Journal asiatique*, août-septembre, 1882.
2. J. Ménant, *Inscription de Hammourabi*. Paris, 1863.

Les autres inscriptions de ce roi consacrent sa piété envers les Dieux ; une seule fait allusion aux ennemis qu'il a vaincus.

Hammourabi a élevé des sanctuaires dans plusieurs localités, tels que le temple du Jour à Larsam. On a trouvé à Senkereh, dans le monticule de l'El-Oheymir (le monticule rouge), des briques qui portent son nom. Il avait bâti un palais à *Kitmuel*; on a recueilli dans les ruines de cette localité, connues aujourd'hui sous le nom de Kalwada, des anneaux de bronze sur lesquels on lit son nom et que nous croyons provenir de l'extrémité de son sceptre.

Nous avons dit qu'une partie de la population parlait alors une langue différente de celle que nous nommons l'assyro-chaldéen. Le fait de l'existence de cette langue est attesté par les contrats d'intérêt privé de cette époque, découverts par Loftus dans les ruines de Senkereh (*Larsam*). Ces contrats étaient rédigés sur l'argile, comme tous les documents mésopotamiens, par un scribe spécial (*Tupsar*), en présence de témoins qui sanctionnaient la sincérité des conventions, en y apposant leur cachet.

Ici se présente une particularité qui n'a pas été rencontrée dans les âges postérieurs, et qui mérite d'être signalée. Les tablettes sont revêtues d'une enveloppe d'argile sur laquelle on a reproduit les termes du contrat avec les mêmes clauses et les mêmes formalités, accompagnées des mêmes cachets, quelquefois plus nombreux, parce que l'espace le permettait sans doute. Cette double enveloppe répond à une précaution qui, selon nous, aurait été prise en cas de contestation sur le contenu de l'acte ou d'une altération possible dans les termes de la convention. Il eût suffi, en effet, de briser l'enveloppe pour recourir au texte et retrouver ainsi les clauses primitives (fig. 75). Ces documents permettront de se rendre compte des détails de la vie privée ; malheureusement ils échappent encore à une interprétation rigoureuse.

Les successeurs de Hammourabi ne nous sont connus que par une tablette indiquant sommairement leurs noms et leurs guerres contre l'Assyrie. Après une période de plusieurs siècles, nous arrivons à un prince sur lequel les documents permettent de s'arrêter un moment; la date de son règne est fixée vers l'an 1130 av. J.-C. *Marduk-idin-akhi* régnait à Babylone en même temps que Tuklat-pal-Asar (Ier) en Assyrie; il fit trois fois la guerre contre l'Assyrie. La première, il défit Tuklat-pal-Asar, et s'empara des statues des dieux Bin et Sala,

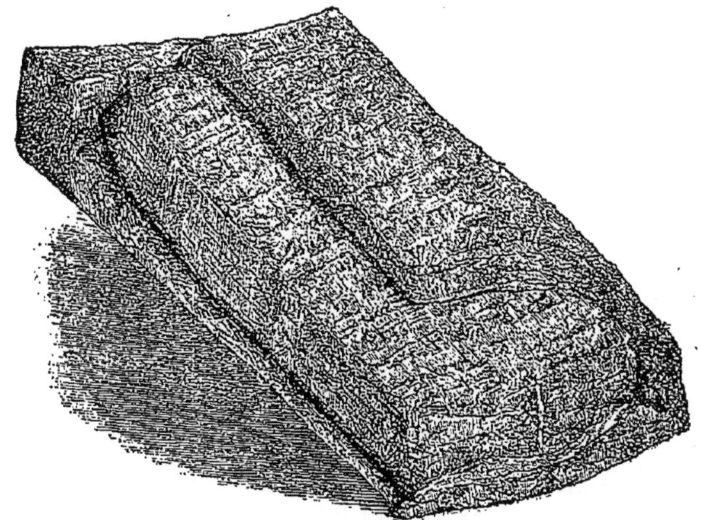

Fig. 75. — Contrat chaldéen du Premier Empire (Musée Britannique).

les Dieux de la ville de *Hékali* (la ville des Palais). Cette victoire du roi de Chaldée est attestée par Sennachérib qui, dans sa quatrième campagne (quatre cent dix-huit ans plus tard), prit Babylone et replaça dans leurs sanctuaires, à Hékali, les statues que Tuklat-pal-Asar avait enlevées. La tablette des synchronismes ne donne aucun détail sur cette guerre; mais elle parle d'une seconde campagne et d'une bataille qui aurait eu lieu sur le Zab-Inférieur, dans laquelle Tuklat-pal-Asar remporta, au contraire, certains avantages, et à la suite de laquelle il poursuivit Marduk-idin-akhi jusqu'aux portes de Babylone.

Nous avons de précieux vestiges du règne de Marduk-idin-akhi; d'abord, le fameux document connu sous le nom de *Caillou de Michaux*, et qui est déposé au Cabinet des Médailles à Paris. Ce monument a été découvert en 1800, par Michaux qui l'a rapporté en France. C'est un caillou en basalte, de forme amygdaloïde, de 0,45 centimètres de hauteur. La partie supérieure est couverte de symboles qui en occupent environ le tiers; la partie inférieure, divisée en quatre colonnes, contient un texte qui n'est autre qu'une donation par *contrat de mariage*, en faveur d'une jeune fille de Dur-Sargina[1], promise à un nommé Tab-asab-Marduk (fig. 76).

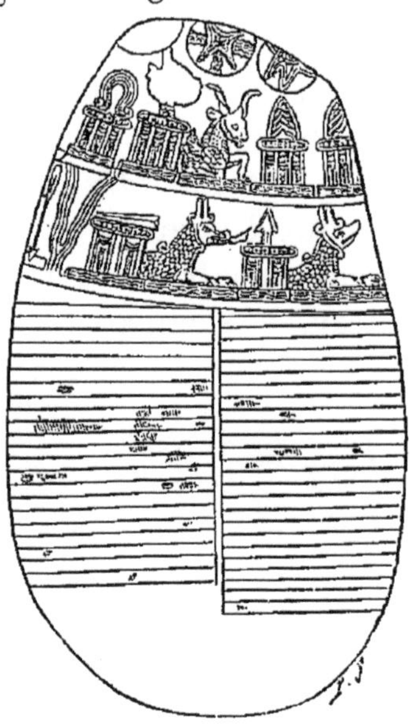

Fig. 76. — Contrat de mariage chaldéen (Musée du Louvre)

Depuis Michaux, on a découvert plusieurs monuments semblables qui figurent actuellement au Musée Britannique; ils sont à peu près de la même dimension et les ornements d'un style analogue. Il s'agit toujours de donations de terrains, dont la situation et les abornements sont rigoureusement déterminés. Les actes se terminent par une formule pareille à celle que les rois d'Assyrie inscrivaient dans leurs textes, pour conjurer les Dieux et les hommes de veiller à la conservation de leurs œuvres.

1. Une ville fondée par Sargon (l'Ancien), roi de Chaldée, qu'il ne faut pas confondre avec celle dont les ruines sont couvertes par le tumulus de Khorsabad.

Un de ces actes constate une donation royale. C'est l'investiture d'un terrain que Bin-zir-basa, ministre du roi de Babylone, *Marduk-idin-akhi*, accorde à son sujet, Marduk-ilu-su. Ce monument est en basalte, comme le premier; la partie supérieure présente les mêmes symboles, avec quelques variantes; la partie inférieure ne comprend que deux colonnes d'écriture sur une des faces ; sur l'autre, on a gravé le portrait du roi.

Ce petit bas-relief est très intéressant, d'autant plus que c'est le seul portrait d'un roi de Chaldée qui soit encore parvenu jusqu'à nous. Le type est différent de celui des princes assyriens; c'est évidemment un homme d'une autre race (fig. 77).

Marduk-idin-akhi est de taille petite, mais robuste et trapue. — Ses traits sont fortement accentués, les pommettes saillantes; le nez est court, écrasé à la base; les narines sont relevées, les lèvres épaisses et charnues. L'œil, taillé à la manière de toutes les figures de l'Assyrie et de la Chaldée, a perdu son caractère particulier. Le front bas donne à la tête une certaine ampleur; le cou est enfoncé dans les épaules. La barbe abondante et touffue est bouclée avec art, ainsi que les cheveux qui tombent sur la nuque.

Le costume est très remarquable. Le prince est coiffé d'une tiare cylindrique sur laquelle on peut apercevoir des vestiges d'ornements; la partie supérieure est rehaussée d'une couronne de plumes, et la partie inférieure est occupée par une rangée de rosaces. La robe, d'une étoffe lourde et richement brodée, est disposée avec une certaine recherche; elle mériterait une étude spéciale, car le travail de l'artiste permet de se rendre compte de la nature même du tissu et des ornements dont il est chargé. Ces ornements sont appliqués sur le vêtement de manière à suivre les exigences de la forme. Ils ne sont donc pas tissés dans l'étoffe, mais brodés après coup; le tout est galonné et liséré avec des *fiocchi* d'une grande richesse. La taille et les manches sont ajustées au corps. Le jupon paraît formé d'une seule pièce d'étoffe enroulée autour des hanches et tombant en se repliant sur elle-même jusque sur les talons; il est retenu par une ceinture brodée dans laquelle sont engagés deux poignards; des courroies, destinées peut-être à soutenir le carquois dissimulé derrière le corps, se croisent sur la poitrine. Les bras sont chargés de bracelets d'or ornés d'une rosace pareille à celles du bandeau de la tiare. Quant à la chaussure, espèce de sandale, elle est formée de lanières tressées ou d'une étoffe à carreaux d'une certaine résistance. Le roi se présente de profil, avec une pose audacieuse et fière, tenant son arc de la main gauche, et de la droite, une flèche.

Fig. 77. — Marduk-idin-akhi (Musée Britannique).

Comme on le voit, cette figure est du plus haut intérêt; elle nous renseigne sur le caractère ethnographique de ce puissant souverain du Premier Empire ; elle présente une différence notable avec le type des habitants de la Mésopotamie Supérieure et permet, par un simple rapprochement, de reconnaître le type chaldéen parmi les populations vaincues représentées sur les bas-reliefs assyriens.

Pendant cette période, les grands travaux de canalisation, entrepris par les souverains, avaient développé en Mésopotamie cette fertilité prodigieuse si vantée par les auteurs grecs. On trouve, dans les anciennes lois de la Chaldée, la trace du soin méticuleux avec lequel le législateur avait réglé l'arrosage des prairies, le temps du

Fig. 78. — Cylindre chaldéen de la Bibliothèque Nationale.

labourage et des semailles. Les pierres gravées nous ont transmis des scènes de la vie rurale (fig. 78).

Après Marduk-idin-akhi, nous rencontrons une série de rois qui ne sont guère connus que par le nom, et dont les règnes comprennent une période de 380 années, depuis l'an 1100 à l'an 720 avant J.-C.

C'est parmi ces rois qu'on devrait placer *Pul*, l'adversaire de Ménahem, mentionné dans la Bible; mais jusqu'ici aucun texte assyro-chaldéen ne nous fait connaître ce prince.

IX

MARDUK-BAL-IDIN (MÉRODACH-BALADAN)

Nous arrivons à une grande époque. Les rois d'Assyrie, poursuivant leurs victoires, s'avançaient vers Babylone. Cette entreprise absorba tous les efforts de la dynastie des Sargonides. Un prince, *Mérodach-Baladan*, dont le nom est conservé dans la Bible et qu'il est facile de reconnaître dans les textes assyriens sous la forme de *Marduk-bal-idin*[1], sera l'héroïque défenseur de la Chaldée. Ce fut un rude guerrier ; pendant quarante-trois ans, il lutta avec une énergie que les revers ne pouvaient abattre contre la puissance assyrienne, qui allait enfin s'imposer à Babylone et à la Chaldée.

Marduk-bal-idin, le deuxième du nom, était fils de *Yakin*. Nous le voyons apparaître pour la première fois sous le règne de Tuklat-pal-Asar II. Il gouvernait alors la province du Bet-Yakin, petit pays situé dans la Mésopotamie Inférieure, sur le bord de la mer. Il se trouva entraîné dans la défaite des princes du cours inférieur de l'Euphrate, qui furent obligés d'accepter la suzeraineté du monarque assyrien. Le texte de Tuklat-pal-Asar est ainsi conçu :

« Les sujets de Marduk-bal-idin, fils de Yakin, sous les

1. C'est par suite d'une fausse interprétation d'un nom chaldéen que le texte biblique nomme Mérodach-Baladan, *fils de Baladan*, roi de Babylone.

rois mes pères n'avaient jamais été soumis ; ils n'avaient pas embrassé leurs genoux ; la crainte immense d'Assur, mon seigneur, les effraya ; ils vinrent au-devant de moi dans la ville de Sapiya. Ils embrassèrent mes genoux ; je leur ai imposé en tribut de l'argent, de l'or, des produits de leurs pays, des pierres précieuses, des poutres, des étoffes, des bœufs et des moutons. » (W. A., l. II, pl. LXVII, lig. 58.)

Le Bet-Yakin devint tributaire des rois d'Assyrie.

Il est impossible d'apprécier les événements qui amenèrent Marduk-bal-idin au trône de Chaldée ; l'histoire est alors des plus obscures. Un fait semble certain, c'est que, d'après le Canon de Ptolémée, Μαρδοκεμπαδος (Mérodach-Baladan) succéda à Ιλουλαίος en même temps que Sargon devenait roi d'Assyrie, et il monta sur le trône de Babylone l'an 721 av. J.-C.

La Chaldée jouissait d'une paix relative. Marduk-bal-idin ne se fiait pas à ce calme apparent ; les premières années de son règne ne paraissent pas avoir été inquiétées par le roi d'Assyrie, qui ne songeait pas à prendre l'offensive. C'est pendant cette période qu'il se prépara à la résistance, en cherchant des alliés, et qu'il entra en relation avec la Judée. Les renseignements que nous trouvons dans la Bible sont très précis et en parfaite harmonie avec les textes assyro-chaldéens.

Ézéchias régnait alors à Jérusalem depuis quatorze ans ; il fut atteint d'une grave maladie. Isaïe en désespérait ; il lui conseillait de mettre ordre à ses affaires et de se préparer à mourir. Cependant Ézéchias revint à la santé ; le prophète lui promettant encore un long règne et la protection de Dieu pour le délivrer du joug des Assyriens, il était tout disposé à recevoir les avances que les ennemis de l'Assyrie ne manqueraient pas de lui faire. Marduk-bal-idin, de son côté, ne laissa pas échapper cette occasion de recruter des alliés ; il envoya des lettres et des présents à Ézéchias, sous le prétexte de le complimenter de son heureux rétablissement[1]. On sait comment Isaïe envisagea ces avances dangereuses et les sinistres prédictions qu'il fit entendre (*Isaïe*, c. XXXIX).

Les ambassadeurs envoyés par Marduk-bal-idin à Jérusalem n'avaient eu qu'un but, conclure un traité avec Ézéchias. — L'intervention d'Isaïe détourna, pour un moment, les effets de cette alliance imprudente. Ézéchias, affaibli par la maladie, ne désirait que le repos et la tranquillité pendant les jours qui lui restaient à vivre; il put régner quinze ans encore et s'endormir en paix avec ses pères, laissant à un enfant de douze ans, Manassé, la tâche difficile de lui succéder. Ce long règne de cinquante-cinq ans ne fut qu'une suite de crimes devant le Seigneur; nous verrons bientôt comment le royaume de Juda allait périr à son tour.

Quant à présent, reprenons les péripéties de cette grande guerre dans laquelle les deux plus puissants empires du monde, l'Assyrie et la Chaldée, allaient se trouver aux prises. Sargon se disposait à attaquer; Marduk-bal-idin était prêt à résister.

Sargon paraît avoir suivi un plan de conquête plus sérieux que celui de ses prédécesseurs. Il commença par soumettre l'Arménie, la Médie et la Syrie tout entière; puis il poursuivit le roi d'Égypte, qu'il força de repasser ses frontières. Il comprit alors que le moment était venu d'attaquer Babylone; le prétexte de cette invasion était toujours facile à trouver. Marduk-bal-idin, se croyant sûr de vaincre, y avait peut-être donné prise, en négligeant de payer le tribut. Voici ce que nous lisons dans les *Annales* du roi d'Assyrie[2]:

1. C'est bien à cette date que l'on doit placer la maladie d'Ézéchias et l'ambassade de Mérodach-Baladan, non pas sous le règne de Sennachérib. Voyez OPPERT, *Salomon et ses successeurs, solution d'un problème chronologique*, p. 30. Extrait des *Annales de philosophie chrétienne*, t. XI et XII. 1870.

2. BOTTA, Inscription des Salles, II, 20, XIII, n° 4.

« Dans la douzième année de Sargon, Marduk-bal-idin, fils de Yakin, roi du pays de Chaldée, qui avait établi sa demeure au milieu de la mer du soleil levant, s'était fié à la mer et à ses soldats; il avait formé une alliance avec Khumbanigas, roi d'Élam, et avait soulevé tous les peuples de la Mésopotamie. Il se préparait à la guerre et s'avançait dans lè pays des Sumers et des Akkads. Il avait envoyé des ambassadeurs pendant douze ans contre la volonté des dieux de Babylone, la ville de Bel qui juge les Dieux; mais Marduk n'accorda pas sa protection aux actions blâmables du roi du pays de Kaldu; il les avait vues, et, avec son secours, il ordonna la perte du sceptre et du trône de sa royauté. »

Ne suit-on pas la politique parallèle des deux États, et ne devine-t-on pas que les manœuvres du roi de Babylone, envoyant partout des ambassadeurs pour former des alliances offensives ou défensives, étaient parvenues aux oreilles de la chancellerie assyrienne? Le rédacteur des *Annales* poursuit :

« Aussi Sargon rangea son armée en bataille pour entreprendre une campagne contre ce rebelle. — Et lui, Marduk-bal-idin, apprit l'approche des armées assyriennes; il fortifia ses places fortes; il rassembla les régiments de son armée et les troupes du pays de *Gambul* dans la ville de Dur-Atkhar, et, à l'approche de son expédition, il augmenta sa garnison. » (II. 20, 13, 4; Montant II. 2; Salle II, 21.)

Le premier engagement fut décisif. Sargon rencontra l'avant-garde chaldéenne, composée de six cents cavaliers et de quatre mille hommes; le gros de l'armée était retranché derrière un canal creusé pour la défense et soutenu par des places fortes, mais la défaite n'en fut pas moins certaine. Le combat dura jusqu'à la chute du jour, et les Chaldéens laissèrent dix-huit mille prisonniers aux mains du vainqueur, avec un butin considérable.

La Chaldée était dès lors ouverte aux envahisseurs;

les villes tombèrent successivement au pouvoir de Sargon, et tout le pays de Gambul lui fut bientôt soumis.

Cette victoire jeta la terreur dans les villes voisines et amena d'autres victoires. Cependant, avant de s'avancer plus loin, il était utile de songer à assurer ses derrières. Les Araméens, aux yeux de Sargon, gens perfides, s'étaient tournés du côté de Marduk-bal-idin ainsi que Sutruk-Nakhunta, roi d'Élam; il fallait frapper un grand coup. Sargon envoya aussitôt quelques brigades ravager leurs plantations, leurs propriétés et leurs villages. Le combat fut inutile; à l'approche de l'armée, les Araméens prirent la fuite, et les gouverneurs de quatorze places fortes vinrent d'eux-mêmes s'humilier devant le vainqueur et, suivant la coutume, embrasser ses genoux.

D'un autre côté, Sargon menaçait les provinces d'Élam; il attaqua Sutruk-Nakhunta dans une bataille rangée, s'empara d'un grand nombre de places fortes et fit plus de sept mille cinq cents prisonniers. Les gouverneurs vinrent alors faire leur soumission, et le roi d'Élam fut contraint de fuir dans les montagnes de son pays, pour sauver sa vie.

La Chaldée restait sans défense devant le vainqueur. La gloire d'Assur, de Nébo, de Marduk que Sargon avait répandue dans ces contrées, retentit dans Babylone. Marduk-bal-idin l'entendit au milieu de son palais; il eut peur. Il sortit de nuit avec ses auxiliaires et ses troupes, et se dirigea vers le pays de Yatbur, au pays d'Élam; il offrit de riches présents à Sutruk-Nakhunta pour le retenir dans sa cause, mais l'Assyrien le poursuivait toujours. La jonction des Chaldéens et des Élamites ne put se faire; le pays de Yatbur fut envahi à son tour, et le vaincu contraint de chercher son salut dans une prompte retraite.

Pendant ce temps-là, que se passait-il à Babylone? Les habitants de Babylone et de Barsip, les grands du palais, les chefs de l'armée, les savants et ceux qui marchaient devant les *mahirut du pays qui leur est confié*, apportèrent devant Sargon des statues de Bel, de Zarpanit et de Tasmit, dans la ville de Dur-Yakin. Les habitants de Babylone l'appelèrent (Sargon) de leurs vœux ; il répandit l'allégresse dans la ville de Bel et de Marduk qui juge les Dieux, et alors il entra dans la ville. Il établit le siège de sa puissance dans le palais même de Marduk-bal-idin et reçut les tributs des pays d'Arimi, d'Amukani et de Dakuri. (Montant O. 2, Salle V. IX.)

Sargon songea à jouir de son triomphe. — Le mois *sebat* était arrivé (janvier) ; c'est le mois consacré au maître des Dieux. Sargon prit les mains de Bel, de Marduk, de Nabu, le roi qui régit les légions du Ciel et de la Terre. Il parcourut le chemin du temple des Trésors, où il érigea devant les divinités deux taureaux sculptés ; puis il accomplit des sacrifices aux Dieux des Sumers et des Akkads.

Cependant la guerre n'était pas finie. Marduk-bal-idin avait perdu sa capitale ; mais, fugitif, errant, il était encore redoutable. Sargon s'était attardé dans Babylone pendant trois mois, et Marduk-bal-idin en avait profité pour reconstituer une armée. Il avait levé des contributions sur les villes du cours inférieur de l'Euphrate, à Ur, à Larsam, à Kisik, à Nivit-Laguda, et avait rassemblé ses forces à Dur-Yakin. Il y avait élevé des retranchements, creusé des fossés au-dessous du niveau du fleuve pour permettre de les remplir d'eau et de s'en faire un moyen de défense. Vains efforts ! Les soldats assyriens s'avancèrent contre lui, et la garde royale chaldéenne plia devant le choc de l'armée ennemie ; l'assaut fut donné. Ce fut avec peine que Marduk-bal-idin gagna la grande porte de la ville pour s'enfuir ; frappé de terreur, il abandonna son sceptre et son trône, et fut contraint de baiser la terre en présence de l'ambassadeur de Sargon, en livrant sa forteresse. Sargon perdit sa trace, et ne put jouir de sa victoire qu'en livrant aux flammes la ville de Dur-Yakin. Le carnage fut indescriptible : pendant trois jours et trois nuits la place fut livrée au pillage; quatre-vingt mille prisonniers tombèrent aux mains des Assyriens, et la ville fut changée en un monceau de ruines. (Salle II, 31. Salle V, 7.)

Un pays comme la Chaldée ne se soumet pas en un jour. Sargon comprit qu'il valait mieux s'attacher les habitants de Babylone, qui ne lui étaient pas hostiles, que de poursuivre une guerre devenue la cause personnelle du souverain. Aussi, il permit aux gens de Sippar, de Nipur et de Babylone de continuer à résider dans leurs villes; puis il rétablit à Ur, à Uruk, à Rata, à Larsam, à Zirghoul, à Kisik, à Nivit-Laguda les Dieux et leurs sanctuaires. Il leur rendit les images qui avaient été enlevées dans la campagne précédente et rétablit leur culte; enfin il constitua un gouvernement régulier dans la Mésopotamie Inférieure et nomma un gouverneur de Babylone, dont les pouvoirs s'étendaient sur une partie du pays d'Élam et de Gambul.

Sargon, à partir de cette époque, prit le titre de roi de Babylone. Nous en avons la preuve par des contrats d'intérêt privé qui portent une double date, celle de son règne comme roi de Babylone et celle de son règne comme roi d'Assyrie. Une tablette donne, en effet, la mention suivante, relative à un contrat passé dans la ville de Kaltu : « au mois de *sébat* (janvier), du Limmu de Mutakkil-Assur, préfet de Guzan, l'an XV de Sar-Kin (le second), roi du pays d'Assur, et l'an III du roi de Babylone. »

Malgré ce titre qui figure dans le protocole des inscriptions de Sargon, il paraît que ce prince ne régna jamais effectivement à Babylone. Il délégua ses fonctions d'abord à des lieutenants, et, dans les derniers temps, à son fils Sennachérib; mais une nouvelle insurrection était alors imminente en Chaldée, et le pays était déjà très agité, lorsque des faits d'une autre nature rappelèrent Sargon en Assyrie. (Voy. *supra*, p. 48.)

Ce prince venait d'inaugurer par des fêtes splendides le palais qu'il avait construit, non loin de Ninive, dans la ville de *Maganubba*, à laquelle il avait donné son nom, Dur-Sarkin[1]; il comptait sur son fils pour maintenir la Chaldée, lorsqu'il fut assassiné (704 avant J.-C.) par un certain Bel-Kaspai, natif de la ville de Kouloumma, dont le nom est parvenu jusqu'à nous.

Cette mort soudaine rappela Sennachérib à Ninive ; la Chaldée fut laissée dans un état d'anarchie enregistré dans le Canon de Ptolémée sous le titre d'*interrègne*, qui dura deux ans. Les inscriptions et la Bible ne donnent aucun renseignement sur cette époque ; mais cette lacune est en partie comblée par un passage de Bérose rapporté dans Eusèbe. Il nous apprend que le signal de la révolte fut donné par un certain *Hagigès*, dont le pouvoir éphémère aurait duré trente jours. Il fut tué par Marduk-bal-idin accouru du pays d'Élam où il s'était réfugié après sa défaite, et qui vint de nouveau se mettre à la tête de la résistance.

Sennachérib avait quitté Babylone pour se rendre en Assyrie et succéder à son père. Il ne paraît pas avoir pris le titre de roi de Babylone. C'était, en effet, un trône qu'il fallait de nouveau conquérir ; aussi son premier soin fut de marcher contre la Chaldée. La guerre fut terrible, implacable ; voici du reste comment le roi nous raconte cette campagne (W. A., l. I, pl. XXXVII, col. 1, l. 19.)

« Dans ma première campagne, j'ai vaincu Marduk-bal-idin, roi de Kardunyas et les armées du pays d'Élam, dans les environs de Kis. » Pendant la mêlée, Marduk-bal-idin, trahi par les siens, s'enfuit en laissant ses bagages et gagna les marais du Bas-Euphrate. Ses chars, sa cavalerie, les machines de guerre qui étaient sur le champ de bataille se tournèrent contre lui. Sennachérib rentra en vainqueur dans la ville de Babylone, et s'éta-

1. *Abu* (juillet), 705 av. J.-C.

blit dans son palais, où il reprit les richesses qu'il y avait laissées ; puis il envoya ses soldats poursuivre Marduk-bal-idin dans le pays de Gunzinam jusqu'au canal et dans les marais, où ils le traquèrent pendant cinq jours, sans parvenir à découvrir sa retraite. Ce fut en vain que le roi d'Assyrie assiégea soixante-neuf places fortes, huit cent vingt forteresses, fit sortir de leurs demeures les tribus d'Urbi, d'Aram, de Kaldu, réfugiées dans les villes d'Erech, de Nipur, de Kis, de Ur, de Kuta, ainsi que les habitants de la ville révoltée, et les vendit comme esclaves. L'insurrection allait bientôt relever la tête.

Cependant Sennachérib avait appelé à la royauté de Babylone un certain *Bel-ibnou*, fils d'un astrologue de son palais, qui prend rang dans le Canon de Ptolémée sous le nom altéré de Βηλίβος. Celui-ci parvint à se maintenir au pouvoir pendant trois ans, malgré les difficultés avec lesquelles il se trouvait aux prises ; mais il finit par trahir la cause de Sennachérib, et tomba sans résistance sérieuse, car les inscriptions se taisent sur son compte. Un fragment de Bérose apprend que le vainqueur envoya *Bélibos* expier sa faute ou sa faiblesse dans les prisons de l'Assyrie.

L'insurrection n'était pas encore réprimée ; elle s'était cantonnée dans le sud de la Chaldée, où la guerre était plus difficile, à cause des inondations périodiques favorables à la défense.

On sait par Hérodote et par la Bible que Sennachérib avait éprouvé des revers sérieux en Égypte et en Palestine ; c'était donc le moment de tenter un soulèvement en Chaldée. Nous retrouvons encore Marduk-bal-idin sur la brèche ; il fut l'âme et l'instigateur de cette révolte. Du fond de sa retraite, dans un point ignoré du Bet-Yakin, il suivait les événements et conviait à la résistance les tribus de la Chaldée ainsi que le peuple de Babylone ; il parvint même à pactiser avec le préposé de

Sennachérib. Voici comment le texte assyrien raconte cette campagne, qui amena sur le trône Assur-nadin, l'Ἀσσαραδῖνος du Canon de Ptolémée, plus facile à reconnaître peut-être dans la forme *Assordonos* de Bérose, transmise par Eusèbe.

« Alors je me suis dirigé vers le pays de Bet-Yakin. Ce Marduk-bal-idin que j'avais vaincu dans ma première campagne, redoutait l'approche de mes forces immenses et l'issue des combats ; il prit les Dieux protecteurs de son pays et les fit embarquer sur des navires ; il s'enfuit comme un oiseau vers la ville de Nagit-Rakki, située au milieu de la mer. Je fis sortir de la ville de Bet-Yakin, sur les rives du Nahar-Agammi, au milieu des marais, ses frères, ceux de sa race qui avaient abandonné les rives de la mer, et les grandes familles de ce pays ; je les ai emmenés et je les ai vendus comme des esclaves; j'ai démoli les villes, j'en ai fait un désert. — A mon retour, j'ai placé sur le trône Assur-nadin-sum, mon fils aîné, et j'ai mis sous son gouvernement la direction du vaste pays des Sumers et des Akkads. » (*Prisme de Taylor.* W. A., l. I, pl. XXXVII, col. III, l. 49.)

Le Canon de Ptolémée compte six ans de règne à Assur-nadin. Pendant ce temps, Babylone paraît avoir joui d'un moment de tranquillité. Sennachérib avait sans doute besoin de réparer ses forces, car ses annales n'enregistrent qu'une campagne contre la Médie et la Susiane; il se livrait alors aux belles constructions qui ont fait la gloire de Ninive.

Après Assur-nadin, nous trouvons deux vice-rois, d'abord Ρηγεϐῆλος, dont le règne fut de courte durée; ensuite Μεσησίμορδάκος, qui régna quatre ans. Tout paraît avoir été calme à Babylone; Sennachérib se tait, du reste, sur ce qui a pu arriver.

Marduk-bal-idin, après avoir été pendant quarante-trois ans à la tête de l'indépendance chaldéenne, n'avait plus la vigueur de ses premières années ; il fut abandonné des siens et mourut ignoré, après une dernière défaite[1]. — Sennachérib passe dédaigneusement le fait sous silence.

Quoi qu'il en soit, le fils du révolté, *Nabu-labar-iskun*, aspirait à le remplacer; élevé dans la haine de l'Assyrie, il s'apprêtait à combattre encore pour l'indépendance de sa patrie, lorsqu'une insurrection tramée contre lui dans Babylone vint à se déclarer. — Un parti puissant s'était formé contre la guerre à outrance. *Suzub* avait été porté au pouvoir; l'émeute éclata dans Babylone en présence de l'ennemi! Ce soulèvement paraît coïncider avec les huit années d'anarchie mentionnées dans le Canon de Ptolémée. Sennachérib, pendant ce temps, laissait la grande cité se détruire elle-même, en attendant le moment de frapper un dernier coup. Ses annales nous font connaître les malheurs inévitables qui accablèrent Babylone aux prises avec une guerre extérieure et une révolte intérieure non moins désastreuse. Le moment était venu de porter la guerre en Chaldée; l'insurrection avait pris des proportions considérables (W. A., l. I, pl. XXXVII, col. V, l. 5 et suiv.).

« Dans ma huitième campagne, dit Sennachérib, le règne de Suzub prit fin. Les hommes de Babylone qui voulaient se révolter fermèrent les grandes portes de la ville. Leur esprit s'endurcit, ils en vinrent aux hostilités. Suzub, de la tribu de Kalban, perfide, s'était soustrait à la domination du préfet de Lakhir. Un homme de la ville d'Aruzika, un transfuge, coupable du sang versé, devint son complice; il habitait sur les rives du Nahar-Agammi; il méconnaissait les lois. — Je voulais l'atteindre pour avoir son sang et sa vie; mais il s'enfuit vers les rebelles du pays d'Élam; — à l'aide de ruses et de perfidies, il revint du pays d'Élam et s'avança au milieu de Babylone.

1. Voy. F. Lenormant, *Un patriote chaldéen au VIIIe siècle avant notre ère*. Dans le tome I des *Premières civilisations*.

« Les gens de Babylone le mirent sur le trône, parce qu'il n'était pas soumis à Élam; ils lui confièrent la royauté sur le pays des Sumers et des Akkads. Il ouvrit le trésor du Bit-Saggatu; il s'empara de l'or et de l'argent consacrés à Bel; il pilla les temples pour en donner le produit à Umman-Minanou, roi d'Élam, ce qui n'a pas d'égal. Il lui envoya des ordres ainsi: « Dispose ton armée, prépare tes forces et marche vers Babylone. »

« Dans une expédition antérieure, cet homme d'Élam dont j'avais attaqué et pris les villes, se soumit à ces projets; il imposa les villes, il disposa son armée et ses forces, un grand nombre de tribus firent alliance avec lui (parmi lesquelles se trouvent les tribus du fils de Marduk-bal-idin), et ils se portèrent vers le pays des Akkads.

« Ils arrivérent à Babylone vers Suzub, de la tribu de Kalban. Ils le déclarèrent dans leurs proclamations roi de Babylone; ils augmentèrent son orgueil; ils s'avancèrent pour leurs desseins comme des sauterelles qui arrivent en bande pour le pillage. La poussière de leur marche s'éleva sur la terre et monta vers les cieux comme un nuage d'hiver; ils s'établirent en ligne de bataille dans la vallée de *Khaluli*, sur les bords de l'Euphrate; ils inspectérent leurs soldats en ma présence.

« Pour moi, je me confiai à Assur, à Sin, à Samas, à Bel, à Nabu, à Nirgal, à Istar de Ninive et à Istar d'Arbèles, les Dieux mes protecteurs. J'ai demandé leur secours contre l'ennemi qui s'avançait vers moi. Les Dieux entendirent ma prière et ils m'accordèrent leur protection. Alors je me suis mis en garde; je suis monté sur mon char élevé pour balayer mes ennemis; j'ai pris dans mes mains l'arc puissant qu'Assur m'a confié. J'ai réuni autour de moi les armes qui donnent la mort et je me suis précipité comme un feu terrible sur les armées rebelles.... Avec l'appui d'Assur, mon Seigneur, je me suis avancé comme une tempête pour les détruire, et j'ai répandu la terreur dans les rangs des ennemis.

Avec l'appui d'Assur et le choc de la bataille, j'ai attaqué leurs forces; j'ai ébranlé leurs bataillons[1].

« L'armée rebelle se replia devant mes coups terribles, et leurs chefs, réduits au désespoir, délibérèrent entre eux. Kumba-Adara, le *Nagir* du roi d'Élam qui surveillait l'armée et commandait en chef, accepta des bracelets, des anneaux en or; il accepta des monceaux d'or brillant pour prix de sa trahison; il me livra sans défense... je les ai vaincus.

« Les cadavres jonchaient la terre comme les feuilles des arbres; les harnais, les armes, les trophées de ma victoire nageaient dans le sang de mes ennemis comme dans une rivière; les chars de bataille avaient broyé leurs corps. J'ai élevé comme un trophée des monceaux de ces cadavres mutilés. » — Ceux qui tombèrent vivants entre les mains de Sennachérib subirent d'atroces mutilations et périrent au milieu des tortures. Enfin, retour mérité du prix de leur trahison, le cruel vainqueur reprit les cadeaux qu'ils s'étaient partagés. Écoutons encore Sennachérib :

« Les grands et Nabu-labar-iskun, fils de Marduk-bal-idin, qui avaient réuni leurs forces contre moi, tombèrent vivants dans mes mains. — J'ai pris leurs chars, leurs chevaux; je les ai emmenés comme prisonniers et, deux *Kasbu* après, j'ai résolu leur mort.

« Umman-Minanou, roi d'Élam, le roi de Babylone, les rois des *Nasikan* du pays de Kaldu et ceux qui marchaient sous leurs ordres, abandonnèrent leurs armes et leurs tentes; ils s'enfuirent du champ de bataille comme des (oiseaux) pour sauver leur vie, en passant dans leur fuite sur les cadavres de leurs soldats; ils brûlèrent leurs chars, les *Sinat*, et abandonnèrent leurs (bagages). J'ai accordé la vie à ceux qui se rendirent et acceptèrent ma domination. »

1. P. Haupt. *The battle of Hallûle;* Extrait de l'*Andover Review.*

Il fallait en finir. La résistance était opiniâtre. On ne soumet un vaste pays comme la Chaldée que par une suite de victoires. Depuis trop longtemps les deux puissances rivales avaient usé leurs forces sans résultat. Si, d'une part, la gloire des succès était un vif stimulant pour les Assyriens; de l'autre, les Chaldéens se retrempaient dans les revers, et leur héroïque défense n'en était que plus acharnée depuis cinquante ans.

Sennachérib prit froidement une résolution terrible, et essaya d'anéantir la cité rivale. Il la livra au pillage de ses soldats, puis il ordonna de détruire par le fer et le feu tout ce qui pouvait subsister de sa grandeur.

Les inscriptions de Bavian nous racontent ainsi les détails de cette dévastation calculée (*Inscr. de Bavian.* W. A., l. III, pl. XIV, lig. 45) :

« J'ai passé comme un ouragan dévastateur ; j'ai soufflé comme un vent brûlant ; j'ai pris la ville, je l'ai livrée aux flammes; je n'ai épargné ni les hommes, ni les enfants, ni les esclaves. J'ai rempli de leurs cadavres les environs de la ville et j'ai transporté en Assyrie Suzub, roi de Babylone, sa famille et tout ce qui était tombé vivant en mes mains. J'ai pillé le trésor de la ville ; j'ai livré aux mains de mes soldats l'or, les pierres précieuses et les richesses de son trésor. J'ai détruit la ville et ses palais depuis les fondations jusqu'au faîte; je les ai livrés aux flammes ; j'ai renversé les remparts, les autels, les temples, les ziggurat et tous les monuments qui en faisaient l'ornement. »

Sennachérib, maître de Babylone, sans y avoir jamais régné, appela son quatrième fils, *Assur-akhe-idin*, à la vice-royauté de Babylone (680). Ce prince figure dans le Canon de Ptolémée, après huit ans d'anarchie, sous le nom peu déguisé de Ασαραδίνος, et qu'on reconnaît moins facilement dans la forme *Ardumuzanes* donnée par Eusèbe, d'après Bérose. C'est le Assarhaddon de la Bible.

On sait la fin lugubre de Sennachérib, assassiné par ses fils, contraints de s'enfuir après avoir accompli ce crime. Assarhaddon devint alors souverain de Ninive. Son séjour à Babylone lui avait révélé l'efficacité du moyen de séduction pratiqué par Sargon. Il comprit que la force ne pouvait rien contre la Grande Cité; il essaya d'employer des moyens moins violents et résolut d'y habiter et de relever les ruines que la guerre avait entassées. Il reconstruisit d'abord (à Borsippa) les autels du *Bit-Saggatu*, le temple des *Bases de la terre* (W. A., l. I, pl. 48), puis il s'occupa des édifices de Babylone (W. A., l. I, pl. 50).

« J'ai fixé, dit-il, pour la construction du Bit-Saggatu par un décret, l'année et le jour ; en présence des Dieux je me suis prosterné; j'ai réuni toutes mes troupes et toutes les tribus du Tirat-dunyas. J'ai allumé du bois d'aloès; j'ai rendu la liberté aux captifs que j'avais pris de mes mains.

« J'ai disposé les matériaux que j'avais apportés des hautes montagnes ; puis je me suis mis la couronne sur la tête et j'ai ordonné aux grands de se prosterner devant moi : j'ai fait mouler des briques pour la restauration du Bit-Saggatu, le temple des Grands Dieux ».

Assarhaddon s'écrie en terminant :

« Babylone est la ville des lois; Imgur-Bel est son rempart; Nivit-Bel est son enceinte. J'ai élevé les constructions depuis les fondations jusqu'au sommet; je les ai fait construire; je les ai fait fortifier; j'ai fait faire l'image des Dieux; je les ai fait honorer ; j'ai restauré leurs demeures éternelles qui avaient été ravagées; je les ai relevées suivant leurs désirs; j'ai orné leurs temples, et j'ai soumis Babylone aux lois que j'ai ainsi édictées. »

Les inscriptions nous font connaître un nommé *Samas-ibni*, un instant révolté contre Assarhaddon, mais qui rentra bientôt dans le devoir ; aussi le Canon de Ptolémée n'en fait pas mention.

Assarhaddon, satisfait de la politique qu'il avait inaugurée en Chaldée, voulut en assurer l'effet par un acte éclatant; il abdiqua à Ninive en faveur de son fils Assur-bani-pal, et termina ses jours en paix dans sa capitale d'adoption.

Assur-bani-pal, roi d'Assyrie, comprit à la mort de son père l'avantage d'avoir un des siens maître de Babylone toujours prête à s'insurger. Il s'empressa de nommer son frère *Salmukin* à la vice-royauté de Babylone; mais celui-ci se révolta bientôt contre lui. Il fit alliance avec les rois d'Élam, et pendant sept ans, la guerre ravagea de nouveau ce malheureux pays; elle se termina par la défaite de Salmukin et la soumission d'Élam. Salmukin avait commencé par détacher ce pays du parti de son frère ; le peuple des Akkad, qui s'était lié avec lui, fut accablé par la famine, réduit à se nourrir de la chair de ses fils et de ses filles. Salmukin expia dans les flammes sa trahison fratricide. C'était la seconde fois, depuis un demi-siècle, que Babylone était saccagée par les Assyriens.

Cependant la puissance chaldéenne ne paraissait pas devoir être renversée, tant qu'il resterait un descendant de Marduk-bal-idin. Son petit-fils, *Nabu-bel-sum*, que nous voyons un instant aspirer au pouvoir, s'était uni à la grande révolte de Salmukin; il l'avait peut-être inspirée, à en juger par les moyens qu'on employa pour l'atteindre. Assur-bani-pal, maître d'Élam et de la Chaldée, envoya à Ummanaldas, roi d'Élam, un messager pour traiter de la reddition de Nabu-bel-sum. Celui-ci, apprenant l'arrivée de ce messager, voulut mourir en héros et ne pas tomber vivant entre les mains de l'implacable ennemi de Babylone. Il parla ainsi à son fidèle écuyer : « Frappe-moi avec mon glaive. » L'officier obéit, puis se donna la mort. Ummanaldas eut peur et remit au messager le corps de Nabu-bel-sum qui avait refusé de se rendre; ainsi périt le dernier défenseur de l'indépendance de la Chaldée.

Babylone était regardée comme la clef de voûte de la résistance des États du Sud contre la puissance assyrienne. Lorsqu'elle fût définitivement renversée, Élam implora la paix; les Arabes firent leur soumission et la puissance assyrienne s'étendit alors depuis l'Asie Mineure, l'Arménie, la Médie jusqu'aux sources du Nil. Pendant vingt-deux ans environ, les renseignements font complètement défaut; quand nous pourrons reprendre l'histoire de Babylone, Ninive aura disparu.

Nous avons passé sous silence le règne de Nabonassar, le premier roi dont le nom est conservé dans le Canon de Ptolémée, parce que ce prince ne figure pas dans les textes assyriens. L'ère à laquelle il a donné son nom ne paraît correspondre à aucun événement politique ni à aucune grande période sidérale; elle a commencé le premier jour de *thot* avec la première année de ce prince, et correspond au 26 février de l'an 747 av. J.-C., l'an 3967 de l'ère Julienne et 4746 du monde.

X

GRAND EMPIRE DE CHALDÉE

Après la chute de Ninive (625 av. J.-C.), Babylone, malgré les ruines que la guerre civile et la guerre étrangère y avaient accumulées, devint la capitale de la Haute Asie. Les rois d'Assyrie en avaient si bien compris l'importance et la situation que nous avons vu Assarhaddon relever ses sanctuaires. *Nabu-pal-usur*, le Ναβοπολασσάρος du Canon de Ptolémée, continua cette œuvre, et nous sommes autorisés aujourd'hui à le considérer comme le premier restaurateur de Babylone.

Nabopolassar paraît avoir été placé sur le trône de Babylone par le dernier roi de Ninive. Il dut à une politique habile, à quelque trahison peut-être, la faveur de s'y maintenir après la chute de son suzerain.

Nous sommes dans une de ces périodes obscures sur lesquelles les renseignements chaldéens font défaut. Nous n'avons, pour nous éclairer, que les briques extraites de quelques ruines de Babylone qui portent le nom de *Nabu-pal-usur*; en dehors de cela, nous sommes obligés de nous en rapporter au témoignage des Grecs.

Nabopolassar avait épousé une Égyptienne, la reine qu'Hérodote nomme *Nitocris*, et à laquelle l'historien d'Halicarnasse accorde une grande part dans les ouvrages que vingt ans de paix permirent d'entreprendre dans la capitale. Il énumère les travaux que cette reine fit exécuter dans Babylone. Nous aurons occasion d'y revenir; mais nous devons constater ici que les inscriptions ne nous ont pas fait connaître le nom de Nitocris, et que les documents épigraphiques attribuent à Nabuchodonosor seul la construction des grands monuments dont on connaît les ruines.

Nabu-kudur-usur succéda à son père Nabopolassar, l'an 504 av. J.-C. C'est un des princes assyro-chaldéens dont le nom, Nabuchodonosor, est parvenu sous la forme la moins altérée. Nous le retrouvons dans la Bible et dans les auteurs grecs, avec le souvenir de ses conquêtes et de ses travaux. La longue captivité des Juifs, qui se rattache à ses premiers exploits, et les travestissements mêmes de l'histoire de ses dernières années ont popularisé son nom, pour ainsi dire, à toutes les époques. Cependant nous n'avons jusqu'ici aucun texte assyro-chaldéen qui parle des expéditions militaires de Nabuchodonosor.

Bérose donne quelques détails sur les premières années de son règne. Josèphe, qui nous les a transmis, semble les avoir empruntés au troisième livre de son histoire de la Chaldée.

Nabuchodonosor aurait épousé, jeune encore, la fille d'un roi de Médie et aurait consacré, par cette alliance, la résistance de son père contre la puissance assyrienne. Quelque temps après, Nabopolassar, ayant appris la défection du satrape préposé au commandement de l'Égypte, de la Cœlé-Syrie et de la Phénicie, et ne se trouvant plus capable de soutenir les fatigues des combats, confia à son fils une partie de son armée et l'envoya poursuivre la guerre. Nabuchodonosor en vint aux mains avec le chef de la révolte; il le vainquit et, par là, réunit ces provinces lointaines à son empire. Sur ces entrefaites, il arriva que Nabopolassar fut atteint par la maladie et rendit le dernier soupir à Babylone, après un règne de vingt et un ans.

Nabuchodonosor s'empressa de mettre ordre dans les affaires de l'Égypte et confia à des généraux les captifs, pour les conduire à Babylone sous bonne escorte. Il prit lui-même le chemin du désert avec un petit nombre des siens, et se rendit directement dans sa capitale.

Il s'empara aussitôt de l'administration de la Chaldée, et, s'étant assis sur le trône, jouissant de toutes les conquêtes de son père, il assigna aux captifs qu'il avait ramenés certaines localités de la Babylonie, pour y fonder des colonies; puis il orna le temple de Bel et de quelques autres divinités avec les dépouilles de l'ennemi. Il répara la ville qui existait déjà et y ajouta une ville nouvelle. Pour qu'on ne pût, en cas de siège, l'attaquer par le fleuve, il l'entoura d'une triple enceinte intérieure et extérieure, construite en partie avec des briques et du bitume, en partie avec des briques seules. Enfin, lorsqu'il eut ainsi fortifié la ville et qu'il l'eut fermée de portes splendides, il éleva un autre palais près de celui de son père et le surpassa en grandeur et en beauté. Cependant, ce palais, quoique grand et splendide, fut, dit-on, bâti en quinze jours; puis il fit construire avec la pierre des éminences auxquelles il donna l'apparence de montagnes, et les disposa de telle sorte qu'on pût les recouvrir d'arbres de diverses essences. Il en fit, selon Bérose[1], un *jardin suspendu* que son épouse, *Mède* de naissance, avait désiré avoir pour lui rappeler l'aspect des collines de sa patrie.

1. Bérose, fragm. III dans Josèphe, *Antiq.*, X, 11.

XI

TRAVAUX DE NABUCHODONOSOR

Nous venons d'esquisser l'histoire de Nabuchodonosor d'après les sources grecques ; si les textes assyro-chaldéens ne nous éclairent pas sur les expéditions militaires de ce souverain, nous y trouvons au moins des renseignements très précis sur les grandes constructions qu'il fit exécuter à Babylone. Nous avons, d'abord, la fameuse inscription découverte par Sir Hartford Jones, les différents barils ou cylindres trouvés à Babylone, à Borsippa, à Senkereh, et enfin ces innombrables briques estampées au nom de Nabuchodonosor, qui marquent la place des temples et des palais qu'il avait élevés dans la Babylonie

Nous allons essayer, avec ces indications, de reconstituer les merveilles de la grande cité.

Babylone, comme toutes les villes assyro-chaldéennes, se composait de deux parties distinctes ; on peut considérer la première, dont nous nous occuperons d'abord, comme la ville royale où s'élevaient les constructions à l'usage du roi (fig. 79). Les traces de l'enceinte qui les protégeait se voient encore facilement sur le sol ; elles forment une sorte de triangle relevé sur la rive gauche du fleuve dont un des côtés, partant de Babil, embrasse le Kasr. El Homéira, et dont le second côté va rejoindre le fleuve au-dessous d'Amran-ibn-Ali, au nord du petit village de Djumdjumah. Sur la rive droite du fleuve, des vestiges d'une ancienne enceinte entourent les ruines d'Abou-Ghozeïlat et se perdent dans les marais auprès d'Ananeh.

Quant à la ville proprement dite, la restitution des lignes qui en déterminent l'enceinte nous fera mieux comprendre la disposition des ruines et les observations qui pourront en découler. Nous avons donné (*supra*, p. 175) un relevé du plan d'ensemble, tel qu'il a été dressé par M. Oppert.

BABIL

Reprenons maintenant l'examen des ruines qui couvrent la plaine de Babylone, et sur lesquelles nous nous sommes contenté de jeter déjà un coup d'œil rapide (voy. fig. 64 et 79).

Au nord de la cité royale se trouve la grande ruine, aujourd'hui *Babil*, qui perpétue encore la tradition du nom de Babylone dans ces contrées (voy. fig. 79, n° 1). Les voyageurs l'ont appelée *Makloubeh* ou *Mudjelibeh*; mais ces désignations, applicables à toutes les ruines, entraînent une confusion que nous éviterons en lui conservant le nom de Babil, qui n'est donné à aucune autre (fig. 80).

Cette ruine est la plus considérable de la contrée; elle se compose d'une masse énorme de 180 mètres de longueur sur 40 de hauteur; elle s'élève sur un terrain plat qui en fait valoir la grandeur imposante. Vers les côtés nord et ouest, elle est très endommagée, de sorte qu'elle représente un trapézoïde informe. Dans la partie nord-ouest, il existe une vaste incision qui offre une pente douce permettant d'atteindre le sommet et d'arriver sur une plate-forme déchiquetée de 70 mètres de

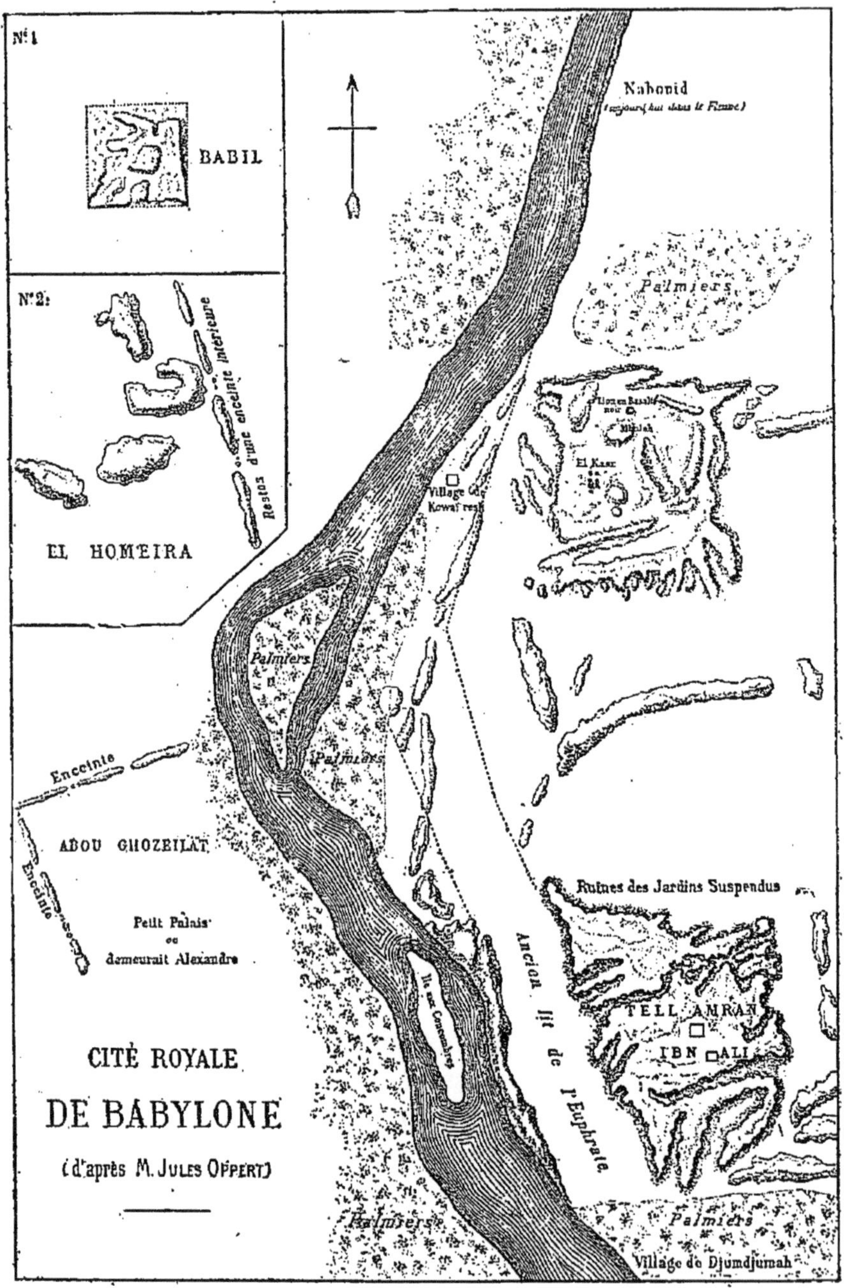

Fig. 79. — Ruines de la cité royale de Babylone.

large et de plus en plus ravagée par les chercheurs de briques[1].

Les inégalités du terrain donnent à la ruine un aspect étrange. Il doit y avoir des *chambres* dans l'intérieur, car déjà Rich fit faire des excavations qui le conduisirent à une cavité de 13 pieds carrés dont les parois étaient en briques, mais elle ne contenait que de la poussière. L'exploration anglaise a pratiqué des fouilles

Fig. 80. — Le Mudjelibeh.

sans succès du côté du nord, et l'expédition française n'a pu obtenir d'autre résultat que de rencontrer des fragments de briques, de verres, de pierres même chargées d'inscriptions. Toutes les briques sont au nom de Nabuchodonosor ; la partie inférieure du monument est construite en briques crues et les revêtements en briques cuites cimentées avec du bitume et séparées par des couches de roseaux.

1. La forme de la ruine a dû changer depuis le dessin de Rich, par suite du travail incessant des *Sakkars*.

Le plan de la construction devait présenter un carré dont les angles étaient orientés suivant les points cardinaux. Le côté sud est le mieux conservé et mesure encore 180 mètres de longueur, précisément un stade; il forme avec le côté ouest un angle droit, et se trouve ainsi désigné comme le point où les explorations futures devront présenter le plus d'attrait.

Quel est maintenant le monument antique caché dans les flancs de ce monticule? Depuis Rich et Rennell, qui les premiers ont formulé une opinion divergente à ce sujet, les savants se sont rangés tantôt du côté de Rich, tantôt de celui de Rennell[1].

La confusion qui règne sur la destination des ruines et leur application aux anciens édifices n'est pas nouvelle. Dès l'antiquité, les méprises existaient déjà à cause de la manière d'interpréter le nom des divinités chaldéennes sous l'invocation desquelles les temples se trouvaient placés. Déjà, au temps de Diodore, les données étaient tellement vagues qu'il est impossible de reconnaître à quel monument se réfèrent les descriptions qu'il donne, et il est permis de croire qu'il a appliqué au même édifice des renseignements qui concernent sans doute des constructions différentes. Dans le récit de Diodore, si l'énumération des statues qui décoraient le temple peut concerner Babil, il est probable que ce qui est dit de l'observation des astres devait avoir trait à un autre monument. On comprend, en effet, que le temple de Bélus ait pu tenter la cupidité de Xerxès, à cause des richesses qu'il renfermait; mais les instruments d'un observatoire ne pouvaient éveiller une pareille convoitise!

Babil n'a pas dû être passé sous silence dans les inscriptions de Nabuchodonosor. Les ruines nous présentent deux monuments considérables, Babil et le Birs.

1. Rich. *Babylon and Persepolis*, p. 43 et 139. — Rennell. *On the topography of ancient Babylon suggested by the recent discoveries of Claudius James Rich.* Voy. *Babylon and Persepolis*, p. 159.

Celui qui nous occupe doit figurer au premier rang parmi ceux que Nabuchodonosor avait restaurés ou fondés. Nous voyons, dans les inscriptions, qu'il se vante d'être le restaurateur du *Bit-Saggatu* et du *Bit-zida*. Nous n'entrerons pas dans la discussion qui a pu s'élever sur la prononciation assyrienne de ces deux mots qui désignent évidemment les deux monuments les plus anciens et les plus vénérés de Babylone; il est certain qu'ils sont représentés par les deux ruines les plus importantes, Babil et Birs-Nimroud.

Babil renferme, selon nous, les débris de l'édifice que les Grecs considéraient comme le tombeau de Belus, désigné dans les inscriptions sous le nom de *Bit-Saggatu*. Ce monument était déjà vieux au temps de Tuklat-pal-Asar, qui en parle dans ses inscriptions. On sait que Assarhaddon y fit faire d'importants travaux ; si on prenait le texte à la lettre, il en serait même le fondateur. Le roi s'exprime ainsi :

« Quant aux constructions de Babylone, j'ai fixé, pour la *construction du Bit-Saggatu*, par un décret, l'année et le jour en présence du Dieu.... Je me suis prosterné, j'ai réuni toutes mes troupes et toutes les tribus du pays de Tirat-Dunyas; j'ai allumé du bois d'aloés.... J'ai rendu la liberté aux captifs que j'avais sous la main.... j'ai disposé les matériaux que j'avais fait apporter des hautes montagnes ; puis je me suis mis la couronne sur la tête et j'ai ordonné aux grands de se prosterner devant moi; Je me suis réservé une place dans le palais couvert de *Khamsi*, construit avec du bois d'ébène, de santal, de lentisque; j'ai fait mouler des briques pour le *Bit-Saggatu*, le temple des Grands-Dieux, et pour ses merveilles. » (Inscr. du *Prisme d'Aberdeen*. W. A., l. I, pl. 50, col. III, ligne 22).

Sur des briques de Babylone on lit le passage suivant :

« En l'honneur du dieu Marduk, son Maître, Assarhaddon, roi d'Assyrie, roi de Babylone, a commencé et a construit l'ouvrage en briques du *Bit-Saggatu*, le temple des Assises de la Terre. » (W. A., l. I, pl. 48, n° 9.)

Ce beau monument a dû souffrir des dévastations causées par la guerre de Salmukin; mais nous restons sans renseignements sur ce point jusqu'à l'époque de Nabuchodonosor. Les briques qu'on trouve dans la ruine le mentionnent comme le *restaurateur*, et dans la grande inscription de Sir Hartford Jones, Nabuchodonosor nous dit « qu'il a pensé nuit et jour à la restauration de ce sanctuaire, le grand Temple de la souveraineté, le Sanctuaire des oracles, où repose le dieu Marduk, le Maître des Dieux. Il a élevé sa coupole comme une fleur et l'a revêtue d'or pour qu'elle fût resplendissante comme le jour. Il y a fait faire des portes pour y renfermer ses trésors. »

C'est dans le *Bit-Saggatu* que se trouvait l'autel des destinées, où l'on faisait des sacrifices au commencement de l'année, le 8e et le 11e jour du mois *nisan* (mars-avril), consacré au Dieu suprême, au Dieu qui veille sur le ciel et la terre. C'était là qu'au premier jour de la fête sublime, la fête de la « *Main suprême* », le jour de la nouvelle pluie, on exposait les symboles les plus chers aux Dieux. Ces symboles, dont les noms sont indiqués par des idéogrammes encore inexpliqués et parmi lesquels nous voyons le *poisson* et l'*oiseau*, figurent sur les contrats de l'époque de Marduk-idin-akhi.

Le *Bit-Saggatu* fut l'objet d'une attention toute spéciale de la part de Nabuchodonosor; il y revient plusieurs fois dans ses inscriptions pour énumérer les embellissements qu'il y a apportés, en y consacrant du marbre, de l'argent, de l'or, des métaux et des pierres précieuses, des ornements en briques vernissées et des travaux en bois des essences les plus rares.

Nériglissor en aurait restauré les portes d'airain recouvertes d'argent qui renfermaient sans doute les trésors contenus dans le sanctuaire. Après cela, le nom du Bit-Saggatu figure encore une fois dans les inscriptions de Nabonid ; puis les renseignements font défaut jusqu'au moment où il va être détruit et pillé par Xerxès; plus tard, Alexandre et les Séleucides en tentèrent la restauration.

La difficulté d'opérer des fouilles utiles dans cette ruine, à cause de la masse de décombres qu'il faudrait remuer avant de parvenir aux assises inférieures, rendra longtemps impossible toute tentative d'une restauration théorique de ce monument.

LE KASR

La seconde ruine que nous avons mentionnée est le *Kasr* (le Château); elle porte aussi le nom de *Makloubeh*, « la petite ruine », qui s'applique à toutes celles de la plaine babylonienne ; d'après Bérose (*Josephus Apionem*, I, 20) et les inscriptions, c'est l'édifice que Nabuchodonosor fit élever en dehors de celui de son père. Ce palais aurait été construit en quinze jours, et cette donnée est conforme à un passage de l'inscription de Hartford Jones (col. VIII, *fine*). C'est également l'indication fournie par Abydène.

Dans la partie nord du Kasr se trouve un lion colossal en basalte noir, découvert pour la première fois par Rich ; aujourd'hui, il est tellement défiguré qu'il ne mérite même plus la peine d'être transporté et qu'il roule au milieu des décombres, ballotté par les chercheurs de briques (fig. 82).

Le côté ouest présente une solide construction de briques qui rappelle un pylône dont on voit encore les deux piliers, et le côté nord, des pans de mur qui n'ont pas été entamés. C'est surtout au Kasr qu'on peut se rendre compte du mode de construction des édifices babyloniens. Les briques sont reliées avec du bitume et cuites jusqu'à l'extrême dureté ; chacune porte l'inscription ordinaire ; elles sont disposées de façon que la légende est toujours tournée en dessous ; elles sont

Fig. 81. — Le Kasr.

jointes par du bitume mêlé de roseaux disposés en nattes, ainsi que l'indique Hérodote. (Fig. 81.)

Ces murs avaient été protégés par un revêtement ; on pourrait le croire aux rugosités qui apparaissent çà et là et aux traces de mortier qui font de place en place de larges taches blanches. — Tout porte à penser qu'il ne s'agissait pas seulement de peintures, mais de briques vernissées ; tout autour de la ruine, le sol est jonché de fragments de briques de cette nature. La couche colorante a souvent un ou deux millimètres d'épaisseur et ressemble à une vitrification. Ce vernis était disposé sur le côté étroit de la brique, tandis que sur l'autre côté plat, on y remarquait un signe particulier, la marque de la pose. Si la couleur eût été uniforme, il n'y aurait eu rien d'étonnant, mais les fragments sont de différentes couleurs, les uns blancs, les autres bleus, d'autres d'un ton d'ocre jaune ou brun ; les noirs sont les plus fréquents. — Quelques-uns de ces fragments faisaient supposer un terrain planté d'arbres ; certains, d'une teinte bleuâtre, semblaient destinés à représenter de l'eau, d'autres des

Fig. 82. — Le lion du Kasr.

pans de murailles. Un certain nombre devaient avoir servi à figurer des animaux ; les explorateurs français découvrirent dans ces décombres l'image d'un pied de cheval, les membres d'un lion, la crinière et la queue; une large ligne noire tracée sur un fond bleu pouvait représenter la lance d'un chasseur. Enfin, ils reconnurent sur un fragment un œil de face dessiné à la manière assyrienne dans une tête de profil.

Parmi tous ces débris qu'il était impossible de rassembler, quelques briques portaient sur un fond bleu des caractères cunéiformes tracés en blanc. Ces caractères avaient au moins six centimètres de hauteur. Il est évident que tous ces fragments proviennent du revêtement des murailles. Les découvertes de M. Dieulafoy à Suse font parfaitement comprendre ce mode de décoration.

Tous les monuments devaient porter de semblables revêtements, car Nabuchodonosor parle des légendes qu'il fit appliquer dans les frises de la tour de Borsippa et sur les portes du palais.

Il y avait donc à Babylone une décoration analogue à celle des palais de Ninive ; seulement, au lieu d'être en pierre, la brique émaillée en faisait tous les frais.

Diodore de Sicile, d'après Ctésias, donne à ce sujet des renseignements dans lesquels il est facile de distinguer la vérité, malgré la fable qui les entoure. En parlant des murs des palais de Babylone, il s'exprime ainsi :

« Dans ce mur, sur les briques, avant leur cuisson, on avait représenté des animaux de tout genre qui imitaient la réalité par l'habileté avec laquelle on avait disposé les couleurs. Sur les murs et les tours étaient dessinés des animaux de tout genre, rendus selon les règles de l'art pour la couleur et l'exacte imitation des figures; l'ensemble représentait un parc de chasse rempli d'animaux différents dont la grandeur était de plus de quatre coudées (2^{m},01). Au milieu, se trouvait Sémiramis au moment où, montée à cheval, elle frappait de son dard une panthère; tout auprès d'elle était son mari, Ninus, qui de la main frappait un lion à coups de lance[1] ». (Liv. II, c. VIII.)

L'état actuel de la ruine ne permet pas de reconstituer le plan; les débris ont été accumulés en si grande quantité qu'il faudrait fouiller à une profondeur considérable pour retrouver un endroit qui n'ait pas été bouleversé par les chercheurs de briques. L'espace est coupé çà et

1. On dirait une description des chasses d'Assur-bani-pal.

là par des collines et des ravins profonds qui permettent, en les gravissant, de s'élever jusqu'au sommet. La vue s'étend alors sur la vaste plaine de Babylone, et on aperçoit tous les accidents de terrain depuis Babil jusqu'au Birs-Nimroud.

C'est sur cette plate-forme que se trouve un tamarix au sujet duquel les Arabes et les voyageurs racontent diverses légendes. Selon les uns, Ali aurait fait sortir de terre cet arbre pour s'abriter du soleil, lors de la bataille de Hillah, en enfonçant son bâton près de lui dans le sol. — Selon les autres, ce serait un dernier vestige des *Jardins suspendus*?

EL HOMEIRA ET ABOU-GHOZEILAT

A 700 mètres à l'est du Kasr se trouvent des ruines secondaires qui portent le nom de *El Homeira*, « la petite rouge » ; elles se composent de quatre tumulus séparés qui s'étendent en demi-cercle sur une surface de 300 mètres environ ; les briques sont réduites en poussière, à force d'avoir été remuées (voy. Plan fig. 79, n° 2.)

Au nord de l'*Homeira*, on voit encore d'autres monticules, mais, d'après leurs dimensions, ils n'ont dû recouvrir que des édifices peu considérables ; ils ont été d'ailleurs tellement fouillés qu'il est impossible d'en déterminer la forme primitive.

Le second palais, dont parle Diodore, était situé à l'ouest de l'Euphrate, sur la rive arabe, et se trouve aujourd'hui caché dans les flancs des monticules de *Abou-Ghozeilât* (voy. Plan fig. 79). La plus grande partie du terrain occupé par ce palais est couverte par l'Euphrate, qui a quitté son ancien lit et ne coule plus auprès de la ruine d'Amran-ibn-Ali que nous étudierons bientôt.

— En parlant de ces palais, Diodore s'exprime ainsi : « Cette résidence (la grande) était de beaucoup supérieure à celle située de l'autre côté du fleuve par la grandeur et l'apparat » ; puis, revenant au palais qui nous occupe : « Celle-ci, dit-il, avait une enceinte de 30 stades, faite en briques cuites; au lieu de la représentation artistique des animaux, on y voyait les statues en bronze de Ninus et de Sémiramis ainsi que des grands dignitaires; puis celle de *Jupiter*, que les Babyloniens nomment *Bélus*; mais il y avait encore des dispositions de toute sorte et des parcs de chasse qui offraient une distraction variée aux spectateurs. » (Liv. II, c. VIII.)

Ce petit palais était plus ancien que le grand; peut-être avait-il été bâti par Nabopolassar? D'après les inscriptions de Nabuchodonosor, on voit, en effet, que ce prince a agrandi le château de son père (W. A., l. I, pl. LVI-LXIV, col. VII), ou bien qu'il a agrandi ce palais, en même temps que le château de son père?

Nabuchodonosor termine ainsi la description de la construction de ces édifices :

« Je dis ceci : J'ai construit le palais, le siège de ma royauté, le cœur de Babylone, dans la terre de Babylone; j'ai fait poser les fondations à une grande profondeur au-dessous du niveau du fleuve. J'en ai mentionné la construction sur des cylindres, et je les ai recouverts de bitume et de briques.

« Avec ton assistance, ô Marduk, le dieu sublime, j'ai bâti ce palais indestructible. Puisse ma race régner à Babylone! qu'elle y élise sa demeure, qu'elle ait une postérité sextuple! Puisse-t-elle, à cause de moi, régner à Babylone jusqu'aux jours les plus reculés! »

TELL-AMRAN-IBN-ALI

La ruine la plus méridionale, dans le groupe compris à l'intérieur de la cité royale, est située à 700 mètres du Kasr ; elle en est séparée par une vallée profonde, interrompue par une suite de collines qui s'étendent du côté du Kasr (voy. Plan fig. 79).

Le tumulus, dans sa plus grande élévation, a tout au plus 30 mètres de hauteur ; sur le côté Est se trouve une mosquée, *Koubbeh*, dédiée au fils d'Ali, qu'on appelle Amran, et qui a été tué en ce lieu avec sept de ses compagnons. Son tombeau est dans un caveau au-dessous de ce sanctuaire.

La colline, qui porte le nom d'*Amran*, représente un trapèze dont les deux côtés parallèles ont 500 et 300 mètres, tandis que la largeur est de 400 mètres, ce qui donne une superficie de 15 hectares environ.

Cette colline est remplie de tombeaux de l'époque parthe, construits avec des briques d'une époque antérieure sur lesquelles on lit le nom de Nabuchodonosor. M. Oppert voit dans cette ruine les restes des *jardins suspendus* dont les auteurs grecs ont vanté la magnificence. Quinte-Curce, qui paraît avoir vu cette œuvre, en parle ainsi :

« On a construit sur le rocher des piliers qui soutiennent l'ouvrage entier ; sur ces piliers, on a étendu un sol formé de pierres carrées pour supporter la terre qu'on y dépose à une grande hauteur, et pour résister à l'humidité provenant des irrigations de la terre végétale. Ces soubassements soutiennent des arbres tellement forts que leurs troncs occupent un espace de 8 coudées de circonférence ; ces arbres ont jusqu'à 50 pieds de hauteur et fructifient comme s'ils étaient cultivés dans leur propre terre. Et quoique la vétusté ne s'attaque pas seulement aux ouvrages émanant de la main de l'homme, mais qu'elle n'épargne pas même les œuvres de la nature, cette masse, qui est chargée des racines de tant d'arbres et du poids d'une pareille forêt, dure sans être endommagée, car elle est soutenue par vingt piliers très larges, distants les uns des autres de onze pieds. Ceux qui les voient de loin peuvent croire que c'est une forêt qui s'adosse à une montagne. On raconte que les jardins suspendus sont l'œuvre d'un roi syrien régnant à Babylone, vaincu par l'amour de sa femme ; celle-ci, possédée par le désir de se trouver à la campagne dans des forêts et des bois, poussa son mari à imiter l'aménité de la nature par un pareil travail. »

Strabon ajoute qu'on arrivait à l'étage supérieur par des escaliers le long desquels étaient disposées des *turbines*. Des hommes, dont c'était l'ouvrage, les mettaient en mouvement sans cesse et faisaient monter l'eau de l'Euphrate dans le jardin situé tout près du fleuve.

Aucune mention des jardins suspendus ne se trouve dans les inscriptions, ce qui porte à croire qu'ils sont d'une époque postérieure à la rédaction de ces textes. Ce sont donc les constructions les plus récentes de Nabuchodonosor. Leur splendeur ne fut pas de longue durée ; au temps de Diodore, ils n'existaient plus ; le défaut d'entretien suffisait pour amener la mort des arbres, qui avaient besoin d'une irrigation continuelle.

Philon de Byzance, l'auteur prétendu du livre des *Sept merveilles*, dit expressément que les étages étaient supportés par des traverses de bois de palmier. — Ces supports ont dû se détériorer promptement, dès que cette merveille n'a plus été l'objet d'un entretien continuel ; et il n'est pas surprenant que ce soit précisément la ruine qui offre le moins de facilités pour apprécier l'état primitif de cet édifice.

XII

LES AUTRES CONSTRUCTIONS DE NABUCHODONOSOR

Toutes ces ruines ne sauraient donner une idée de 'importance des constructions que Nabuchodonosor avait élevées à Babylone, et nous ne pourrions les faire revivre, si nous n'avions, pour nous éclairer, l'énumération que le prince en fait lui-même. Nous citerons le passage important de la grande inscription où ces temples sont mentionnés. (W. A., I. I., pl. LVI à LXIV, col. IV, lign. 5 et suiv.)

1° Un monument en bitume et en briques qui s'élève, comme une montagne, aux extrémités de Babylone, le *Temple des sacrifices*, où l'on présente l'offrande pure au grand-maître des Dieux, Marduk, qui préside aux Génies de la terre; — 2° un temple en l'honneur de Zarpanit, la mère qui m'a conçu, la Déesse des lieux élevés; — 3° un temple au dieu Nabu, le chef suprême qui tient le sceptre de la justice pour gouverner les hommes; — 4° un temple au dieu Sin qui inspire mon jugement, le temple de la Grande-Lumière; — 5° un temple au dieu Samas qui inspire la justice, le temple du Juge du Monde; — 6° un temple au dieu Bin (Rimon), qui verse l'abondance dans les campagnes; le temple du Dispensateur des orages et des pluies fécondes; — 7° un temple à la grande déesse Nana, qui réjouit mon cœur et soutient mon âme; le temple des hauteurs et des profondeurs ; — 8° un temple à la souveraine d'Oannès, la reine qui a pitié de moi, construit dans le mur d'enceinte de la ville. — 9° Nabuchodonosor avait également construit, à Borsippa, un temple au dieu Ninip, qui brise les armes de ses ennemis; — 10° un temple à la déesse Nana, qui agrée ses prières; le temple de la vie, le temple de l'âme immortelle ; — 11° un temple au dieu Bin, qui fait éclater la foudre; — 12° un temple au dieu Sin, qui soutient son autorité. — Nous trouvons ainsi douze temples qui sont particulièrement désignés par Nabuchodonosor.

L'inscription dite de Philipps contient encore l'énumération suivante (W. A., l. I, LXV, LXVI, col. II, lig. 40) : 1° A Sippar, le temple du Jour en l'honneur de Samas et de Sin ; — 2° à Larsam, le temple du Jour en l'honneur de Samas et de Sin; — 3° à Ur, le temple *Aznouik* en l'honneur de Sin ; — 4° à Nipur, le temple *Ikul-Anu* en l'honneur d'Oannès; — 5° le temple de l'adoration éternelle, en l'honneur de *Bel-Zarbi*; — 6° à Erech, Nabuchodonosor rétablit les anciennes reliques d'Istar d'Érech dans le temple qui leur était consacré.

Ce n'est pas tout, car les inscriptions où nous puisons ces détails ne doivent pas être postérieures à la seizième année du règne de ce grand roi, qui a duré quarante-trois ans. Nous trouvons encore des traces de son actitivité prodigieuse dans d'autres localités. A Senkereh, une inscription raconte la part qu'il a prise à la restauration du vieux Temple du Jour, le *Bit-Parra*, qu'il a reconstruit en entier. On recueille également à Mougheïr des briques au nom de Nabuchodonosor qui attestent qu'il a reconstruit le temple de la Grande-Déesse et le temple de Sin, le dieu protecteur de Ur.

Tous ces monument nous prouvent que Babylone était alors une grande cité, et le roi qui avait créé toutes ces merveilles avait bien le droit de dire, après les malheurs subis par sa patrie sous la domination assyrienne :

« Voilà donc cette grande Babylone dont j'ai fait le « siège de ma royauté, que j'ai bâtie dans la grandeur « de ma puissance et dans l'éclat de ma gloire ! »

Nous nous trouvons ici en présence de renseignements transmis par les inscriptions, par les Grecs et par la Bible; les uns sont empreints de leur indiscutable sincérité, les autres d'un mélange de légendes dont nous ne pouvons encore saisir ni l'origine ni la portée, mais tous sont d'accord pour attester la splendeur de l'antique capitale de la Chaldée.

Hérodote, dont la véracité n'est pas contestée pour toutes les choses qu'il a pu contrôler, se fait l'écho de la tradition qui reporte à une Égyptienne, Nitocris, épouse de Nabopolassar, une grande part dans les ouvrages que vingt ans de paix intérieure avaient permis d'exécuter dans Babylone. Suivant cette tradition, c'est elle qui aurait fait dévier l'Euphrate pour protéger la ville par une série de canaux qu'il fallait franchir trois fois avant d'arriver à Babylone; c'est elle qui aurait encaissé le lit du fleuve dans des digues et aurait creusé un canal pour en recevoir les eaux lorsqu'il venait à déborder; enfin, c'est elle qui aurait fait établir un pont pour relier les deux rives de l'Euphrate. Comme on le voit, la légende de Nitocris continue celle de Sémiramis; malgré le fonds de vérité qui doit avoir donné lieu à ces deux légendes, rien n'est venu jusqu'ici les confirmer, et il est impossible d'en trouver la trace dans les documents assyro-chaldéens.

CUTHA

A 14 kilomètres au nord-est de Hillah se dresse un groupe de ruines qui occupe un espace d'environ 5 kilomètres d'étendue; au centre s'élève une colline connue sous le nom de *Al-Hymar*, ou plutôt *Oheymir*, qui doit renfermer les restes d'une construction importante. Les autres tumulus cachent des palais ou des sanctuaires moins étendus, mais aucune exploration sérieuse n'est venue faire connaître leur contenu. (Voy. Plan fig. 88, n° 2.)

On est d'accord pour identifier ces ruines avec les restes de l'antique *Cutha*, dont le nom se trouve mentionné dans les inscriptions assyriennes de Salmanasar III et dans celles de Nabuchodonosor. Cutha est désignée dans la Bible comme une des villes où Sargon fit transporter les captifs de Samarie, et comme étant particulièrement dédiée au dieu Nergal. L'Oheymir renferme peut-être les ruines du fameux temple consacré à ce dieu. La ville occupe un des points extrêmes de la grande enceinte de Babylone. Au sud de Hillah, à l'autre extrémité de la diagonale, nous trouverons une autre ruine, le *Birs-Nimroud*, sur laquelle nous avons des renseignements plus complets.

BORSIPPA

Au sud de Babylone, les explorations ont été plus attrayantes ou plus faciles. A 12 kilomètres au sud-ouest de Hillah, nous avons d'abord des ruines qui portent le nom de *Tell-Ibrahim-el-Khâlil*, « la Colline d'Abraham, le chéri de Dieu », et bientôt après, celles du *Birs-Nimroud* (voy. Plan fig. 88, n° 5). L'aspect de ces dernières est des plus saisissants; la ruine s'élève encore à 46 mètres de hauteur sur la plate-forme de la colline, ce qui porte la masse totale à une hauteur de 140 mètres environ au-dessus de la plaine. Toute cette masse est faite de main d'homme. On y monte par un ravin qui conduit du côté du nord à une plate-forme de 25 mètres de largeur sur 78 de longueur ; puis le chemin devient plus difficile, et on se trouve bientôt en présence d'un cône en briques cuites, surmonté d'un énorme pan de mur; tout autour, la place est jonchée de briques au nom de Nabuchodonosor, portant trois lignes d'écriture. Quelques blocs détachés offrent des traces de vitrification; la force du feu a dû être tellement intense que les couches ne se présentent pas dans une direction horizontale, mais elles sont courbées et ondulées (fig. 83).

Le pan de mur encore debout a 11 mètres 50 de hauteur sur 8 de largeur et d'épaisseur; la surface est toute rugueuse. Ce bloc, entamé de toutes parts et complètement informe, est recouvert en partie d'une couche de lichen qui doit remonter à une époque déjà reculée. La maçonnerie est confectionnée avec un grand art, conformément aux dispositions que nous avons déjà eu l'occasion d'indiquer. Cette ruine est la plus importante de la Babylonie tout entière; son aspect sévère, et les légendes qui s'y rattachent, lui ont acquis une grande notoriété[1].

Les explorateurs français y découvrirent en 1853 un tombeau babylonien. C'était celui d'un enfant; sous la tête du mort il y avait un petit gâteau de brique daté de *Barsip*, le trentième jour du sixième mois de la seizième année de Nabonid, roi de Babylone. Ce texte a permis d'identifier cette localité avec la *Borsippa* des Grecs, le *Borsif* du Talmud et le *Barsip* dont il est question dans les inscriptions assyro-chaldéennes.

Sir Henry Rawlinson fit exécuter, dans cette ruine, sous la direction de M. Tonietti, des fouilles qui eurent pour résultat la découverte de deux barils d'argile, dont le contenu nous éclaire sur la destination de ce monument. Il est désigné dans ces inscriptions, sous le nom de *Bit-zida*, une de ces tours à étages appelées *Ziggurrat*,

1. G. Perrot et C. Chipiez, *Histoire de l'art, Chaldée et Assyrie*, t. II, p. 300 et suiv., et, pour la restauration, voyez les belles planches dues à M. Chipiez.

Fig. 83. — Vue du Birs-Nimroud (côté du Nord, d'après M. J. Dieulafoy).

dont il existe en Chaldée et en Assyrie plusieurs spécimens. Nous en avons signalé un exemple à Khorsabad (voy. *supra*, p. 95); la *Ziggurrat* du Birs-Nimroud est la plus importante de la Mesopotamie Inférieure. Hérodote, qui a vu ce monument dans toute sa splendeur, le décrit ainsi, bien qu'il le désigne comme le sanctuaire de *Jupiter-Bélus* :

« C'est un carré régulier qui a deux stades en tous sens; on voit au milieu une tour massive qui a un stade, tant en longueur qu'en largeur; sur cette tour s'en élève une autre, et sur cette seconde encore une autre, et ainsi de

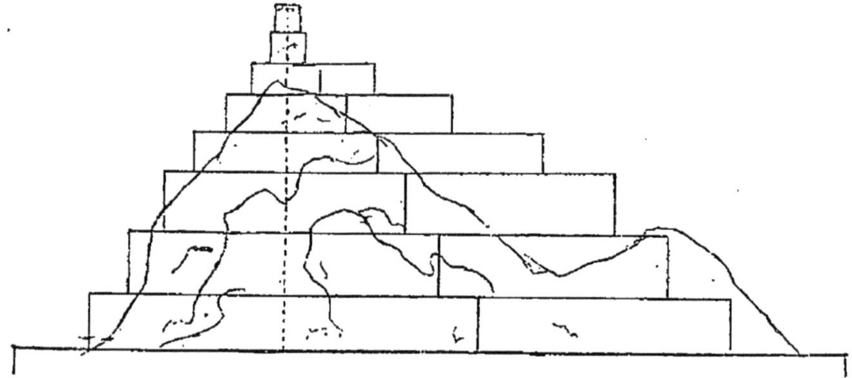

Fig. 81. — Restauration de la Tour à étages.

suite; de sorte qu'on en compte jusqu'à huit. On a ménagé une montée autour de ces massifs; à peu près au milieu de la montée, se trouve un lieu en retrait et des bancs pour s'asseoir, sur lesquels ceux qui montent peuvent se reposer. Dans la dernière tour, il y a un grand temple; dans le temple, un lit bien arrangé, auprès duquel on voit une table en or; aucune statue ne se trouve placée ici. » (Hér., 181 et suiv.)

Après avoir rappelé la légende racontée par les prêtres chaldéens et à laquelle il n'ajoute pas foi, Hérodote continue :

« Dans le sanctuaire de Babylone on voit encore un

autre temple. Il y a là une image assise, en or, de *Jupiter*? devant elle se trouve une grande table, également en or, et de ce métal sont fabriqués son escabelle et son trône; tout cela est fait de 800 talents d'or. En dehors du temple se trouve un autel en or. On y montre également un autel très grand, où l'on peut seulement sacrifier des animaux. Sur l'autel d'or il n'est permis de sacrifier que de jeunes animaux qui tettent encore; sur le grand, les Chaldéens consomment près de 1000 talents d'encens quand ils célèbrent la fête du Dieu. Il y avait encore dans le Temple une statue en or de douze coudées de hauteur, mais je ne l'ai pas vue. »

Toute cette description s'applique en partie, soit à la tour de Borsippa, soit au temple de Bélus. Cette tour est désignée, dans les inscriptions, sous le nom de *Bit-zida*, un complexe dont nous ne connaissons pas encore assez sûrement la prononciation assyrienne pour l'appliquer à cet idéogramme qui semble désigner le « *temple de la main droite* ». Voici, dans tous les cas, comment Nabuchodonosor s'exprime sur le sanctuaire de Borsippa, dans la grande inscription à laquelle nous avons déjà fait plusieurs emprunts (fig. 85) :

« Borsippa est la ville où l'on honore ce Dieu (Nébo) ; je l'ai ornée, j'y ai fait construire le *Bit-zida*, sa demeure éternelle ; j'en ai achevé la magnificence avec de l'or, de l'argent, des métaux, des pierres, des briques vernissées, des bois de lentisque et de cèdre ; j'ai recouvert avec de l'or la charpente où repose le dieu Nébo ; j'ai recouvert la porte du sanctuaire des oracles avec de l'argent brillant. J'ai incrusté avec de l'albâtre les piliers de la porte du sanctuaire du..., le seuil et les linteaux. J'ai recouvert avec de l'argent le..., et le pourtour du temple avec des briques de différentes couleurs. J'ai orné avec de l'argent travaillé le pied des autels ; j'ai construit le portique et les montants des portes avec de grandes pierres. J'ai construit solidement le temple, pour l'admiration des hommes. J'ai refait de nouveau le sanctuaire de Borsippa, le temple des Sept lumières de la terre. » (W. A., I, pl. LVI-LXIV, col. III, l. 36.)

L'inscription du baril, découvert si habilement dans la ruine même de Borsippa par Sir H. Rawlinson, est plus explicite. Nabuchodonosor parle, d'abord, des deux monument

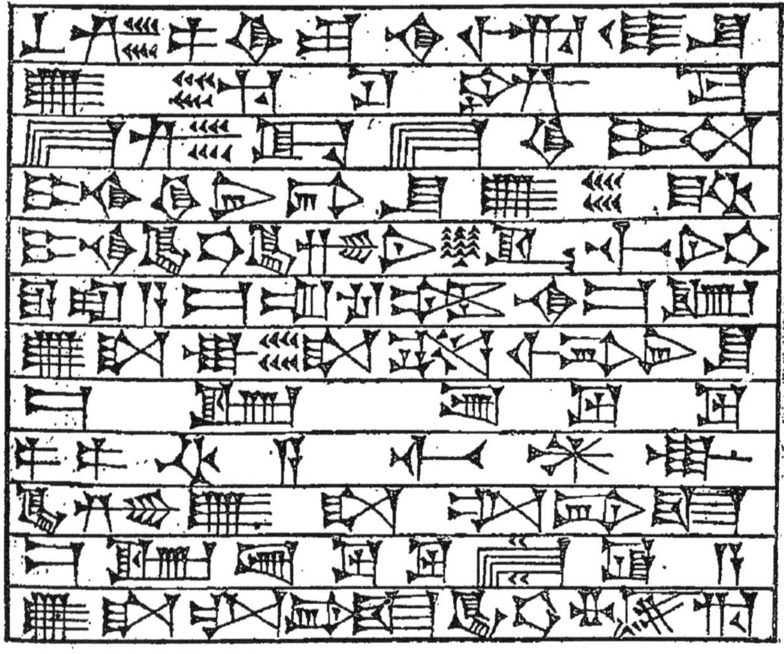

Fig. 85. — Fragment de l'inscription monumentale de Nabuchodonosor relative à Borsippa.

qui lui sont le plus chers à Babylone, le *Bit-saggatu* (le temple de Bélus) et le *Bit-zida* (la tour de Borsippa); puis il ajoute :

« Le *Bit-zida* est la demeure éternelle; je l'ai rebâti depuis ses fondements; j'en ai achevé la magnificence avec de l'argent, de l'or, des métaux, des pierres précieuses, des briques vernissées, des bois de lentisque et de cèdre. J'ai refait le temple des Bases de la terre, la *Ziggurrat* de Babylone, et je l'ai achevé en briques et en cuivre; j'en ai élevé le faîte.

« Je dis ceci : Le temple des Sept lumières de la terre, la *Ziggurrat* de Borsippa, fut bâti par un roi ancien ; il couvrait quarante mesures de terre, mais il n'en éleva pas le faîte ; les hommes l'avaient abandonné depuis les jours d'une inondation dont ils n'avaient pas dirigé le cours. Les pluies et les orages avaient dispersé les ouvrages d'argile et les revêtements des murs. L'argile s'était effondrée avec les terres et formait un monceau de ruines. Le grand dieu Marduk a excité mon cœur à le rebâtir ; je n'en ai pas changé l'emplacement, je n'ai pas touché à son *timin*. Dans le mois de la paix, dans un jour propice, j'ai fait mouler la brique crue des massifs et la brique des revêtements, et j'ai inscrit la gloire de mon nom dans les fondations. » (W. A., l. I, pl. LI, n° 1, col. I, fig. 19.)

L'inscription se termine par une invocation pour appeler sur le roi et ses œuvres la protection des Dieux, avec des variantes dont nous avons déjà fait connaître la formule.

Les Juifs prétendent que c'est à Babylone que les langues ont été confondues, et une autorité talmudique assurait que l'air qu'on y respirait rendait oublieux. Pendant quelque temps, on a cru trouver, dans certains passages de l'inscription que nous avons citée plus haut, la mention expresse de la construction de la *Tour de Babel* et de la *Confusion des langues*; mais cette première traduction, qui reposait sur un passage mal compris, a été abandonnée depuis longtemps.

La tour de Borsippa était, ainsi que nous l'avons dit, une *Ziggurrat* analogue à celles que l'on a découvertes sur plusieurs points de l'Assyrie et de la Chaldée. Les bas-reliefs assyro-chaldéens en donnent des représentations qui ont permis, à l'aide des indications fournies par les textes et d'après l'examen des ruines, d'en esquisser des restitutions qui peuvent être exactes ; s'il y a encore quelque indécision dans les détails, l'ensemble reste acquis (fig. 84).

Le plan était toujours un parallélogramme ou un carré, et l'élévation présentait une série d'étages en retrait dont le nombre variait de trois à sept, peut-être huit, en y comprenant le couronnement comme le fait Hérodote.

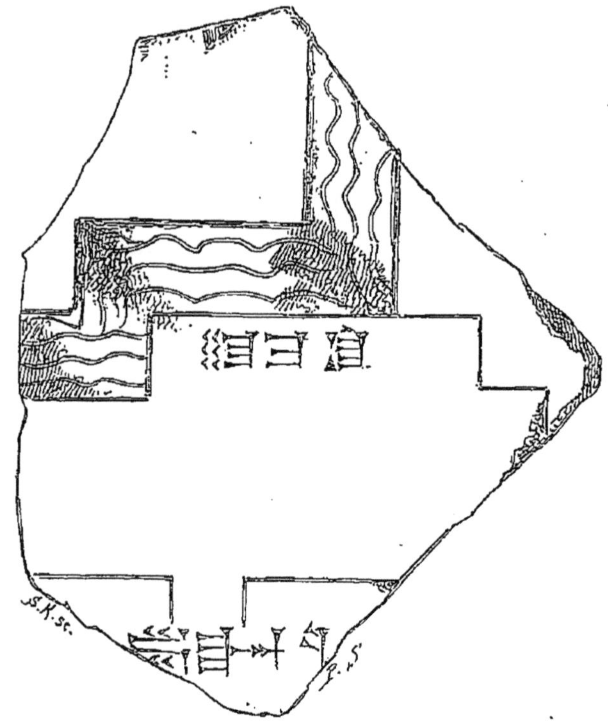

Fig. 86. — Plan antique d'un quartier de Babylone (Musée Britannique).

Malgré la simplicité apparente d'une pareille construction, la diversité se trouvait précisément dans le mode d'ascension des différents étages.

Les restes de ces édifices étudiés par MM. Loftus et Taylor, à Warka, à Abou-Shareïn et à Mougheïr, ont fourni à M. Chipiez les éléments des restaurations qu'il a proposées. — Il distingue un premier type caractérisé par la forme du soubassement et la disposition des étages supérieurs auxquels on arrivait par un escalier droit, tel qu'il est indiqué par les ruines de Mougheïr. Un second type se présenterait sur un plan carré, avec une rampe unique s'élevant en spirale jusqu'au sommet; c'est celui de la Tour à étages de Khorsabad. Un troisième type serait caractérisé par la disposition d'une double rampe sur un plan carré pour arriver au sommet de l'édifice, terminé par une chapelle placée dans l'axe même du monument et recouverte d'une coupole. Ce serait la disposition du *Bit-zida* de Borsippa, de manière à répondre exactement aux descriptions d'Hérodote et à celles qui se trouvent dans les inscriptions.

Ces tours à étages étaient, ainsi que nous l'avons dit, des *sanctuaires* et, au besoin, des *observatoires*. N'oublions pas qu'à cet âge on ne sépare jamais la science de la religion, et que l'observation des astres, loin d'être une impiété, était alors une partie essentielle du culte.

Fig. 87. — Pontife chaldéen.

XIII

L'ENCEINTE DE BABYLONE

Babylone n'était pas une ville ouverte ; elle était entourée d'une enceinte. Les inscriptions et les auteurs grecs sont d'accord sur ce point. On possède même sur un fragment de brique trouvé à Babylone le plan d'un quartier de la ville (fig. 86). Il n'y a de difficulté que pour déterminer l'étendue de cette enceinte ; les inscriptions donnent une mesure unique ; les auteurs grecs paraissent en contradiction les uns avec les autres, par suite des indications différentes qu'ils enregistrent à ce sujet.

Voici ce que dit Hérodote :

« En Assyrie, il y a bien de grandes cités en nombre ; la plus célèbre et la plus forte et où la résidence des rois fut établie, après la destruction de Ninive, fut Babylone, qui a la conformation suivante : elle est située dans une vaste plaine, constituant un carré dont chaque côté est de cent-vingt stades (22 680 mètres). Ainsi le nombre des stades du pourtour de la ville monte à quatre cent quatre-vingts stades (90 720 mètres). Telle est la grandeur de la ville babylonienne, qui était embellie comme aucune autre ville dont nous avons connaissance. » (I, c. CLXXVIII et suiv.)

Hérodote entre ensuite dans les détails de l'enceinte :

« D'abord, un fossé profond et large rempli d'eau l'entoure ; après cela, elle est renfermée dans un mur qui a cinquante coudées royales de largeur, deux cents de hauteur....

« En haut du mur, on bâtit sur chaque bout des maisonnettes d'un étage dont les issues étaient tournées les unes vers les autres. Au milieu de ces constructions, on laissa assez de place pour qu'un quadrige pût tourner. Autour du mur, il y a cent portes, toutes de bronze, et les linteaux et traverses de même métal.

« La cité est divisée en deux portions par la rivière qui les sépare.

« Babylone fut ainsi entourée d'un mur extérieur qui est la cuirasse de la ville. A l'intérieur, il y a un autre mur qui court tout autour; il n'est pas beaucoup moins fort, mais plus étroit. »

Philostrate, qui suit la version d'Hérodote, s'exprime ainsi :

« Babylone est entourée d'un mur qui a un pourtour de quatre cent quatre-vingts stades; cette enceinte a trois demi-plèthres de hauteur et moins d'un plèthre de largeur; la ville est coupée par l'Euphrate en deux parties, qui se ressemblent dans la forme. Au-dessous du fleuve, il y a un pont secret qui réunit d'une manière invisible les deux résidences qui se trouvent à l'une et l'autre rive. » (I, 25.)

Ajoutons enfin un renseignement donné par Bérose, qui attribue à Nabuchodonosor la construction de trois enceintes autour de la ville intérieure et de trois au-dessus de celle-ci, les unes en briques cuites et en asphalte, les autres en briques seules.

Ces indications sont très explicites. Voyons maintenant les données qui résultent des textes. Nabuchodonosor, dans la longue inscription rapportée par Sir Hartford Jones, après avoir énuméré les différentes constructions qu'il avait élevées dans Babylone, s'exprime ainsi :

Col. IV, l. 66. « Imgur-Bel et Nivit-Bel sont les deux grandes enceintes de Babylone. Nabopolassar, roi de Babylone, le père qui m'a engendré, les avait commencées,

Mais il n'en avait pas achevé la magnificence. Il en creusa le fossé extérieur, large de deux *kari;* il en a construit les rebords en briques et en bitume. »

Plus loin, nous lisons un nouveau détail :

Col. V, l. 27. « Outre son fossé, j'ai construit deux murs puissants en bitume et en briques ; je les ai reliés au fossé que mon père avait tracé, et j'ai réuni dans la ville toutes les parties qui en étaient séparées; j'ai fait construire un autre fossé en briques qui forme le *balar* du soleil couchant de l'enceinte de Babylone. »

Après avoir énuméré le détail d'autres constructions dans Babylone, Nabuchodonosor les résume ainsi :

Col. VIII, l. 40. « J'ai fait construire, selon les règles de l'art, six enceintes.

« Pour rendre difficile l'attaque des ennemis contre Imgur-Bel, le mur indestructible de Babylone, long de quatre cent quatre-vingt-dix stades, qui se trouve autour de Nivit-Bel, le boulevard de Babylone, j'ai fait, en dedans, deux fossés garnis en bitume et en briques et un mur haut comme une montagne. »

Nabuchodonosor fixe ainsi la superficie de Babylone :

« Je fis mesurer Imgur-Bel, le grand mur de Babylone, l'inexpugnable, qu'aucun roi avant moi n'avait fait. Quatre mille grandes mesures (*mahar-gagar*), voilà la superficie de Babylone! (Col. VI, l. 25.) »

Or, d'après les calculs, ces quatre mille grandes mesures de superficie doivent former le carré des quatre cent quatre-vingt-dix mesures linéaires indiquées.

Comme on le voit, les différents chiffres donnés par les auteurs grecs concordent avec ceux qui résultent des inscriptions, à la condition de prendre chaque indication pour la mesure d'une enceinte spéciale. Les six enceintes de Bérose sont en tout conformes aux descriptions données par Nabuchodonosor lui-même.

Il ne s'agit plus maintenant que de déterminer la place occupée par Babylone et circonscrite par ce grand mur de quatre cent quatre-vingt-dix stades, selon le texte, ou quatre cent quatre-vingts, selon Hérodote.

M. Oppert a fait sur les lieux l'application de ces données, et il est arrivé à fixer ainsi, par des relèvements, la place de la grande cité. (Exp. M. t. I. p. 220.)

« Quand on se place, dit-il, sur les différentes ruines de l'Oheymir, on aperçoit, presque à l'Ouest, une suite de tumulus qui s'étendent jusqu'au Nord de Babil. Ce sont d'abord les *Abou-Bezzoun* « les collines aux chats » ; puis on parcourt pendant deux heures un chemin tracé au pied d'une rangée de collines très basses, jusqu'à ce qu'on parvienne à un groupe nommé *Tell-el-soufar*, « les tumulus jaunes ». Plus loin, on arrive à un puits entouré de différentes collines, débris d'une ruine babylonienne qui s'appelle Soleiman-ibn-Daoud, consacrée à la mémoire de Salomon. Pendant deux lieues, à l'Ouest, on poursuit les traces de ces ruines qui sont presque parallèles, à quelques kilomètres de distance, au cours actuel du Nahar-el-Nil, dont la prise d'eau est un peu au-dessous de Bernoun, et qui suit la direction de Sud 80° Est. » (Comp. les deux plans fig. 64 et 88.)

Or, la direction des collines Abou-Bezzoun, Tell-el-soufar et d'autres, qui n'ont pas de nom, est la même en partant du groupe de l'Oheymir, Nord 80° Ouest. A cette première observation, M. Oppert en ajoute une seconde. En partant de Hillah, on arrive à Tell-Ghazaïl, après une heure e demie de marche, ce qui représente huit kilomètres. Autour du Tell, on trouve un *dehliz* ou pavage, et les Arabes connaissent cet endroit comme une carrière féconde en briques. De Tell-Ghazaïl, Hillah est à S. 70° E., la coupole d'Ibrahim sur Amran, N. 56° 37′ E. Babil, N. 34° 59′-36° 7′ E., et sur l'autre rive, le Birs-Nimroud S. 60° 40′ O. Cheikh-Abid, un sanctuaire, N 51° 15′ O., les palmiers de Cherifeh, S. 21° 56′ O., le village de Tahmasia, S. 12° E., jusqu'au plein Sud. En s'assurant de la position de Chetitheh, on trouve à N. 9° 25′

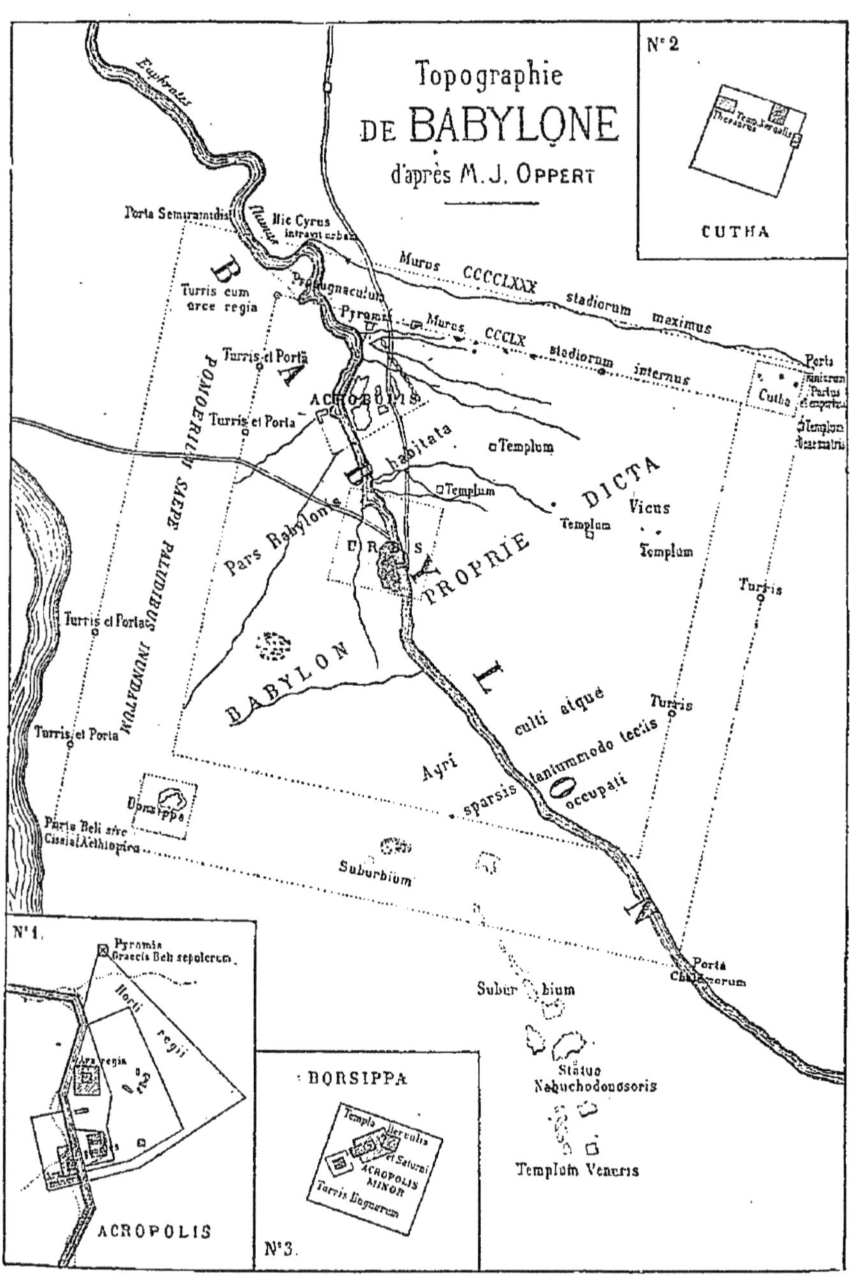

Fig. 88. — Topographie de Babylone.

E., et dans la même direction, plus loin encore une autre colline nommée Tell-Zawiyeh.

Ce relevé démontre que les collines s'étendant à plus d'un myriamètre de distance à travers la plaine, et visibles du Tell-Zawiyeh, étaient en direction droite l'une de l'autre. On s'aperçoit ainsi que la ligne venant de l'Oheymir est perpendiculaire à celle qui part de Ghazaïl, Chetitheh et Zawiyeh, continue jusqu'au delà du fleuve; elle devait atteindre la ligne occidentale du Tell-Zawiyeh (tumulus du coin). Si on établit, sur ces données, la double enceinte qui entourait la grande ville, on trouve précisément les dimensions indiquées par Hérodote, c'est-à-dire un carré de cent vingt stades formant vingt-deux mille six cent quatre-vingts mètres.

La cité royale renfermait au centre de la ville les palais dont les ruines sont cachées dans les tumulus du Kasr et de Amran-ibn-Ali, et la ville proprement dite comprenait tous les temples que Nabuchodonosor avait construits à Babylone, et de plus englobait d'une part Cutha au Nord, et Borsippa au Sud.

Il est souvent question de ces deux ville dans les inscriptions, et Borsippa a dû être longtemps, comme Cutha, une cité indépendante de Babylone. Chacune avait pu avoir ses enceintes particulières, mais il vint un moment où la cité royale de Babylone fut entièrement occupée par les palais royaux; la population ordinaire, rejetée des murs de l'enceinte royale, s'étendit dans la plaine. Nabuchodonosor songeant alors à protéger la ville royale et la ville proprement dite, les cités voisines n'en formèrent plus, pour ainsi dire, que des faubourgs compris dans la vaste enceinte quadrangulaire que nous connaissons. Dans cet état, la superficie de Babylone aurait été conforme à ce que disent les auteurs qui la regardent comme la plus grande ville du monde. Le pourtour évalué par Hérodote présente un développement de quatre cent uatre-vingts stades, soit quatre-vingt-dix mille sept cent vingt mètres, plus du double de l'enceinte fortifiée de Paris.

Dans la plaine qui entoure la cité royale, on voit çà et là un petit bois de palmiers ou une mosquée qui s'élèvent sur quelque ruine babylonienne. C'est ainsi que les mosquées d'El-Kaïm, d'Abou-Fodhail paraissent bâties sur l'emplacement de temples chaldéens. El-Kolaïah cache certainement une construction antique, peut-être le temple de Mylitta-Zarpanit.

Citons encore Meched-ech-Chemes, l'ancien temple du Soleil ; la Koubbeh, Iman-Ali-ibn-Hassan, entourée de palmiers est également bâtie au-dessus d'un temple babylonien. Tout l'espace au Sud d'Hillah, rempli de tertres épars, était réservé à la culture, et ainsi des deux côtés du fleuve jusqu'à Borsippa, et même au delà.

La légende de la statue d'or de soixante coudées de hauteur, et de six coudées de largeur, rapportée au livre de Daniel (ch. III, v. 1), ne pouvait passer inaperçue. M. Oppert a cru trouver l'emplacement de cette statue à l'Est du Birs-Nimroud, au milieu des palmiers de Nebbi-Eyoub (fig. 88), bien que rien dans les inscriptions ou dans les ruines ne vienne appuyer cette hypothèse.

Fig. 89 — Légende chaldéenne.

XIV

LA VIE PRIVÉE, LA SCIENCE, LA RELIGION ET LES LÉGENDES

Nous avons essayé de reconstruire la grande cité, et nous avons indiqué sur la plaine de Hillah la place des palais et des temples dont nous avons étudié les ruines. Ce n'est pas tout ; il faut chercher maintenant à se rendre compte des mœurs des habitants. Quelles étaient leurs occupations journalières, leur vie privée, le culte qu'ils rendaient aux dieux, la science de leurs docteurs et les enseignements de leurs prêtres et de leurs sages?

Hérodote, qui visitait Babylone au ve siècle avant notre ère, nous renseigne d'une manière assez précise sur les faits qu'il a pu contrôler par lui-même ; si parfois il donne des détails dont il ne garantit pas l'authenticité, parce qu'il ne les connaît que par ouï-dire, en revanche, il nous dépeint certains détails avec une vérité qu'on ne saurait méconnaître.

C'est ainsi qu'il décrit le costume des Chaldéens.

« Quant à leur habillement, dit-il, ils portent d'abord une tunique de lin, qui leur descend jusqu'aux pieds, et par-dessus une autre tunique de laine. Ils s'enveloppent ensuite d'un petit manteau blanc. La chaussure qui est à la mode dans leur pays, ressemble presque à celle des Béotiens. Ils laissent croître leurs cheveux, se couvrent la tête d'une mitre et se frottent tout le corps de parfums. Ils ont chacun un *cachet* et un *bâton* travaillé à la main ;

au haut duquel est une pomme, ou une rose, ou un lys, ou un aigle, ou toute autre figure, car il ne leur est pas permis de porter de canne ou de bâton sans un ornement caractéristique... »
(I, 195.)

Ce témoignage est pleinement confirmé par les découvertes modernes. On a retrouvé des statuettes (fig. 90) qui répondent à cette description ; dans les tombes chaldéennes, on a relevé, près des morts, ce *bâton* si cher aux habitants de la Babylonie ainsi que leur *cachet*. On sait que ces cachets de forme cylindrique, conique ou pyramidale, portent sur leur surface un sujet religieux gravé en intaille (fig. 83, 87 et 103).

Fig. 90. — Un prêtre chaldéen, terre cuite (Musée du Louvre).

A côté de la scène religieuse, se trouve souvent l'indication du nom du propriétaire du cachet. Il y a plus ; on a recueilli un grand nombre de contrats avec la mention de la qualité des parties contractantes et l'empreinte du cachet, qui tient lieu de signature.

Ces documents présentent de grandes difficultés d'interprétation, à cause des termes techniques employés et de la portée juridique qu'il convient d'accorder aux clauses. Quelques-uns ont été découverts sur le sol même de Babylone ; c'est à Warka que W. K. Loftus en a recueilli le plus grand nombre, à l'angle S. O. de la ruine principale qui porte le nom de Buwaryya.

Les contrats de l'époque de Nabuchodonosor sont actuellement assez rares; mais des découvertes ultérieures de cette nature ne manqueront pas d'apporter sur la vie civile des Babyloniens les renseignements les plus précis et les plus variés.

Dans les pages que nous avons consacrées à l'histoire de Ninive, nous avons passé sous silence les idées religieuses sous l'influence desquelles la civilisation assyrienne s'était développée, parce que ces observations devaient trouver leur place, lorsque nous aurions à parler de Babylone.

La religion de la Chaldée est, en effet, la même que celle de l'Assyrie ou plutôt, pour nous servir de l'expression pittoresque de M. Perrot, qui peint si bien les rapports qui ont existé entre ces deux civilisations : « L'Assyrie n'a rien inventé, elle n'a fait qu'imiter et adapter, que copier et traduire; la pensée chaldéenne a été comme le pain dont elle a vécu[1] ».

Il est impossible, dans l'état actuel de nos connaissances, de se faire une idée de la religion de la Chaldée. Le Panthéon assyrien se révèle peu à peu et par des fragments qui ne permettent pas d'établir une hiérarchie rigoureuse dans ce vaste polythéisme, où les nombreuses divinités, que nous rencontrons dans les textes, sont souvent accompagnées d'attributions contradictoires. Il est certain que chaque localité s'était placée sous l'invocation d'une divinité spéciale et que les fidèles ne manquaient pas de lui accorder le rang suprême. A Babylone, c'était

1. G. Perrot, *Histoire de l'Art. Chaldée, Assyrie*, t. II, p. 360.

Ilu; mais aussi Nabu, Bel, Marduk, Istar ou Beltis, suivant les époques peut-être? A Ur, on regardait Sin comme le dieu suprême; à Erech, Istar, à Agadé, Samas, à Cutha, Nirgal. Malgré cette confusion, essayons toutefois de tracer les grands lignes qui sont fournies par l'étude des monuments, et qui font comprendre les idées cosmogoniqnes et religieuses des Chaldéens, au temps de la splendeur de Babylone.

Le monde se partageait naturellement en trois divisions; l'abîme (*ge*), la terre proprement dite (*ki*), et le ciel (*anna*). L'abîme supporte la terre, et au-dessus de la terre, le ciel se développe comme une immense coupole. Entre le ciel et la terre se placent les étoiles fixes (*moul*), les planètes (*lubat*) comprenant le soleil et la lune. Enfin, au-dessous et plus rapprochés de nous, s'agitaient les phénomènes de l'atmosphère, les orages, la lumière, la pluie, les vents, etc.

Chacune de ces forces de la nature avait son existence propre, ou obéissait à une influence occulte qui ne se révélait que par ses agents, les Dieux, les Déesses et une multitude de Génies inférieurs, tantôt bienfaisants, tantôt néfastes, mais toujours redoutables.

Dans la hiérarchie céleste, nous trouvons d'abord un dieu suprême *Ea-Kin* auquel les autres divinités sont soumises; puis trois grandes divinités qui semblent se partager l'univers. *Anna* règne au ciel; *Ea*, sur la terre et *Moulge*, sur l'abîme. Nous voyons ensuite apparaître dans les prières et dans les invocations des rois, à Babylone comme à Ninive, un certain nombre de dieux, quelquefois sept, souvent douze; Assur, Anu, Salman, Nisruk, Sin, Marduk, Bin, Adar, Nirgal, Dagan, Samas Istar ou Beltis.

Ce sont les Grands-Dieux auxquels on élève des temples et des autels, et qui se partagent les honneurs du culte officiel. Chacune de ces divinités est accompagnée de son épouse, les Grandes-Déesses.

L'hommage que les hommes rendaient aux Dieux était essentiellemennt variable, suivant les circonstances et les localités; cependant il se manifestait par des prières et des sacrifices.

Fig. 91. — Sacrifice du chevreau. (Bas-relief de Khorsabad.)

Les formules de prières sont très nombreuses; elles se récitaient debout, en présence de la divinité, la main droite élevée et la gauche ramenée sur la poitrine. Quelquefois un pontife présentait le fidèle à la divinité, en le conduisant par la main.

Le sacrifice consistait dans l'offrande d'une victime pure, généralement des béliers, des chevreaux et même des bœufs (fig. 91 et 92).

A une époque que nous ne saurions déterminer, on accomplissait des sacrifices humains. Les textes en relatent la mention, et les monuments figurés nous en attestent l'exécution. Cette barbare coutume a dû disparaître progressivement; il n'en reste plus que l'expression symbolique sur les cylindres. (Voy. fig. 93.)

Les Chaldéens, qui avaient foi en des Dieux immatériels dont les forces de la nature n'étaient que les agents, croyaient-ils à l'existence de l'âme et à son immortalité? Les légendes, dont nous avons de nombreux épisodes,

Fig. 92. — Cylindre chaldéen.

ont permis de formuler cette opinion. L'une d'elles nous montre Istar allant chercher au séjour des morts, au pays d'où l'on ne revient pas, un fils tendrement aimé qu'une

Fig. 93. — Cylindre chaldéen.

mort prématurée a arraché à son affection[1]. Il y a plus: certaines divinités paraissent chargées de ressusciter les morts.

La morale sur la terre, comme après la vie, a la sanction du châtiment ou de la récompense. Après la mort, le principe vital se dégage du corps. Ce principe indes-

1. Voyez les différentes traductions de la légende d'Istar par Fox Talbot, Oppert, Lenormant, Ménant, Schrader, Jeremias, etc.

tructible se nomme *Ekimu*. L'Ekim habite le monument funéraire et repose auprès du mort; s'il est bien traité par les parents du défunt, il devient pour eux un génie bienfaisant ; dans le cas contraire, il les accable de maux.

Ces grandes lignes que nous venons de tracer, sont loin d'apparaître aussi nettement dans les textes, que nous voudrions l'affirmer; elles sont obscurcies par des lacunes d'abord, et surtout par des textes qui nous montrent, à côté de la religion, les superstitions les plus puériles, et dont la culture intellectuelle de l'antique Chaldée n'a pu la préserver.

La haute réputation scientifique des vieux Chaldéens ne devait pas manquer de trouver également sa confirmation. C'est toujours aux fouilles de Warka que nous sommes redevables des précieux renseignements qui nous prouvent que les mathématiques et les sciences exactes étaient cultivées dans toute la Chaldée dès l'antiquité la plus reculée.

La notation numérique repose sur la combinaison de deux systèmes qui se complètent l'un par l'autre. Nous avons d'abord le système décimal qui se chiffre par un nombre de clous perpendiculaires, égal au nombre des unités jusqu'à 9 ; puis par un nombre de crochets égal au nombre des dizaines, et ainsi de suite pour exprimer des dizaines, des centaines et des mille, et représenter tous les nombres; mais, à côté, il y a un système sexagésimal qui commence à 60, en formant avec ce nombre une nouvelle unité appelée *sosse* avec laquelle on compte, pour obtenir des nombres multiples qu'on nomme des *nères* et des *sares*, ce qui permet d'exprimer, par une notation très simple les nombres les plus élevés.

Une découverte importante a fait comprendre la rapidité des calculs qu'on peut effectuer à l'aide de ce système. Loftus a rencontré parmi les tablettes de Senkereh des *tables* qui présentent une série des soixante premiers nombres élevés au *carré* et au *cube*, et exprimés suivant la notation sexagésimale. En appliquant ces tables aux opérations de l'arithmétique, on s'aperçoit bientôt, dès qu'on en a compris l'usage, avec quelle *facilité on effectuait* les calculs les plus compliqués, en les réduisant à des additions et à des soustractions qui ne portent jamais sur des chiffres supérieurs à soixante.

L'astronomie fut de tout temps l'objet des observations incessantes des savants babyloniens, et elle leur a valu cette réputation scientifique qui a survécu à toutes les ruines. Déjà, à l'époque de Sargon (l'Ancien), les Chaldéens connaissaient la véritable cause des éclipses de lune et de soleil et en avaient calculé le retour.

Les observatoires étaient établis au haut de ces *ziggurrat* ou pyramides à étages qui prêtaient si bien leur concours aux savants, sous la protection des prêtres et des Dieux. Ils observaient le mouvement des astres et en tiraient des conclusions utiles pour prévoir, d'abord, le beau temps ou le mauvais, et plonger bientôt dans le champ de l'inconnu. Un peuple à l'imagination vive, si épris de la contemplation des grands phénomènes de la nature, ne devait pas manquer de s'égarer; l'astrologie fut la conséquence de ses erreurs. L'œuvre de Bérose, que nous serions heureux de consulter sur ces matières mystérieuses, est parvenue dans un état de mutilation telle qu'il est impossible de deviner le sens véritable des passages qu'on attribue à Bérose même, et dans lesquels on confond ce qui touche à l'astronomie avec ce qui a trait à l'astrologie. Les savants chaldéens en faisaient la différence peut être, ainsi que Bérose, car sa pensée a pu être altérée par ses compilateurs ?

L'examen des superstitions en Chaldée est une des études les plus attrayantes de cette grande histoire des aberrations de l'esprit humain. Les documents sont nombreux. Une longue tablette provenant de la bibliothèque palatine d'Assur-bani-pal et que sir H. Rawlinson et E. Norris ont publiée dans le second volume du recueil des inscriptions du Musée Britannique, nous met à même d'apprécier les idées que les Chaldéens pouvaient se faire des esprits mauvais et des procédés qu'ils employaient pour les conjurer. Cette tablette, écrite dans la langue primitive de la Chaldée, est accompagnée d'une traduction assyrienne; mais on comprend les difficultés qu'elle présente à l'interprétation, bien que le sens général en soit clair. — Elle contient une suite de vingt-huit formules d'incantation déprécatoires contre l'action des mauvais génies. En voici une que nous prenons comme spécimen de cette étrange littérature.

« Ils (les mauvais Génies) sont l'œuvre de l'enfer;

« En haut, ils étranglent; en bas, ils poussent des hurlements;

« Ils sont le venin de la bile des Dieux;

« Ce sont eux qui, au grand jour, se sont élancés du Ciel;

« Ce sont des hiboux qui crient dans la ville;

« Ceux-là qui bouleversent les cieux, ce sont les fils de la déesse de la Terre.

« Ils ébranlent, comme des roseaux, les poutres les plus larges;

« Ils passent de maison en maison;

« La porte ne les arrête pas; le verrou ne les fait pas reculer;

« Ils s'élancent contre la porte comme des serpents;

« Ils soufflent contre les gonds comme le vent;

« Ils arrachent l'épouse du sein du mari;

« Ils enlèvent l'enfant des genoux du père;

« Ils chassent l'homme libre de la chambre nuptiale;

« Ce sont eux qui attachent après l'homme la voix sinistre [1]. »

Ces mauvais Génies sont très nombreux; pour accabler

1. Voyez F. Lenormant, *Magie*, p. 5. — Halévy, *Documents relatifs*, p. 1. — Oppert, *Fragments mythologiques*, p. 22.

l'homme, ils prennent des formes et des noms différents : l'*Outouk* est un génie féroce, qui frappe, déchire et tue; l'*Asak* est le démon de la douleur; le *Namtar* peut être considéré comme une sorte d'ange sinistre qui préside à la mort. Quelques-uns ont une nature subtile; l'*Ekim* traverse les maisons; d'autres ont des formes monstrueuses, effrayantes. Le *Galu*, l'*Alap*, le *Nakim* sont des géants qui frappent de terreur (fig. 94).

Ces génies n'ont pas de sexe ; cependant ils se reproduisent et s'unissent aux humains dans leurs rêves; ils dévorent la chair et boivent le sang. Leur horde est très disciplinée; elle a ses chefs et leur obéit. Chaque esprit malfaisant est sous la dépendance d'un dieu qui le dirige, agent inconscient de ses volontés. Une nombreuse cohorte marche devant le dieu de la guerre; c'est elle qui exerce ses cruautés sur les vaincus et qui frappe dans les combats les ennemis de la justice des dieux.

Fig. 94. — Démon chaldéen, terre cuite (Musée du Louvre)

Le malheur n'arrive pas à l'improviste; on peut le prévoir et l'éviter. Les dieux avertissent par de nombreux présages qu'il faut savoir comprendre, si l'on veut conjurer les maux qui nous menacent. C'est toute une science qui a ses principes et son application.

Nous trouvons, en effet, dans la même collection, un grand traité qui révèle les présages qu'on peut tirer de l'observation des phénomènes de la nature. Il faut étudier la position des astres, observer la direction de la pluie, des nuages et de la foudre; il faut consulter les entrailles des victimes, observer la présence des animaux propices ou néfastes, chiens, oiseaux, serpents, mouches ; faire attention aux rencontres fortuites et aux événements imprévus. — Un long chapitre est consacré à l'énumération des malheurs que présagent les naissances monstrueuses ; un autre, à l'explication des songes.

Dès l'instant que l'on a pu prévoir les maux qui menacent, on a songé à les conjurer; de là, des incantations, des exorcismes. Il faut d'abord s'adresser à la divinité supérieure dont le mauvais génie dépend, l'invoquer, la supplier de détourner le malheur de sa tête par des sacrifices, des amulettes et des prières, dont les tablettes donnent de nombreuses formules. Ces incantations se récitaient accompagnées de cérémonies particulières dont l'observation était indispensable pour en assurer l'efficacité (fig. 95).

C'est surtout pendant les maladies qu'il fallait implorer les Dieux pour combattre l'influence des mauvais génies qui les envoyaient. La médecine n'avait pas d'autres ressources. — Quand un homme était malade, on s'adressait à un vieillard, en lui disant : « Mon père, la malédiction mauvaise s'est emparée de cet homme; je ne sais ce que je dois faire pour le guérir ? » Et le vieillard répondait : « Mon fils, je vais consulter Marduk. » Au bout d'un instant, il ne manquait pas de trouver quelque formule, dont il tentait l'effet sur le malade.

Voici les cérémonies qui accompagnaient une incantation contre le *mal de tête* (le démon *mal de tête*, la fièvre cérébrale). — L'enchanteur cueille une plante dans un endroit désert et l'enveloppe dans son turban, au coucher du soleil; le lendemain, au point du jour, il étend cette plante sur le malade auquel il a pris soin d'entourer la tête et le cou avec de la laine prise d'une brebis intacte. L'opération magique se termine par la prière, dont la fin contient ce refrain sacramentel :

« Rappelle-toi le serment du ciel! rappelle-toi le serment de la terre! »

Lisons une autre formule, avec l'énumération des cérémonies qui accompagnent chaque phase de l'incantation :

« Prends la laine d'une jeune brebis intacte;

« Qu'une devineresse l'attache à droite; qu'elle fasse la même chose à gauche;

« Noue deux fois le nœüd des Sept,

« Récite l'incantation d'Eridou;

« Entoure la tête du malade;

« Entoure le tronc du malade ·

« Serre ses membres ;

« Et qu'il s'asseoie sur le lit;

« Asperge-le avec l'eau enchantée,

» Et le Mal de tête, semblable (à une mouche) s'enfuira au ciel devant toi. »

Il faut nous restreindre dans nos citations. Ces dernières suffisent pour faire comprendre l'intérêt qui s'attache à l'étude de ces bizarres documents. Nous aurions tort de les passer sous silence; il n'y a pas si longtemps que la science moderne a rompu avec le *fas*. Nous aurions mauvaise grâce à couvrir d'un dédain superbe ces mystérieuses formules, à l'ombre desquelles la science antique s'est développée; lorsque, d'un autre côté, nous trouvons dans les sanctuaires de la Chaldée les prédécesseurs des Copernic et des Galilée!

1. Halévy, *Documents*, p. 75.

Fig. 95. — Amulette chaldenne.

XV

LA TOMBE CHALDÉENNE

Lorsque l'on compare les fouilles de l'Assyrie à celles de la Chaldée, on est frappé d'une lacune dont on n'a pas encore trouvé l'explication. Parmi tant de monuments ninivites exhumés du sol, temples, palais, constructions de toute nature, on n'a pas encore découvert une tombe assyrienne (Voy. *Supra*, p. 149); en Chaldée, au contraire, les tombeaux se présentent, dans certaines localités, avec une si grande abondance qu'il faut bien croire que quelques villes avaient le privilège de recevoir les morts de toute une contrée.

Le plus grand malheur qui pouvait arriver aux hommes, d'après les idées religieuses de la Chaldée, c'était de rester sans sépulture. Il ne faut donc pas s'étonner de la quantité prodigieuse de monuments funèbres dont les ruines nous ont démontré l'existence ; aujourd'hui, les Persans viennent encore déposer la dépouille mortelle des parents qui leur sont chers à Kerbela, dans une terre sacrée, auprès d'Ali ou du petit-fils du Prophète. — Des navires chargés de cadavres partent tous les ans de Bender-Bouchir pour aller à Bassora et de là à Nedjef ou à Kerbela ; d'autres suivent le chemin de terre par Hamadan et Bagdad, et s'avancent en longues caravanes sur la route de Bagdad à Hillah (fig. 96). Les dispositions prises pour le transport sont en rapport avec la fortune des

Fig 96. — Transport des morts à Kerbela (d'après J. Dieulafoy).

particuliers. Quelquefois les morts sont enfermés dans des cercueils; mais souvent on se contente, après les avoir enveloppés, de les placer sur une planche, en les liant avec des cordes.

D'après Hérodote, les Chaldéens embaumaient leurs morts dans le miel. Nous savons aujourd'hui qu'on les enfermait dans un cercueil, dont la forme variait suivant

Fig. 97. — Tombe chaldéenne.

les localités. A Ur, on construisait un caveau en briques crues reliées avec de la terre; les deux parois, allant à la rencontre l'une de l'autre, étaient contenues par un mur faisant talus à l'intérieur et se terminaient au point de jonction des deux parois par une brique unique qui formait la clef de voûte. Les deux extrémités étaient fermées par un double rang de briques qui montait jusqu'en haut et ne permettait plus d'y pénétrer. Ces caveaux contenaient souvent plusieurs squelettes et, à côté, les objets chers aux défunts, des vases d'argile, des coupes de bronze, le bâton, des anneaux, des cachets des colliers, des bracelets. La forme du caveau dépendait du goût des survivants ; quelques-uns étaient construits en briques cuites et lutés avec des roseaux trempés dans le bitume, de manière à les rendre étanches (fig. 97 et 99) ; d'autres n'étaient que de grandes jarres où le corps, replié sur lui-même, n'avait pu être introduit sans un pénible effort.

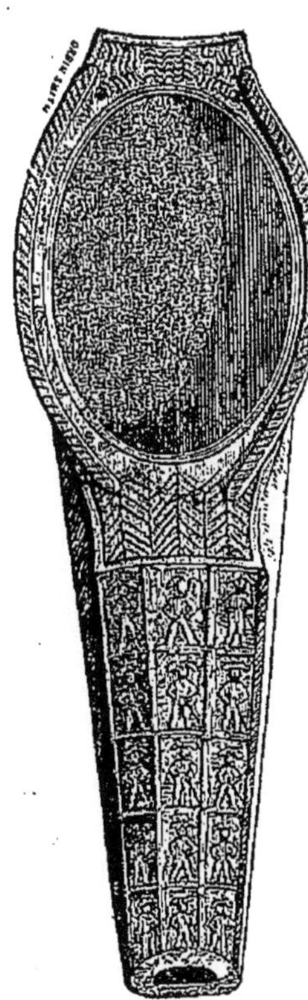

Fig. 98. — Sarcophage en terre cuite vernissée.

Je signalerai particulièrement les cercueils en brique émaillée découverts par Layard qui présentent une forme élégante rappelant les sarcophages égyptiens (fig. 98). La brique est recouverte d'une riche glaçure d'émail qui devait être primitivement d'un bleu intense, mais qui est devenue presque partout d'un vert foncé. Une ouverture ovale, dans la partie la plus large, permettait d'y introduire le corps ; puis on y ajustait un couvercle chargé d'arabesques analogues aux ornements du sarcophage et des figures rappelant un guerrier dans le costume et la pose de certains personnages de l'époque des Parthes et même des Sassanides. Ces cercueils sont évidemment d'une date assez récente. Quel que soit le mode de sépulture, caveaux de briques, couvercles de terre cuite posés sur le cadavre, cercueils faits de jarres cylindriques, sarcophages émaillés, tous ces réceptacles de la poussière humaine qu'on rencontre dans les sites de la Basse-Chaldée servant de nécropoles, ont été entassés par piles verticales de manière à former, avec le temps, des tertres énormes qui couvrent un vaste espace et dominent au loin la plaine.

Chaque monticule entre Mougheïr et Niffer renferme un ancien cimetière. Warka est le plus considérable; depuis la fondation de la cité par Urkham jusqu'à la chûte de la domination parthe, c'est-à-dire pendant une période de plus de deux mille cinq cents ans, Warka

Fig. 99. — Intérieur d'une tombe chaldéenne.

paraît avoir été une immense nécropole où sont venus reposer les habitants de la Mésopotamie tout entière. Les débris humains s'élèvent autour de cette localité à plus de soixante pieds, et dans cette épaisseur, on trouve, à côté des morts des différentes époques, les restes de la civilisation à laquelle ils ont appartenu. Il faudrait percer cette couche pour arriver à l'époque primitive, et s'il est permis de voir au prix de quels travaux on pourrait l'atteindre, il serait téméraire d'affirmer que les résultats sauraient répondre à tant d'efforts.

XVI

LA PRISE DE JÉRUSALEM

Pendant que Nabuchodonosor, au faîte de la grandeur et de la puissance, portait ses conquêtes aux extrémités du monde, il avait près de lui, dans Babylone et même dans son palais, un ennemi implacable. Cet ennemi méditait sa ruine, faisait appel à tous les ennemis de la Chaldée et sa colère, tantôt dissimulée, mais toujours vigilante, s'exhalai. sur les rives des fleuves de la Babylonie dans un chant de tristesse, de douleur et de vengeance.

Les documents chaldéens ne nous parlent pas du siège de Jérusalem et de la dure captivité imposée au peuple juif. C'est dans la Bible que nous avons jusqu'ici les seuls renseignements sur ce grand événement. C'est à cette source que nous allons puiser, sans chercher à atténuer la vivacité du récit biblique.

Ézéchias, après sa maladie, avait reçu les congratulations des envoyés de Mérodach-Baladan ; miraculeusement délivré de ses redoutables ennemis, il était sans défiance contre les Chaldéens, il leur avait fait admirer les richesses de son palais, ainsi que les trésors accumulés dans Jérusalem. C'était une imprudence dont Isaïe lui fit apercevoir les conséquences ; il y avait là, en effet, des richesses suffisantes pour tenter la cupidité d'un conquérant. Le moment approchait où les sinistres prédictions du prophète devaient se réaliser.

Dans la quatrième année du règne de Jehoïakin (606), Néko, roi d'Egypte, après avoir soumis successivement les peuples qui habitaient en deçà de l'Euphrate, crut pouvoir entreprendre le siège de Karkemish; mais au même moment, Nabuchodonosor, alors prince royal de Babylone associé au gouvernement de son père, Nabopolassar, s'avança vers l'Euphrate et rencontra l'armée de Néko près de Karkemish; il la mit en déroute et obligea le roi d'Égypte à abandonner ses entreprises. Le peuple juif, qui avait tremblé pour sa propre sécurité en présence des conquêtes de Neko, se trouva ainsi délivré de l'ennemi le plus imminent et célébra la victoire de Nabuchodonosor.

Dans l'année qui suivit le défaite de Karkemish, Nabuchodonosor s'avança vers les frontières d'Égypte jusqu'à Peluse. Il s'empara de la Syrie, sans toucher néanmoins à la Judée, et contraignit les Égyptiens à rentrer dans leurs frontières. C'est alors que la Judée, se trouvant seule en présence de la puissance chaldéenne, commença à trembler pour sa propre sécurité. Les Réachites qui, depuis Jéhu, vivaient sous les tentes de la vie nomade, furent obligés de se réfugier dans Jérusalem.

Le danger devenait si pressant que dans le neuvième mois (décembre) de la cinquième année de Jehoïakin, (604 av. J.-C.) on proclama un jeûne public pour implorer Javeh contre les Chaldéens. Jérémie, prévoyant les dangers qui menaçaient sa patrie, profita de cette circonstance pour faire lire par Baruch, dans le parvis du temple, les livres qu'il avait composés l'année précédente contre le développement de la puissance chaldéenne, sur laquelle les conseillers du roi juif semblaient fermer les yeux. Ces discours causèrent une grande émotion dans le peuple. On en parla au prince qui ordonna de saisir subrepticement le livre de Jérémie et se le fit lire devant lui. Cette lecture exaspéra le monarque; les livres du prophète furent brûlés et l'arrestation de Jérémie et de

Baruch résolue; ils parvinrent heureusement à se soustraire aux recherches.

Dans sa retraite, Jérémie écrivit de nouveau des discours; le danger était pressant, mais l'aveuglement du roi était au comble. Les avertissements du prophète devenaient sinistres; il annonçait que Jehoïakin devait périr dans la lutte, et son cadavre rester sans sépulture!

Ce fut sur ces entrefaites que Nabuchodonosor apprit la mort de son père et revint à Babylone. Deux ans plus tard, dans la huitième année du règne de Jehoïakin (603-602), Nabuchodonosor s'avança en Syrie, pénétra en Judée, la rendit tributaire et la força de le reconnaître comme suzerain. Dès cette époque, Nabuchodonosor fit emporter à Babylone une partie des trésors du temple de Jérusalem.

Trois ans après, Jehoïakin, qui comptait sur l'appui de l'Égypte, se révolta contre le roi de Babylone. Nabuchodonosor se préparait à marcher contre lui, lorsque, suivant l'expression biblique, le roi de Judée se coucha dans le lit de ses ancêtres (II. Rois XXIV, 5, 6). Josèphe prétend qu'il fut assassiné par ordre du roi de Babylone, et son cadavre fut jeté devant les murailles sans être enseveli, conformément aux prédictions de Jérémie. Cet événement, du reste, n'arrêta pas la marche de Nabuchodonosor.

Jékoniah, fils de Jéhoïakin, avait succédé à son père; il avait alors dix-huit ans lorsque l'armée chaldéenne vint mettre le siège devant Jérusalem (598). Nabuchodonosor s'y rendit en personne, et bientôt le jeune roi, après un règne de trois mois et dix jours, se rendit à merci. — Les Chaldéens entrèrent dans la ville, s'emparèrent des trésors du temple de Salomon et emmenèrent en captivité le roi et toute sa cour, ainsi que dix mille des principaux habitants parmi lesquels se trouvait le prophète Ézéchiel. « De sorte qu'il ne demeura personne de reste que le pauvre peuple du pays. » (II. Rois. XXIV, 14.) Quant à Jékoniah, il fut enfermé dans une prison, où il resta trente-six ans, jusqu'au moment de l'avènement d'Évil-Merodach, fils et successeur de Nabuchodonosor.

Matthaniah fut nommé roi de Judée sous le nom de Zédékiah. Ce n'était, en réalité, qu'un satrape de Nabuchodonosor. Il avait vingt et un ans; sans expérience, sans jugement, il fut poussé à s'insurger contre le vainqueur, et amena ainsi la ruine totale du royaume de Juda.

Dans la quatrième année de son règne, à l'instigation des envoyés d'Édom, de Moab, d'Ammon, de Tyr et de Sidon, il s'était formé autour de ce prince un parti aveuglé par la haine des Juifs contre les Chaldéens, et qui devait pousser le malheureux roi aux extrémités les plus funestes.

Jérémie, tout en prophétisant la ruine de la puissance chaldéenne, engageait, mais en vain, le peuple à attendre avec patience le moment opportun (Jér. ch. XXVII 12-22). Il y avait auprès de Zédékiah le parti des impatients et surtout des intéressés qui, pour faire leur fortune privée, ne craignaient pas d'exposer la patrie aux plus grands dangers et poussaient aux résolutions extrêmes.

Le prophète se multipliait; mais sa voix, un moment écoutée, perdait toute son influence, en ne présentant la délivrance que dans un avenir éloigné; à ses prophéties, on opposait d'autres prophéties, et l'audace d'un certain Hananya, fils d'Hazur, rendait celui-ci plus populaire que toute l'éloquence du prophète.

Zédékiah était néanmoins ébranlé par les sages paroles de Jérémie. Les discussions cessèrent, et pendant quelques années, le calme parut rétabli. Nous arrivons ainsi à la neuvième année du règne de Zédékiah.

A cette époque, Ézéchiel prêchait en Chaldée et sur les bords du Chaboras. Il avait atteint une haute importance parmi ses compagnons d'exil; on s'assemblait autour de lui pour écouter ses discours, échos de ceux que Jérémie faisait entendre dans Jérusalem, et empreints de la même réserve à l'égard des Chaldéens, sans trahir les espérances secrètes que les exilés pouvaient concevoir. (Ézéch., ch. XVII.)

Zédékiah ne conserva pas longtemps ces bonnes dispositions à l'égard de celui que la force des choses lui avait imposé comme suzerain ; il se laissa entraîner dans le parti aveugle et entama des négociations avec l'Égypte où Apriès règnait alors. Celui-ci promit son appui au roi de Juda, et dès lors ce malheureux prince se crut assez fort pour secouer le joug des Babyloniens ; il se déclara indépendant et refusa de payer le tribut.

Les Chaldéens envahirent de nouveau la Judée dans la neuvième année de Zédékiah ; et, au commencement de janvier 589, le dixième jour du dixième mois, Nabuchodonosor était sous les murs de Jérusalem. (Rois, XXV, 1.)

Jérémie continuait à donner au roi les plus salutaires conseils et à montrer pour l'avenir les facheuses conséquences d'une défense inutile. (Jér. XXXVIII, 17, 18, etc.) C'est en vain qu'il conseillait une soumission volontaire et spontanée qui n'eût pas compromis le principe de l'existence du royaume de Juda ; ses avis, que la plus vulgaire prudence aurait dû faire accepter, étaient rejetés.

La résistance fut héroïque ; pendant dix-huit mois, le courage des défenseurs de Jérusalem ne se démentit pas ; ils succombèrent au nombre, à la faim et à la fatigue.

Le neuvième jour du quatrième mois de la onzième année de Zédékiah (août 588), les vivres manquèrent, et les Chaldéens entrèrent dans la ville pendant la nuit du 9 au 10, du côté du Nord. Zédékiah s'enfuit avec quelques-unes de ses troupes par une porte du jardin royal, située à l'Est de Sion et conduisant dans le vallon entre Sion et la place Ophla, et de là se dirigea vers le Jourdain. Mais les Chaldéens se mirent à sa poursuite et l'atteignirent dans la plaine de Jéricho. — Les troupes de Zédékiah prirent la fuite, et le malheureux roi tomba au pouvoir des Chaldéens. — Il fut amené à Riblah, quartier général de Nabuchodonosor, sur le territoire de Hamath où un affreux traitement l'attendait. Ses fils et les nobles de Judée qui l'avaient poussé à la révolte furent égorgés en sa présence. Quant à lui, le vainqueur lui creva les yeux et l'envoya chargé de fers à Babylone où il fut enfermé dans un cachot. Jérémie, tiré de prison, fut traité avec les plus grands égards ; il resta à Mispah. Il n'avait plus qu'à gémir sur la ruine de sa patrie!

On délibéra sur le sort de la ville rebelle, et, un mois après, Nébu-sar-adan, chef des gardes du corps de Nabuchodonosor entra dans Jérusalem. Il fit mettre le feu au Temple, au palais du roi et aux principaux édifices ; les murailles furent rasées, et Jérusalem fut changée en un monceau de ruines ! Les habitants furent emmenés captifs. Nabuchodonosor en laissa seulement quelques-uns pour cultiver la terre et mit à leur tête un nommé Guédaliah, fils d'Akikem.

La ruine de Jérusalem fut le signal de la soumission de toute la Phénicie. Les annales des Phéniciens concordent avec le récit de Bérose, qui ne nous a été conservé que très sommairement, et avec les renseignement un peu plus étendus de Philostrate. Nabuchodonosor reprit ses guerres contre l'Egypte qu'il soumit à sa puissance, et étendit bientôt ses conquêtes sur le monde entier. Mégastène prétend que Nabuchodonosor, aux yeux des Chaldéens, plus fameux qu'Hercule, avait subjugué une partie de la Lybie, franchi les colonnes d'Afrique et conquis l'Espagne; enfin Strabon ajoute qu'il serait revenu par la Thrace.

XVII

LA CAPTIVITÉ DE BABYLONE

Le système des transportations en masse était entré de bonne heure dans les habitudes des souverains de la Haute-Asie. C'était une conséquence de la victoire qui conférait au vainqueur le droit de vie et de mort. A côté des scènes de barbares représailles dont le récit des conquêtes des rois assyro-chaldéens donne le détail, il y avait là, pour ainsi dire, un acheminement vers des coutumes moins cruelles.

Au temps de Tuklat-pal-Asar Ier (XIIe siècle av. J.-C.), ce système ne paraît pas encore établi. La guerre était alors sans quartier; après la défaite, on passait les prisonniers par les armes; on élevait des trophées avec leurs têtes sanglantes sur les murs des villes détruites. Les cadavres des guerriers jonchaient les champs de bataille *comme les feuilles des arbres*, et ceux qui échappaient à la mort cherchaient en vain un refuge précaire dans les cavernes ou dans les roseaux des marécages, pendant que leurs demeures étaient livrées aux flammes.

Les inscriptions de Assur-nazir-habal, trois siècles plus tard, nous présentent déjà quelques exemples de ces transportations en masse. Nous voyons, en effet, que le roi, après la prise de *Damdamuna*, la capitale d'Itani, fils de Samani, fit sortir de la ville 5000 prisonniers et qu'il les transporta à Amida (aujourd'hui Diarbekir).

Sous ses successeurs, les exemples sont plus nombreux, et, sous le règne de Tuklat-pal-Asar II (Tiglat-Pileser), vers le milieu du VIIIe siècle, ce système commence à être régulièrement suivi.

Sargon (721 av. J.-C.) paraît en avoir généralisé l'usage ; il soumit le pays d'Andia, en Arménie, et en transporta les habitants dans les villes de la Syrie et de la Comagène. Plus tard, ce sont les nombreuses tribus du

Fig. 100. — Captifs envoyés en exil.

pays de *Gamgum* qu'il transporta au pays d'Assur, ainsi que celles du pays de Karkemish. C'est à titre de faveur spéciale qu'il permit aux habitants de Babylone de rester dans leurs foyers et de cultiver leurs terres. Les inscriptions apprennent qu'il réduisit en servitude 27,280 Israélites après la prise de Samarie et les emmena en Assyrie, où il les employa à la construction de ses grands travaux. Quelque temps après, il soumit des tribus arabes et les envoya à Samarie, pour repeupler la ville détruite.

Sennachérib et ses successeurs ne se sont pas départis de ces errements qui, en assurant l'unité superficielle des conquêtes assyriennes, y introduisaient des éléments de dissolution dont on devait sentir un jour l'influence.

Les bas-reliefs représentent souvent des scènes de ce genre (fig. 100 et 101). On voit alors les malheureux captifs cheminant avec leur chétif mobilier porté par des chevaux ou le plus souvent chargé sur des chariots qu'ils traînaient eux-mêmes péniblement.

Quand nous arrivons au règne de Nabuchodonosor, ce droit exorbitant paraît réglementé. Dès son avènement, le roi de Babylone s'occupe de préparer les lieux qui

Fig. 101. — Captifs envoyés en exil.

doivent recevoir les captifs des différents pays vaincus; aussi, après la ruine de Jérusalem, la transportation se fait d'une manière, pour ainsi dire, régulière et normale. La captivité de Babylone, qui eut un si grand retentissement dans la suite, n'était qu'un épisode des conquêtes assyro-chaldéennes, renouvelé après chaque victoire.

Quelle fut la position du peuple juif à Babylone pendant cette longue servitude qui a pesé si lourdement sur ses destinées ? Nous en avons peu de traces dans les textes assyro-chaldéens. Quelques contrats d'intérêt privé montrent que les Juifs étaient admis à contracter au même titre que les Assyriens; nous voyons figurer leurs noms et quelquefois leurs cachets sur ces contrats.

Nous sommes encore amenés à nous adresser à la Bible, et alors les détails ne manquent pas; la source la plus féconde est le *Livre de Daniel.* On a beaucoup discuté sur son authenticité et sur l'époque de sa rédaction. Je n'entrerai pas dans l'examen de cette question. L'auteur du *Livre de Daniel*, quel qu'il fût, a rendu les idées qui avaient cours à l'époque où il écrivait, et si l'on ne peut voir dans ses écrits le souffle d'une inspiration autorisée, nous y trouvons au moins des descriptions étendues du passé, sous forme de prophéties de l'avenir. L'auteur y apporte, sans doute, le contingent d'une imagination exaltée qui fait croire qu'il n'a pris les incidents du règne de Nabuchodonosoret de ses successeurs que comme un thème destiné à exalter le peuple juif et à jeter le mépris sur ses oppresseurs.

Nabuchodonosor venait de s'emparer de Jérusalem (chap. I, 1, 2, etc.) ; les Juifs étaient arrivés à Babylone. Le roi ordonna de choisir parmi les captifs quelques jeunes hommes de noble race pour les élever dans la science des Chaldéens et les préparer au service du roi. Parmi eux se trouvait Daniel. Cependant ces jeunes hommes continuaient à vivre suivant leur religion; ils s'instruisaient dans la science des Chaldéens, et bientôt ils les surpassèrent en savoir ; aussi quand Nabuchodonosor fit un rêve dont il avait perdu le souvenir, les sages Chaldéens ne pouvant le lui rappeler ni lui en donner l'explication, il ordonna de les mettre à mort. Or Daniel était compris dans la terrible sentence, mais il demanda à être conduit devant le roi. Admis en sa présence, il lui expliqua son rêve, le rêve de la grande statue dont la tête était d'or et les pieds d'argile! Le roi, émerveillé de la sagacité de Daniel, le combla d'honneurs et l'établit chef suprême des sages de Babylone. (Chap. II, 48.)

Bientôt après, nous assistons à un nouveau prodige. Nabuchodonosor avait fait élever une statue d'or d'une taille gigantesque dans la plaine de Dura, et il avait ordonné à tous ses grands dignitaires d'aller l'adorer. Les trois compagnons de Daniel s'y refusèrent; pour les punir de ce dédain, le roi les fit jeter dans une fournaise ardente; mais ils furent protégés par un ange, et la flamme n'eut aucune prise sur eux. (Chap. III.)

Une nouvelle occasion se présente bientôt pour accroître le prestige du jeune Israélite. Nabuchodonosor avait vu en songe un arbre dont la hauteur allait jusqu'au ciel et qui semblait s'étendre sur toute la terre ; ses branches étaient chargées de fruits qui servaient d'aliments à tous les animaux. (Chap. IV.)

Daniel s'empresse d'interpréter ainsi ce songe : « L'arbre, que tu as vu, qui était devenu grand et fort.... C'est toi, ô roi, qui es devenu grand et puissant, de sorte que ta grandeur s'est accrue et élevée jusqu'aux cieux et que ta domination s'est étendue jusqu'au bout de la terre ! » (Chap. IV.)

Le rédacteur avait évidemment atteint les extrêmes limites de la flatterie. Daniel pouvait tout oser; il fallait abattre cet arbre et humilier Nabuchodonosor. Le prophète ne s'arrête pas en chemin, et lui transmet la teneur d'une sentence que le Seigneur avait prononcée contre lui dans la fin du songe.

« On te chassera, dit-il, de la compagnie des hommes et ton habitation sera avec les bêtes des champs; tu seras nourri d'herbe comme les bœufs, et sept temps passeront sur toi, jusqu'à ce que tu connaisses que le souverain domine sur les royaumes des hommes et qu'il les donne à qui il lui plaît. » (Chap. IV, 29.)

Or, toutes ces choses arrivèrent, et pendant sept années, le roi endura cet odieux supplice. « Son corps fut arrosé de la rosée des cieux, en sorte que son poil crut comme celui d'un aigle et ses ongles comme ceux des oiseaux. » (Chap. IV, 30.) Rendu à sa forme première, il proclama lui-même le Dieu d'Israël et reconnut sa toute-puissance. (Chap. IV, 34.)

Tels sont les faits consignés dans le *Livre de Daniel* et relatifs au règne de Nabuchodonosor. Ils nous donnent une idée du rôle glorieux que les Juifs s'attribuent à Babylone pendant la Captivité. Nous ne discuterons pas la valeur de ces récits : malgré le long règne de Nabuchodonosor et de ses successeurs, nous retrouverons Daniel au moment de la prise de Babylone par Cyrus !

Les dernières années du règne de Nabuchodonosor ne sont connues que par les compilateurs de Bérose, qui ont vraisemblablement altéré le texte historique, en l'entourant d'un mystère qui fait du prince chaldéen un personnage légendaire. Voici ce qui est rapporté par

Fig. 102. — Cachet du Second Empire de Chaldée.

Abydène se référant à Bérose (dans Eusèbe, *Præp. Évang.*, IX, 41) :

« Les Chaldéens disent que, monté sur les terrasses de son palais, Nabuchodonosor fut tout à coup possédé d'un dieu et prononça ces paroles : « Moi, Nabuchodonosor, je
« vous prophétise, ô Babyloniens, le malheur qui va fondre
« sur vous et que ni Bélus, mon auteur, ni la reine Beltis
« n'ont eu la puissance de persuader aux déesses du Destin
« de me préserver. Un mulet perse viendra, ayant pour
« auxiliaires vos propres Dieux : il vous imposera la ser-
« vitude. Son complice sera un Mède dont l'Assyrie se
« glorifiait. Plût aux Dieux qu'il eût pu, avant de trahir
« ses concitoyens, périr englouti dans un gouffre ou dans

« la mer, ou, se tournant vers d'autres voies, errer dans « les déserts où il n'y a ni villes, ni sentiers foulés par « les pieds des hommes, où les bêtes fauves habitent librement et où volent les oiseaux, et seul être perdu dans « les rochers stériles des ravins! Quant à moi, puissé-je « atteindre un terme meilleur, avant que cette pensée « n'entre dans mon esprit! » En disant ces mots, il disparut, aux yeux des hommes. »

Mégastène raconte également que Nabuchodonosor, après avoir fait les grandes choses qui ont illustré son règne, fut incontinent saisi de l'Esprit divin et qu'il disparut, après avoir prédit ce qui arriverait à sa postérité.

Tous les historiens s'accordent sur la durée du règne de Nabuchodonosor et la fixent à quarante-trois ans; ce prince mourut dans un âge avancé qu'il est facile d'apprécier. En effet, Nabuchodonosor ayant régné quarante-trois ans, dont trente-cinq depuis la prise de Jérusalem arrivée l'an 8 de son règne, mourut l'an 562 av. J.-C. Il a dû se marier vers l'an 606; il était déjà chef d'armée et il pouvait avoir alors 22 ou 24 ans. Ces indications portent sa naissance à l'an 628 ou 630, et donnent à sa vie une durée moyenne de soixante-dix ans.

XVIII

LES SUCCESSEURS DE NABUCHODONOSOR

Après Nabuchodonosor, Ptolémée nous apprend que son fils, Ἰλλοαρουδάμος, *Avil-Marduk*, lui succéda. Son règne ne fut pas de longue durée. Son beau-frère *Nirgal-sar-usur*, Νερίγασαλασαρος, le fit assassiner et devint roi. Ce prince se livra à de grands travaux dont les briques portent la trace; il apporta son contingent à la restauration du *Bit-saggatu* et du *Bit-zida*. Un cylindre, conservé à la bibliothèque de Cambridge, donne en plus des détails très intéressants sur les travaux qu'il entreprit et termina. Nous voyons ainsi qu'il creusa des canaux autour du Bit-saggatu et qu'il répandit des eaux fertiles dans toute la contrée. Il renouvela le règlement des prêtres du Bit-saggatu et du Bit-zida, construisit des conduits pour inonder les fossés par le fleuve et posa les bases des quais en briques.

Nériglissor régna 4 ans (559-555 av. J.-C.); après lui, son fils, un enfant d'un naturel pervers, Bel-labar-iskun, le *Laborosoarkhodos* des Grecs, lui succéda. Il ne régna que quelques mois et fut assassiné, laissant l'empire à *Nabu-nahid*, dont le nom a été transmis sous différentes formes qui ont été expliquées; il est constant aujourd'hui que ce prince est le même que le Ναβονάδιος du Canon de Ptolémée, le *Nabonidos* de Bérose, et le *Labynetos* d'Hérodote. Nabonid ne songea d'abord qu'à la prospérité du royaume; il se dit dans les inscriptions fils d'un nommé *Nabu-balat-irib.* Mégastène assure qu'il n'était point parent de son prédécesseur, mais qu'il devait être descendant des rois de Chaldée par sa mère. Il est difficile d'expliquer par quelle confusion Hérodote en fait le fils de Nitocris et de Nabuchodonosor?

Nabonid s'intitule sur les briques de ses palais *conservateur du Bit-saggatu et du Bit-zida;* néanmoins il ne paraît pas s'être beaucoup occupé de ces deux monuments. Nous savons au contraire qu'il restaura le temple de *Samas* à Senkereh, puis la grande *Ziggurrat* du temple de *Sin*, à Ur, et plusieurs autres temples dans la même localité. Ces constructions sont mentionnées du reste sur des cylindres trouvés par Taylor aux quatre angles du temple de Sin, à Mougheïr. C'était un prince instruit qui s'occupa beaucoup de l'histoire des rois du Premier Empire de Chaldée. Un fragment d'un grand cylindre donne à ce sujet de nombreux détails qui permettent de fixer quelques points de la chronologie de cette époque.

Nous avons vu que l'Euphrate traverse la ville dans un de ses diamètres, du nord-est au sud-ouest. Le fleuve a dû couler longtemps dans cette direction sans être encaissé. C'est Nabonid qui paraît avoir entrepris et terminé cette œuvre. — Entre le Kasr et Babil, près du village de Kowairesh, on trouve un endroit qui a été surtout exploré par les *Sakkars*. Quand l'Euphrate baisse, on découvre des constructions babyloniennes qui se prolongent le long du fleuve, pendant un espace considérable. Les briques d'un rouge foncé sont très dures, fortement enduites de bitume, et l'inscription porte le nom de Nabonid, roi de Babylone, fils de Nabu-balat-irib. (W. A., I, pl. 68, n. 3.)

Cette donnée est parfaitement d'accord avec le passage de Bérose qui rapporte que c'est sous le règne de Nabonid que les murs de Babylone bordant le fleuve et commencés par Nériglissor furent splendidement construits avec des briques et du bitume (*Fragm. hist. Græc.*, t. II).

Diodore, d'après Ctésias, souvent exact pour les constatations matérielles, parle également des quais de Babylone et leur donne une longueur de 160 stades, ce qui équivaut précisément à la diagonale d'un carré de 120 stades de côté; seulement il en attribue la construction à Sémiramis! (II, 8.)

Quinte-Curce résume ainsi les travaux accessoires entrepris pour régulariser le cours du fleuve :

« L'Euphrate coule à travers la ville et est contenu par des quais d'un grand volume; mais toutes les autres œuvres sont dépassées en grandeur par les immenses cavernes qui sont creusées dans le sens de la profondeur pour arrêter l'impétuosité du fleuve. Quand l'Euphrate a dépassé la hauteur du quai qui le limite, il atteindrait les maisons de la ville, s'il n'avait pas de cavernes et de lacs pour l'accueillir; ces travaux sont faits de briques cuites et de bitume comme l'ouvrage tout entier. » (L. V. ch. I.) :

Hérodote, qui attribue les travaux de Babylone à Nitocris, cite encore d'autres constructions.

« La ville, dit-il, étant séparée en deux parties par le fleuve, l'homme qui voulait passer d'une rive à l'autre devait traverser l'eau en bateau, ce qui était incommode. Nitocris remédia à cet inconvénient; car après avoir creusé le bassin du lac, elle laissa de cette œuvre un autre souvenir. Elle fit tailler de très grosses pierres; quand il y en eut en quantité suffisante et que l'emplacement fut creusé, elle y détourna tout le cours du fleuve jusqu'à ce qu'elle remplît le bassin. Par cette manœuvre, l'ancien lit du fleuve demeura; ce fut alors qu'on en revêtit les bords de briques cuites en dedans de la ville, ainsi que les descentes qui conduisent des petites portes au fleuve. D'autre part, elle bâtit aussi, au milieu de la ville, un pont avec les pierres qu'elle avait retirées du creusement. Elle lia, à cet effet, les moellons avec du fer et du plomb. Journellement, quand l'aube paraissait, elle fit étendre sur ces piliers des planches carrées pour que les Babyloniens pussent passer. Tous les soirs, on défaisait ces bois, pour éviter que des vols fussent commis sur des passants. Quand le bassin creux fut rempli de l'eau du fleuve et que le pont eut été mis en état, Nitocris fit retourner le fleuve du lac dans son ancien lit. Le bassin avait été transformé en étang et paraissait être ce à quoi il était destiné, et les citoyens de Babylone avaient leur pont établi sur le fleuve ». (I, 186.)

Quinte-Curce donne les mêmes détails sur le pont en pierre qui joignait les deux rives. (V, 1.)

Diodore, qui rapporte cette construction à Sémiramis, est plus explicite; il attribue au pont 5 stades de longueur et 30 pieds de largeur.

En combinant ces données, on est amené à penser que ce pont était au milieu de la ville, mais en dehors de l'enceinte royale. — Il n'a été trouvé jusqu'ici aucune trace de cette construction.

Babylone avait un autre moyen de communication dont Diodore donne la description; elle porte, au point de vue de l'architecture, le cachet de la vérité. L'auteur grec s'exprime ainsi :

« Après cela, elle (Sémiramis) choisit dans la Babylonie l'endroit le moins élevé et y fit un bassin carré dont chaque côté était de 300 stades (57 kilomètres), construit de briques cuites et d'asphalte, et qui avait une profondeur de 35 pieds; elle détourna ce fleuve (?) dans ce bassin et fit un canal d'une résidence à l'autre; elle bâtit les voûtes de briques cuites, les recouvrit de chaque côté de couches d'asphalte, jusqu'à ce que l'épaisseur de cet enduit eût atteint 4 coudées. Les parois de la tranchée avaient une largeur de 20 briques; la hauteur, jusqu'à la naissance de la voûte, était de 12 pieds; leur largeur de 15. Cette tranchée fut exécutée en 7 jours; alors elle fit retourner le fleuve dans le lit antérieur, de sorte qu'il coulait au-dessus du tunnel, et ainsi Sémiramis pouvait parvenir d'un château à la résidence opposée, sans traverser le fleuve. Elle fit faire, de chaque côté du souterrain, des portes d'airain qui subsistèrent jusqu'aux rois de Perse. »

Il n'existe, dans les ruines, aucune trace de ces deux ouvrages, ou du moins on n'en a pas trouvé, quant à présent; d'après les indications de Diodore et d'Hérodote, le tunnel devait aboutir dans la cité royale, et le pont dans la ville proprement dite, un peu au-dessus de Hillah.

Nabonid est le dernier roi du Grand-empire de Chaldée. Nous avons vu que les Juifs, impatients de leur longue captivité, faisaient appel à tous les ennemis de Babylone. Ces ennemis étaient leurs alliés, leurs sauveurs. La prise de Babylone fut longtemps défigurée par les récits du livre de Daniel; l'épisode du fameux festin de Balthasar est trop connu pour que nous ayons besoin de le rappeler ici. (Daniel, chap. v.)

Les découvertes modernes ont jeté une clarté nouvelle sur les derniers jours de l'empire de Chaldée, en nous faisant connaître les détails de l'avènement de Cyrus.

Fig. 105. Présentation chaldéenne.

XIX

OCCUPATION ARIENNE

Rendons un moment la parole aux prophètes; elle avait été entendue, et les faits allaient s'accomplir.

« L'épée est tirée contre les Chaldéens, dit le Seigneur, ntre les habitants de Babylone, contre ses princes et contre ses sages.

« L'épée est tirée contre ses devins qui paraîtront insensés; l'épée est tirée contre ses braves qui seront saisis de crainte.

« L'épée est tirée contre ses chevaux, contre ses chariots, contre tout le peuple qui est au milieu d'elle, et ils deviendront comme des femmes; l'épée est tirée contre ses trésors et ils seront pillés. » (*Jérémie*, L.)

Le libérateur du peuple hébreu était désigné dans les prophéties comme « l'Oint de Jéhova »; c'était Cyrus, roi des Perses et des Mèdes.

L'histoire de Cyrus est profondément modifiée par des découvertes récentes. En 1880, Sir H. Rawlinson publiait la traduction d'un texte de Cyrus trouvé par M. Hormuzd Rassam à Babylone même, et dans lequel Cyrus racontait comment il était entré dans la capitale de la Chaldée, sans coup férir, par la protection de Marduk. Cette découverte était considérable, et jetait un jour tout nouveau sur une période de l'histoire pour laquelle les documents contemporains faisaient complètement défaut. On n'avait jusqu'ici, en effet, que trois mots émanés de Cyrus au-dessous de son image sur les piliers de Mourghâb, et ces mots étaient répétés dans les trois langues en usage sous les Achéménides. Or, le nouveau texte était en assyro-chaldéen, premier élément de surprise! En second lieu, Cyrus plaçait sa victoire sous la protection de Marduk, une divinité chaldéenne! tandis que tous ses successeurs invoquent Ormazd, le dieu de Zoroastre; enfin Cyrus donnait sa généalogie; il se dit fils de Cambyse, petit-fils de Cyrus, arrière-petit-fils de Téispès, rejeton d'une longue suite de rois, et il déclare que lui et ses pères étaient rois du pays ou de la ville d'*Anzan*.

Dans les mêmes fouilles, M. H. Rassam découvrit une tablette dont M. Th. G. Pinches a donné la première traduction, et qui relate les principaux événements du règne de Nabonid jusqu'à la prise de Babylone par Cyrus; dans ce texte, Cyrus est encore nommé roi de la ville d'*Anzan*.

Nous passerons sous silence les recherches auxquelles ce nom d'*Anzan* a donné lieu pour en déterminer la position. Il paraît certain que cette ville est située au pays d'Élam; c'est peut-être même Suse? La dynastie des Achéménides serait donc d'origine susienne?

Quoi qu'il en soit, cette tablette révèle un fait d'une grande importance, et elle nous montre avec quelle habileté Cyrus savait ménager le culte chaldéen, tout en répondant à l'appel des Juifs qui se tournaient vers lui. Il n'est pas douteux qu'il avait des intelligences dans Babylone, et qu'il avait conquis toutes les sympathies des ennemis du pouvoir qu'il voulait renverser.

En même temps que la tablette découverte par M. Hormuzd Rassam signale les événements du règne de Nabonid, elle enregistre la marche parallèle des victoires de Cyrus en Asie. Dès la sixième année de Nabonid, Cyrus avait subjugué les Mèdes; vainqueur d'Astyage et maître d'Ecbatane, il s'avançait vers la Chaldée. Dans la quatrième année, il guerroyait en Assyrie, passait le Tigre au sud d'Arbèles, et excitait bientôt des révoltes, à la suite desquelles les Élamites entraient dans le pays des Akkads.

C'est alors que Nabonid, *qui avait négligé le culte des Dieux à Babylone*, commença à concevoir des craintes et s'empressa de réparer les temples abandonnés et de rendre à la religion la pompe des anciennes cérémonies. Les inscriptions font foi de son retour aux Dieux de sa patrie et du pardon qu'il implora; mais Cyrus avançait toujours. Les peuples du pays des Akkads étaient en pleine insurrection, et le 14e jour du mois de *Tammuz* (juillet) Cyrus entrait dans la ville de Sippar. Nabonid, qui semble s'y être réfugié, s'enfuit vers Babylone, et trois jours après, Cyrus y faisait son entrée après lui.

Vers la fin de l'année, Nabonid mourut. Pendant 6 jours, du 27 *adar* au 3 *nisan*, il y eut un deuil général dans les Akkads, et Cyrus accomplit lui-même des cérémonies religieuses en l'honneur du dieu Nébo. Comme on le voit, le conquérant arien, maître de Babylone, était assez tolérant. Il avait rendu aux Chaldéens le culte de leurs Dieux; il s'empressa également de promulguer en faveur des Juifs un décret qui leur accordait la liberté et leur permettait d'aller à Jérusalem relever le temple détruit par Nabuchodonosor.

Cyrus commença à régner à Babylone l'an 538 av. J.-C. A partir de cette époque, les Achéménides portèrent dans leurs titres celui de Rois de Babylone. — Loftus a découvert à Warka des documents d'intérêt privé, datés du règne de Cambyse, roi de Babylone; mais celui-ci, tout entier à ses guerres contre l'Égypte, laissait le gouvernement de l'Asie à des satrapes dévoués, qui ne paraissent pas avoir rencontré dans la Chaldée d'entraves sérieuses à l'exercice de leur pouvoir. Malgré cela, il est certain que la grande cité supportait avec peine le joug des vainqueurs. L'absence prolongée de Cambyse hors de ses États donnait au vieux parti chaldéen le temps de s'organiser.

Aussi, lorsque Darius fut arrivé au trône, il se trouva aux prises avec des révoltes continuelles qui mirent à chaque instant son pouvoir en danger. Les plus redoutables avaient pour centre Babylone. Les Babyloniens, peu scrupuleux sur les titres de leurs chefs, se livraient au premier aventurier qui les poussait à la révolte, en le couvrant des noms glorieux qui étaient restés dans les souvenirs.

Darius, dans la belle inscription gravée sur le rocher du mont Bisitoun, donne lui-même des renseignements précis au sujet de ces insurrections qui appelèrent sur la grande cité les plus durs traitements[1].

XVI. « Darius le roi déclare.... Un homme, un Babylonien, Nadintabel, fils de Aniris, se révolta en Babylonie[2]. Il mentait en disant au peuple : « Je suis Nabuchodonosor, le fils de Nabonid. » Le peuple de Babylone passa tout entier à ce Nadintabel. Babylone devint rebelle; Nadintabel usurpa l'empire en Babylonie....

XVIII.... « Darius le roi déclare : Alors je marchai vers Babylone contre ce Nadintabel qui se faisait nommer Nabuchodonosor. L'armée de Nadintabel s'avançait sur des radeaux pour défendre le Tigre. Je partageai mon armée en deux parties ; je fis porter les uns sur des chameaux, les autres sur des chevaux. Ormazd m'accorda sa protection. Par la protection d'Ormazd, je franchis le Tigre, je tuai beaucoup de monde à ce Nadintabel. Ce fut le 27 du mois *atriadis* (novembre 521) que nous livrâmes bataille.

XIX. « Darius le roi déclare : Alors je marchai contre Babylone. En approchant de Babylone, arrivé à une ville appelée *Zazana* sur l'Euphrate, je rencontrai ce Nadintabel qui se faisait nommer Nabuchodonosor. »

1 Voyez Rawlinson. Texte dans le *Journal of the Royal Asiatic Society*, vol. X, et les diverses traductions des trois versions qui ont été données depuis.

2. Her., III, § CL.

On en vint aux mains et, après un grand carnage, l'armée de Nadintabel fut défaite, le 2 du mois *Anamaka* (décembre). Alors Darius se mit à la poursuite de l'usurpateur qui s'était replié avec sa cavalerie sur Babylone. Darius entra dans la ville (Her. III, § CLIX), s'empara de Nadintabel et le fit périr.

Un peu plus tard, les gens de Babylone tentèrent une seconde révolte[1]. Un Arménien, Arakka, fils de Haldita, se mit à la tête de l'insurrection. « Il mentit ! » s'écrie Darius. Il voulait se faire passer pour Nabuchodonosor, fils de Nabonid, et le peuple l'avait nommé roi de Babylone[2].

Le grand roi envoya aussitôt contre lui une armée, sous la conduite d'un Mède, Vindafra, qui s'empara de Babylone et des chefs de la révolte, le 22e jour du mois *Varkazana* (janvier 516). Arakka et ses complices furent amenés devant Darius, qui donna l'ordre de les mettre en croix dans Babylone même.

Après deux sièges consécutifs, quel pouvait être l'état de Babylone? Le laconisme du texte de Darius ne nous dit rien à ce sujet; mais Hérodote, plus explicite, donne des détails qui permettent d'apprécier les dévastations auxquelles les Perses s'étaient livrés.

Le premier siège avait duré dix-neuf mois, sans que les assiégeants eussent remporté le moindre avantage. Darius s'était servi en vain de plusieurs ruses de guerre. Il avait même essayé de se rendre maître de la ville en détournant l'Euphrate, comme l'avait fait Cyrus; mais les Babyloniens se tenaient sur leurs gardes, et cette tentative n'avait eu aucun succès. Déjà les Perses se préparaient à lever le siège, lorsque Zopyre pénétra dans la place. On sait au prix de quel stratagème! Depuis cette époque, Babylone ne fut plus qu'une satrapie du vaste empire des Achéménides

1. Il n'est pas question de cette révolte dans les textes grecs.
2. Ins. Bisitoun, XLVIII et suiv.

Darius, maître pour la seconde fois de Babylone et croyant n'avoir plus d'ennemis qu'aux extrémités du monde, résolut de mettre la ville superbe dans l'impossibilité d'une nouvelle insurrection. Il fit aussitôt abattre les murs et enlever les portes de la ville (Her., III, § CLIX). La destruction commençait; elle ne devait plus s'arrêter.

Xerxès, successeur de Darius, avait vu sa puissance ébranlée par l'énergie des Grecs, qui allaient bientôt dominer le monde à leur tour. Le vaincu de Salamine cherchait à couvrir sa retraite et à réparer ses désastres; il pillait les villes ennemies qui se trouvaient sur son

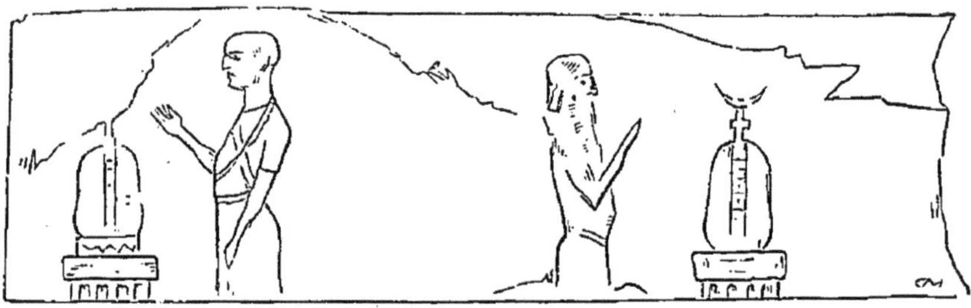

Fig. 104. — Empreintes de cachets sur un contrat.

chemin. En passant par Babylone, il détruisit ses temples, comme il l'avait fait en Grèce et dans l'Asie Mineure. Il s'empara des trésors du temple de Bélus, dont nous avons donné la description; ce sanctuaire renfermait des richesses considérables qui devaient tenter la cupidité du Perse; son instinct l'y poussait, la religion l'y conviait. Il prit l'or et laissa des ruines.

Les derniers Achéménides ne songèrent pas à réparer les ravages de leurs prédécesseurs; avant d'être rois de Babylone, ils étaient rois de Perse, et ils ne se méprenaient pas sur les sentiments de Babylone à leur égard. Si celle-ci ne pouvait plus conspirer, elle applaudissait encore à chacune de leurs défaites.

Le règne des Achéménides n'a guère duré que deux

siècles; pendant toute cette période nous n'avons à constater que des révoltes plus ou moins sérieuses, mais qui prouvent que l'ancienne civilisation chaldéenne n'avait pas disparu.

On trouve à Babylone une série d'actes d'intérêt privé, datés de Darius, de Xerxès et d'Artaxerxès, qui attestent que la langue et l'écriture de Babylone étaient encore en vigueur et que les Achéménides n'avaient pu étouffer le sentiment national. C'est toujours la même écriture, la même langue, les mêmes formules dans les contrats, les mêmes cachets (fig. 104 et 108) différents du type caractéristique des cylindres du Premier-Empire (fig. 73) et des intailles perses (fig. 105).

Nous arrivons ainsi à une nouvelle phase qui allait marquer un temps d'arrêt dans le déclin de Babylone.

Fig. 105. — Cachet d'un dynaste perse.

XX

ALEXANDRE

Alexandre inaugura par les armes une ère nouvelle, en mêlant l'esprit grec aux traditions orientales de la civilisation assyro-chaldéenne, déjà si fortement modifiée par le contact des Perses.

La seconde année du règne du dernier des Darius (334 avant J.-C.), le roi de Macédoine entrait en Asie à la tête d'une armée de trente mille fantassins et de cinq mille cavaliers; il passait le Granique et subjuguait les petits États qui bordent la Méditerranée, pour assurer par mer ses communications avec la Grèce. Après s'être rendu maître de la Syrie et de la Phénicie jusqu'en Égypte, à Péluse, il se mit à la poursuite de Darius, qui cherchait avec une puissante armée à lui couper la retraite, en portant la guerre dans les provinces du nord. Alexandre l'atteignit près d'Arbèles, et le défit dans cette mémorable bataille qui livrait aux Grecs l'empire de la Haute Asie.

Après sa défaite, Darius franchit précipitamment les montagnes de l'Arménie et se dirigea vers le midi, dans la pensée qu'Alexandre suivrait la route de Suse et de Babylone. C'est, en effet, ce qui eut lieu. Alexandre comprenait trop bien le prix de cette position pour la laisser échapper; en quittant le champ de bataille d'Arbèles, il marcha aussitôt sur Babylone.

Arrivé sous les remparts, il rangea son armée en bataille, décidé à enlever la place par un audacieux coup de main; mais tous les habitants sortirent à sa rencontre, précédés des prêtres et des magistrats. Ils lui livrèrent la ville et la citadelle, et lui apportèrent des présents et des trésors.

C'est ainsi que le nouveau conquérant entra dans Babylone sans coup férir ; il ordonna aussitôt, en politique habile, de relever les temples détruits par Xerxès, et particulièrement celui de Bélus, auquel les Babyloniens rendaient un culte spécial ; puis il nomma Mazé satrape de Babylone, pour gouverner à sa place pendant qu'il poursuivait ses conquêtes.

Plutarque nous a transmis les détails de cette marche triomphale dans laquelle les Grecs connurent, peut-être pour la première fois, les effets de l'huile de naphte, liqueur subtile dont le sol de la Babylonie est imprégné. Cette liqueur, dit Plutarque, s'allume sans toucher à la flamme, et, avant de les atteindre, elle enveloppe les objets qu'elle éclaire d'une atmosphère de feu. Un jour, pour faire une entrée superbe au vainqueur, on disposa l'huile de naphte sur une rue qui conduisait au palais du prince, et on illumina soudainement la route qu'il allait suivre. (Vie d'Alex., c. XXXV.)

Les fêtes et les adulations ne manquèrent pas au nouveau conquérant; des flatteurs gravèrent son image sur l'œil d'une statue de Nabuchodonosor[1] (fig. 106).

Pendant son séjour à Babylone, Alexandre eut de nombreuses conférences avec les *Mages*; il les consultait sur toutes les cérémonies du culte, et principalement sur la restauration du temple de Bélus. Strabon dit qu'il employa dix mille hommes de son armée, pendant deux mois, pour déblayer les ruines; il voulut même, mais en vain, forcer les Juifs qui se trouvaient

1. Voyez *Glyptique orientale*, deuxième partie, p. 142.

encore à Babylone à travailler à la restauration de ce sanctuaire.

Alexandre, ainsi maître de la plus grande partie des États de Darius, se mit à la poursuite du roi de Perse qui se fortifiait du côté de la Médie. On sait comment le dernier des Achéménides mourut victime d'une trahison, avant qu'Alexandre eût pu l'atteindre et le sauver.

Cependant de nouveaux triomphes attendaient Alexandre du côté de l'Orient. Il poursuivit ses conquêtes jusque dans l'Inde; il s'instruisit auprès des sages, et, après avoir soumis ces pays lointains, il revint à Babylone. Il ne pouvait se tromper sur l'importance de la grande cité; aussi il songeait à en faire la capitale de son empire, lorsque la mort vint l'arrêter dans ses desseins.

Des faits étranges accompagnèrent son retour : un brahmane, Calanus, s'était volontairement donné la mort au milieu des flammes. Au moment où il s'approchait du bûcher, il embrassa tous les hétaïres, et s'étant arrêté devant Alexandre, il lui dit : « Nous nous reverrons à Babylone, et c'est là que je t'embrasserai. » On fit peu d'attention à ces paroles au moment où elles furent prononcées, mais la mort d'Alexandre leur donna bientôt leur véritable signification.

Après avoir passé le Tigre, au moment où le vainqueur de l'Asie s'approchait de Babylone, les prêtres chaldéens l'avertirent de suspendre sa marche, parce que l'oracle du temple de Bélus y marquait son entrée par de funestes présages. Il leur répondit par ces mots d'Euripide :

« Le plus heureux présage est de tout espérer! »

Les prêtres insistèrent : « Du moins, ajoutèrent-ils, prince, ne vous avancez pas du côté de l'Occident; faites faire un détour à votre armée, et suivez la route de l'Orient. » La difficulté des communications empêcha Alexandre de prendre cette direction. La fatalité le poussait dans la voie qui devait lui être funeste.

Alexandre soupçonnait que les prêtres chaldéens voulaient l'empêcher de relever le temple de Bélus, parce qu'ils en touchaient les revenus depuis sa destruction. Toutefois, cédant à leurs observations, il essaya de tourner la ville et campa, le premier jour, sur les bords de l'Euphrate. Le lendemain, comme il se dirigeait du Couchant vers l'Orient, il fut arrêté par des marais qui ne lui permirent pas de passer outre, et, moitié de gré, moitié de force, il ne put satisfaire aux injonctions des Dieux.

Aristobule raconte un autre prodige : Apollodore d'Amphiboles, un des hétaïres, stratège del'armée laissé par Mazé, satrape de Babylone, voyant la sévérité que le roi déployait à son retour de l'Inde à l'égard de tous ceux qu'il avait mis en place, écrivit à son frère Pythagoras, l'un de ces devins qui jugent de l'avenir par l'inspection des entrailles des victimes, pour le consulter sur Alexandre et Héphestion.

Pythagoras interrogea, d'abord, les entrailles sur le sort d'Héphestion, et comme il manquait un des lobes du foie, il répondit qu'il n'y avait rien à craindre d'Héphestion, menacé d'une mort prochaine. Cette lettre arriva de Babylone à Ecbatane la veille même de la mort d'Héphestion. Le devin consulta ensuite les entrailles des victimes sur le sort d'Alexandre; elles offrirent les mêmes indications, et il fit la même réponse.

Apollodore, pour faire preuve de zèle, découvrit au roi le danger qui le menaçait; le prince lui en sut gré. Arrivé à Babylone, il interrogea Pythagoras sur la nature du présage, et celui-ci lui révéla ce qu'il avait de sinistre. Loin de se fâcher contre Pythagoras, Alexandre continua résolument sa marche. En entrant dans Babylone, il reçut des députations grecques qu'il renvoya comblées d'honneur. Il fit rendre les statues des dieux et des héros enlevées par Xerxès et transportées à Ecbatane, à Suse, à Babylone et dans les autres villes de l'Asie. Ce fut alors qu'Athènes recouvra les statues d'airain d'Harmodius et d'Aristogiton, ainsi que celle de Diane circéenne.

Cependant les prodiges se multipliaient. Alexandre, étant sorti de Babylone pour aller inspecter un bras de l'Euphrate, traita de frivole l'oracle des Chaldéens, puisqu'il était sorti de Babylone sans encombre, et était remonté par les marais, ayant la ville à sa gauche. Parvenu à cet endroit où les tombeaux des rois d'Assyrie (de Chaldée) s'élèvent au milieu des étangs, au moment où Alexandre gouvernait lui-même la trirème qu'il montait, un vent violent venant à s'élever emporta sa couronne et son diadème. La couronne tomba dans l'eau; le diadème enlevé par le vent fut retenu par un des roseaux qui croissent autour des tombeaux. On en conçut un présage fâcheux, surtout en voyant que le matelot qui s'était jeté à la nage, avait mis le diadème sur sa tête pour ne point le mouiller. De retour à Babylone, de nouvelles députations de la Grèce apportèrent au conquérant des couronnes d'or. Cependant la mort d'Alexandre était prochaine; un nouveau prodige vint encore l'annoncer: un fou s'assit sur le trône que le roi avait quitté un moment pour étancher sa soif.

Peu de jours après, le 18 du mois de *Désius* (mai-juin, 324 avant J.-C.), Alexandre fut pris de la fièvre; les journaux du roi racontent sa maladie jour par jour. Le 28 au soir, il mourut, à l'âge de trente-deux ans et huit mois. Son corps fut embaumé et renfermé dans un cercueil d'or, pour être transporté en Égypte.

Le récit d'Arrien, plus précis que le Journal, a permis de déterminer la position exacte des lieux où Alexandre s'était reposé pendant sa dernière maladie. Il est facile de voir, en effet, que le prince fut pris de la fièvre dans le petit palais situé sur la rive droite du fleuve, puis qu'il se fit transporter dans une barque, comme le dit Arrien, pour aller dans le *jardin* et s'y reposer. Or, ce jardin ne peut être que le jardin suspendu situé sur la rive gauche, car le petit palais avait son propre jardin, et Alexandre n'avait pas besoin d'une barque pour s'y rendre. Ce fut sous les voûtes des jardins suspendus qu'Alexandre se fit déposer pendant la nuit; il espérait y trouver de la fraîcheur, mais il n'y resta pas longtemps, car les médecins donnèrent l'ordre de le reconduire dans le grand palais, où il reçut ses généraux avant d'expirer.

C'est donc au *Kasr* que mourut Alexandre, et avec lui s'éteignirent les espérances de grandeur qu'on avait pu concevoir pour la vieille cité chaldéenne.

Fig. 106. — Camée du Musée de Florence

XXI

BABYLONE SOUS LES SÉLEUCIDES

Après la mort d'Alexandre, l'empire démembré passa entre les mains de ses généraux qui s'en disputèrent les lambeaux. Onze ans plus tard, Séleucus s'empara de Babylone et y accumula de nouvelles ruines ; puis il voulut créer une autre capitale, et fonda une ville à laquelle il donna son nom, Séleucie (322 avant J.-C.) sur les bords du Tigre, en face de Babylone.

Pour arriver promptement à l'édifier, il trouva dans les palais de Nabuchodonosor des matériaux en abondance ; il accorda aux habitants des privilèges qui firent déserter la ville antique et amenèrent bientôt plus de soixante mille habitants dans la nouvelle cité.

Cette prospérité ne fut pas de longue durée ; elle s'évanouit avec la puissance des Séleucides, et aujourd'hui rien ne marque sur le sol la place de Séleucie, sauf quelques briques au nom de Nabuchodonosor, débris des demeures royales de Babylone !

L'an 269 avant J.-C., le *Bit-zida* n'était pas détruit comme le *Bit-saggatu*, qui avait été ruiné par les Perses, et qu'Alexandre avait en vain tenté de relever. Le temple avait seulement besoin d'être restauré, comme l'avaient fait, à plusieurs reprises, Assarhaddon, Nabuchodonosor, Nériglissor, Nabonid et même Cyrus.

Antiochus suivit les traditions chaldéennes, et dans

un texte en langue assyrienne, écrit en caractères cunéiformes du style archaïque, il parle des soins qu'il a donnés à la restauration de ce beau monument[1].

Pendant l'occupation des Séleucides, la civilisation chaldéenne était restée vivace, surtout dans les villes du Sud; sa langue et ses mœurs n'avaient pas disparu.

W. K. Loftus a trouvé à Warka, à un demi-mille de la ruine appelée *Buwariyya*, au milieu des débris de chapiteaux, d'entablements et de corniches provenant d'un monument parthe, des tablettes d'argile couvertes de caractères cunéiformes tracés avec une grande netteté. La lecture de ces textes a permis de reconnaître qu'on se servait de la langue assyro-chaldéenne sous les Séleucides. En effet, quelques-unes de ces tablettes avaient trait à l'astronomie ou à l'astrologie, et six d'entre elles étaient de véritables contrats, rédigés suivant l'antique usage et présentant, sur la tranche de la tablette, l'empreinte des cachets des parties intéressées.

Les contractants traitaient en présence des Dieux Bel, Ilu, Sin, Samas, Marduk et Nana, la souveraine du temple, au profit duquel on allait faire une donation. Comme on le voit, c'est non seulement l'écriture et la langue, mais la vieille religion chaldéenne qui subsiste encore. Ces actes sont datés des règnes d'Antiochus le Grand, de Séleucus Philopator, d'Antiochus Épiphane et de Démétrius[2].

Les noms des parties contractantes et des témoins offrent une variété des plus intéressantes. Ce sont des Chaldéens, des Syriens et des Grecs, et leurs cachets, apposés sur les tranches, reproduisent les signes les plus divers, depuis l'ancien type chaldéen jusqu'aux types de transition, animaux fantastiques du Premier-Empire, scènes religieuses de la Chaldée et de l'Assyrie, taureaux persépolitains

1. Voy. *Inscription d'Antiochus Soter*, traduite par J. Oppert. Mélanges Renier, 1886.

2. *Documents Juridiques*, p. 291 et suiv.

lancés au galop. Remarquons surtout le capricorne à queue de poisson qu'Auguste devait adopter plus tard pour son cachet; enfin, relevons des types grecs du style le plus pur qui servaient à des Chaldéens du nom de Belnazir-habal ou à des Grecs du nom de Dioclès et d'Isidore[1] (fig. 107).

Lorsque les Parthes eurent subjugué à leur tour la Haute Asie, ils firent pour Séleucie ce que Séleucus

Fig. 107. — Cachets de Dioclès et d'Isidore.

Nicator avait fait pour Babylone. Ils voulurent également avoir leur capitale et ruiner celle de leurs prédécesseurs. Le bourg de Ctésiphon, situé un peu en aval de Séleucie, fut l'objet de leur préférence; il devint une ville qui s'agrandit aux dépens de Séleucie et de Babylone; celle-ci continua à fournir, pour les constructions nouvelles, les matériaux inépuisables des gigantesques palais de Nabuchodonosor.

Ctésiphon avait déjà pris un accroissement considérable; quand Avidius Cassius s'empara de Séleucie, il brûla en même temps le palais de Vologèse à Ctésiphon. Lors de l'expédition de Septime-Sévère (201 ap. J.-C.), la ville fut prise, pillée, saccagée, et cent mille habitants furent réduits en esclavage. On sait que Ctésiphon s'élevait jadis là où se trouve aujourd'hui le Bostan.

1. *Recherches sur la glyptique orientale*, deuxième partie, pages 179 et suivantes.

La vieille civilisation chaldéenne n'était pas encore éteinte. On en trouve, en effet, la preuve dans un contrat sur brique, rédigé en caractères cunéiformes et daté du 5e jour du mois *Kislev* (novembre) de la VIe année de Pacorus, roi de Perse, par conséquent l'an 81 de J.-C.

Babylone avait vécu! Diodore, sous Auguste, en parle comme d'une ville abandonnée (lib. II, c. IX). Ce n'était plus que le rendez-vous d'un petit nombre de Juifs qui vivaient au milieu des ruines, et dont le nombre diminuait de jour en jour. Il en est à peine fait mention dans l'expédition de Trajan et de Sévère en Mésopotamie. On dit cependant que Trajan (115 ap. J.-C.) voulut visiter le palais où Alexandre avait rendu le dernier soupir; mais Babylone allait être bientôt oubliée. Lucius de Samosate, qui vivait sous Marc-Aurèle, la cite comme une ville dont on perdait la trace.. ..

TABLE DES MATIÈRES

I. — NINIVE

II. — BABYLONE

15406. — Imprimerie A. Lahure, rue de Fleurus, 9, à Paris.

www.ingramcontent.com/pod-product-compliance
Ingram Content Group UK Ltd.
Pitfield, Milton Keynes, MK11 3LW, UK
UKHW012013240726
13965UKWH00002B/336